Behrens, Eriksson (Hrsg.)
Sprachliches Lernen zwischen Mündlichkeit und Schriftlichkeit

Ulrike Behrens, Brigit Eriksson (Hrsg.)

Sprachliches Lernen zwischen Mündlichkeit und Schriftlichkeit

 der bildungsverlag

der bildungsverlag
www.hep-verlag.ch

Ulrike Behrens, Brigit Eriksson (Hrsg.)
Sprachliches Lernen zwischen Mündlichkeit und Schriftlichkeit
ISBN 978-3-03905-770-2

Bibliografische Information der Deutschen Nationalbibliothek:
Die Deutsche Nationalbibliothek verzeichnet diese Publikation
in der Deutschen Nationalbibliografie; detaillierte bibliografische Daten
sind im Internet über http://dnb.d-nb.de abrufbar.

1. Auflage 2011

hep verlag ag
Brunngasse 36
CH-3011 Bern

www.hep-verlag.ch

Inhaltsverzeichnis

Vorwort zum ersten Band der Buchreihe Mündlichkeit

Mit der vorliegenden Publikation «Sprachliches Lernen zwischen Mündlichkeit und Schriftlichkeit» eröffnet das Zentrum Mündlichkeit der Pädagogischen Hochschule Zentralschweiz PHZ Zug seine Buchreihe *Mündlichkeit* im hep verlag. Die Buchreihe versteht sich als Forum für die disziplinäre und transdisziplinäre Auseinandersetzung mit mündlichem Sprachgebrauch in der Schule und der Öffentlichkeit. Im Zentrum der thematischen Ausrichtung stehen der Erwerb der mündlichen Sprachkompetenzen und die Didaktik der Mündlichkeit auf allen Unterrichtsstufen.

Sprechen und Zuhören werden ab dem Babyalter sozusagen automatisch erworben und man könnte meinen, dass sich diese Entwicklung ohne viel weiteres Zutun in Schule und Beruf fortschreibt. Gerade weil der Mündlichkeit eine alltägliche Selbstverständlichkeit inne wohnt, geht gerne vergessen, dass das Lernen und Lehren gesprochener Sprache eigenen situationsspezifischen Anforderungen und Normen folgt. So wird bei näherer Betrachtung nämlich klar, dass hinter dem scheinbar mühelosen Spracherwerb im Kleinkindalter unablässiges sprachliches Üben in einem tragfähigen Umfeld steht. Erfolgreiches Sprachenlernen ist auf Anregung, Unterstützung und Herausforderung angewiesen. Dass der Erwerb mündlicher Sprachkompetenzen nicht im Kindergarten stehen bleibt, wird nicht in Frage gestellt, es ist aber noch weitgehend unklar, wie der Erwerb unter schulischen, beruflichen, öffentlichen und privaten Anforderungen verläuft und wie dieser unterstützt werden kann. Fragen stehen zur Klärung an wie z. B.:

Welchen Stellenwert soll die Mündlichkeit in der Schule als schulischer Lernbereich einnehmen und welchen Stellenwert hat sie in der Gesellschaft? Welche Anforderungen sind daraus abzuleiten?

Wie beeinflussen die neuen Medien und Informationstechnologien das sprachliche Verhalten und welche Konsequenzen sind daraus für das schulische Lernen zu ziehen?

In welchen Interdependenzen bewegen sich schriftliche und mündliche Sprachkompetenzen und wie können diese Zusammenhänge fürs Lernen wirksam gemacht werden?

Die Buchreihe *Mündlichkeit* nimmt diese Fragen auf und leistet für Theorie und Praxis einen Beitrag zur Schliessung der noch bestehenden Wissenslücken.

Brigit Eriksson und Martin Luginbühl, Co-Leitende Zentrum Mündlichkeit der PHZ Zug

Editorial

Ulrike Behrens und Brigit Eriksson

Die Basis der Beiträge dieses ersten Bandes der «Reihe Mündlichkeit» bilden Vorträge, die anlässlich des Bremer *Symposions Deutschdidaktik* 2010 in der Sektion *Das Verhältnis von Mündlichkeit und Schriftlichkeit* gehalten wurden. Erstmals wurde an einer grossen Deutschdidaktiktagung diesem Spannungsfeld ein prominenter Platz eingeräumt.

Das Verhältnis von Mündlichkeit und Schriftlichkeit ist facettenreich. Es ist durch das unterdessen prominent gewordene Kontinuum zwischen konzeptioneller Mündlichkeit und konzeptioneller Schriftlichkeit einerseits und der Dichotomie von medialer Mündlichkeit bzw. Schriftlichkeit nicht abschließend bestimmbar.

Die Autorinnen und Autoren der Artikel in diesem Band nehmen – überwiegend basierend auf empirischem Datenmaterial – Mündlichkeit und Schriftlichkeit nicht nur als gegenüberliegende Pole in den Blick, sondern betrachten sie aus unterschiedlichen Perspektiven ihrerseits als mehrdimensionale Sprachwelten, in denen sie besondere Überschneidungsbereiche untersuchen. Dass der Bezug zu unterrichtspraktischen Fragen dabei relevant ist, macht die Arbeiten für die didaktische Diskussion besonders wertvoll.

Michael Krelle leistet in seinem Artikel einen Beitrag zur Diskussion der Beurteilung und Bewertung mündlicher Leistungen im Unterricht. Dabei gewinnt er aus einer Zusammenführung einschlägiger Kompetenzmodelle einerseits theoretische Dimensionen der Gesprächskompetenz. An diesen führt er vor, dass das Mündliche eigenen und vom Schriftlichen abgrenzbaren Regeln folgt, die insbesondere etwas mit der dialogischen Situation zu tun haben. Anhand von transkribierten Diskussionsbeispielen aus vier 9. Gymnasialklassen zeigt er andererseits empirisch, dass im argumentativen Gespräch Äußerungen nur selten der Idealform einer abgeschlossenen kleinen „Erörterung" folgen, dass aber demgegenüber reduziert wirkende Äußerungen kommunikativ überaus funktional sein können. Die Überlegungen werden überführt in ein exemplarisches Beurteilungsraster für mündliche Leistungen.

Carmen Spiegel führt die Thematik des Argumentierens weiter und prüft an diesem Beispiel das Verhältnis von Mündlichkeit und Schriftlichkeit. In einem globaleren Zugriff werden Merkmale, Gemeinsamkeiten und Unterschiede zwischen mündlichem und schriftlichem Argumentieren akzentuiert. Wie auch Krelle verweist sie auf die zentrale Bedeutung von Vorwissen/ Vorinformation für die Qualität von gelungener Argumentation generell, wobei im mündlichen Diskurs Präsentation und Repräsentation von Wissen partiell als gemeinsame Tätigkeit der Beteiligten passiert. Als Spezifikum des Mündlichen hebt sie zudem die parallele Rezeption, Verarbeitung und Planung des ggf. umfangreichen sachlichen und sozialen In- und Outputs hervor, während in schriftlichen Texten die Herausforderung vor allem in der komplexeren Textorganisation zu sehen ist. Zum Argumentieren im Deutschunterricht regt Spiegel an, schriftliche und mündliche Formen in Aufgabensequenzen zu koppeln.

Die Sprache, die in der Schule gesprochen wird, wird oft „Schulisch" genannt. *Stella Uesseler* zeigt in ihrem Artikel zur Bildungssprache auf, was damit gemeint ist und wie mit dieser Bildungssprache sprachfördernd umgegangen werden kann. Bildungssprache – Uesseler spricht auch von alltäglicher Wissenschaftssprache – bezieht sich dabei weniger auf die unterschiedlichen Anforderungen von Schriftlichkeit und Mündlichkeit als auf jene sprachlichen Anforderungen, die typisch für die Schule sind: Es sind dies beispielsweise der fachspezifische Wortschatz oder bestimmte Textsorten, die vor allem in Lernkontexten vorkommen wie das Erklären, Beschreiben oder Argumentieren. An Situationen aus dem naturwissenschaftlichen Unterricht in einer 5. Gymnasialklasse wird aufgezeigt, dass sich Bildungssprache in ihren Basisqualifikationen zwar nahe an der Alltagssprache bewegt und deswegen häufig unerkannt bleibt, dass sie sich aber von der Alltagssprache derart unterscheidet, dass sie für Schülerinnen und Schüler zum Stolperstein werden kann.

Während die ersten drei Artikel die thematischen Überlegungen im Kontext der Oberstufe lokalisieren, folgen die nächsten drei Beiträge den mündlichen und schriftlichen Spuren des frühen Sprachenunterrichts. Die Schuleingangsstufe – der Kindergarten und die ersten beiden Schuljahre – nimmt im Feld von Mündlichkeit und Schriftlichkeit eine zentrale Stelle ein und ist damit prägend für eine erfolgreiche sprachliche Entwicklung, die den schulischen Herausforderungen gerecht wird.

Das Interesse von *Katarina Farkas* gilt den sprachlich besonders begabten sechs- bis achtjährigen Kindern der Schuleingangsstufe. Farkas weist darauf hin, dass sprachliche Begabungen im Vergleich mit anderen Begabungen (z. B. mathematischen oder naturwissenschaftlichen) selten thematisiert werden, weil die Kriterien für besondere Begabung sich weniger an der sprachlichen Oberfläche als an komplexeren sprachlichen Strukturen zeigen. Zudem orientiert sich die Beurteilung sprachlicher Leistungen häufig an normativen Vorgaben, deren Erfüllung für besondere sprachliche Begabungen gerade nicht ausschlaggebend ist. Auf der Grundlage eines bei Frühschreibenden erhobenen Datenkorpus soll im beschriebenen Projekt ein Kriterienraster entwickelt werden, der Lehrpersonen helfen soll, frühe sprachliche Begabungen zu erkennen und zu fördern.

Am Beispiel von Spielinstruktionen untersucht *Anna Komor*, ob und in welcher Weise Kinder aus zweiten und dritten Grundschulklassen (7-8 Jahre) textstrukturierende Elemente aus ihren mündlichen Diskursgewohnheiten in schriftliche Texte übertragen. Die Herausforderung für die Schülerinnen und Schüler besteht in der mündlichen Situation darin, ein Spiel „abstrakt", also außerhalb einer tatsächlichen Spielsituation zu erklären. Beim Aufschreiben der Instruktionen kommt hinzu, dass typisch „mündliche" Mittel, etwa der Textstrukturierung oder der Rezipientenorientierung, im schriftlichen Text nicht funktional sind. Anhand von 20 Transkripten mündlicher Spielinstruktionen sowie 42 Verschriftungen zeichnet Komor den Weg der Kinder beim Erwerb ausgewählter schriftsprachlicher Diskursmittel nach.

Eine grundlagenorientierte Perspektive nimmt *Nora Knechtel* in ihrem Beitrag ein. Sie berichtet aus einer empirischen Längsschnittstudie zum Zusammenhang zwischen Hör- und Leseverstehen bei Kindern der 1. bis 3. Primarstufe. Theoretisch plausibel ist die Annahme, dass beide Textverstehensleistungen zu einem beträchtlichen Teil auf der gleichen kognitiven Basis aufsetzen, anderseits aber jeweils auch ganz spezifische Anforderungen an die Rezipientinnen und Rezipienten stellen. Forschungspraktisch bringt diese Frage jedoch erhebliche methodische Schwierigkeiten mit sich, wenn es gelingen soll, analoge Leistungstests zu beiden Modi zu entwickeln und einzusetzen. Hierzu leistet das Projekt von Knechtel einen wichtigen und methodisch wohldurchdachten Beitrag.

Auch im Artikel von *Jürgen Belgrad* und *Ralph Schünemann* geht es um das Textverstehen im Kontinuum von Mündlichkeit (Hörverstehen) und Schriftlichkeit (Leseverstehen). Berichtet wird aus einem Forschungsprojekt, das zum Ziel hat, die Lesekompetenz von Jugendlichen der Oberstufe (8. Klasse) durch Vorlesen zu verbessern. Verschiedene Aspekte der Vorlesesituation werden gezielt variiert, um Aufschluss über eine besonders förderliche Gestaltung der Intervention zu gewinnen. Erste Resultate sind ermutigend und zeigen auf, dass Vorlesen nicht nur etwas für kleine Kinder ist, sondern auch auf der Oberstufe eine relevante Methode zur grundlegenden Förderung von Lesekompetenz ist. Besonders die Lesebereitschaft konnte im Kontext dieses Projekts merklich verbessert werden. Die konkreten Hinweise zur Gestaltung der Vorlesesituation können der direkten didaktischen Nutzung dienen.

Wir danken allen Mitwirkenden an diesem Band für ihre Beiträge, die das komplexe Feld eröffnen, auf dem sich mündliche und schriftliche Sprachkompetenzen vernetzen, überlappen und ineinander greifen. Die Beiträge werfen neue Fragen auf und formulieren erste Antworten. Deutlich wird, dass eine Spezialisierung und Fokussierung auf Detailfragen nicht ausbleiben kann. Die weitere Arbeit braucht den vertiefenden Blick auf einzelne dieser Berührungspunkte.

Dimensionen von Gesprächskompetenz

Anmerkungen zur Debatte über mündliche Fähigkeiten im Deutschunterricht

Michael Krelle

1. Einleitung

Um Kompetenzen im Unterrichtsfach Deutsch empirisch begründbar zu modellieren, ist die deutschdidaktische Disziplin seit geraumer Zeit aufgefordert, einschlägige Konzepte in den Diskurs einzubringen (Klieme et al. 2003, S. 22). Wenn es um Modellierungen mündlicher Kompetenzen geht, ist man sich einig, dass sich diese weitgehend von medial schriftsprachlichen Konzepten unterscheiden: Im Gegensatz zur Schriftlichkeit werden die sprachlichen Einheiten im Mündlichen nämlich gemeinsam prozessiert. Es besteht dabei ein unmittelbarer Kontakt zwischen den Kommunizierenden und somit ein gemeinsamer Sprechzeitraum, auf den man sich beziehen kann (Becker-Mrotzek 2008, S. 56).

Unter Berücksichtigung solcher Unterschiede sind nun zuletzt mehrere Modelle vorgelegt worden, mit denen *Dimensionen* und *Teilfähigkeiten* des mündlichen Sprachgebrauchs im Deutschunterricht systematisiert werden sollen. Man grenzt sich damit bewusst von schriftsprachlichen Konzepten ab und erhofft sich, das komplexe Fähigkeitsbündel analytisch, diagnostisch und für Förderzugänge handhabbar zu machen (Quasthoff 2009, S. 85). Perspektivisch sollen so auch Anforderungen und Niveaus zu einzelnen Dimensionen ausweisbar sein (Becker-Mrotzek 2009, S. 79). Die bisherigen Vorschläge werden allerdings auch kritisch diskutiert. Bei Grundler (2008, S. 49) heißt es:

> «Momentan entstehen unterschiedlich offene Listen, in denen Aspekte mündlicher Kompetenzen aufgeführt sind. Die Listen sind stets durch wei-

tere Teilkompetenzen erweiterbar. Dies erscheint einerseits sympathisch, pragmatisch und im Sinne einer konstruktivistischen Suchbewegung sinnvoll. Andererseits fehlt eine sprachtheoretisch fundierte Konstruktion, die ausdifferenzierte Einzelformulierungen einfach ordnen kann.»

Bei genauerer Analyse lassen sich aber durchaus Gemeinsamkeiten aktueller Konzepte erkennen. Im Folgenden werden deshalb zunächst entsprechende Ansätze verglichen, um einen Begriffsrahmen zu entwickeln, der für die Analyse mündlicher Kompetenzen und Leistungserwartungen im Fach Deutsch leitend sein kann. Das Konzept wird anschließend anhand von empirischen Daten aus einem Forschungsprojekt validiert.[1]

Eine Einschränkung vorweg: Abraham (2008, S. 29) hat einen Ansatz vorgelegt, mit dem mündliche Kompetenzen in sechs Dimensionen unterteilt werden: Erzählen, Informieren, Miteinander sprechen, Reden, Präsentieren und Spielen. Es kommen dort also *Kommunikationsformen* und *Handlungsmuster* bzw. *Modalitäten* zum Tragen. Es könnte nun der Eindruck entstehen, dass beides klar voneinander zu trennen sei:

> «Wenn jemand beispielsweise eine Geschichte erzählt, ist er zweifellos in einer interaktiven Konstellation, die an den Erzähler wie auch an den Zuhörer bestimmte Anforderungen stellt […]. Eine solche [Abrahams] Systematisierung […] bleibt hinter den Möglichkeiten eines Kompetenzkonzepts zurück, das sprachwissenschaftlich bzw. gesprächsanalytisch fundiert ist» (Vogt 2009, S. 20).

2. Ein Vergleich

Den *Domänenspezifischen Modellen* ist gemein, dass mit ihnen Teilfähigkeiten und Kompetenzen benannt werden, die für einen bestimmten Bereich insgesamt notwendig sind, z. B. Modelle von Lese- oder Schreibkompetenz. Für den Bereich Mündlichkeit wird in der Regel der Begriff *Gespräch* verwendet, als dessen Prototyp das

---

1 Die Daten wurden 2006 an einem Gymnasium in Niedersachen erhoben (N=99), um mündliches Argumentieren von Schülerinnen und Schülern am Ende der 9. Klasse zu untersuchen (vgl. auch Krelle 2011)

«Zweipersonengespräch gilt»; das Zuhören oder das monologische Sprechen wie auch Mehrpersonengespräche betrachtet man dann «als davon abgeleitete Fälle» (Eriksson 2009, S. 122) bzw. als Aspekte von Gesprächen. *Gesprächskompetenz* stellt folglich ein übergreifendes Konzept dar, um eine Reihe von Teilkompetenzen des mündlichen Sprachgebrauchs zu beschreiben, die vielfach miteinander verbunden sind. So kann es beispielsweise – je nach situativen Anforderungen – erforderlich sein, narrative Elemente in eine Argumentation einzubauen, seine sprachlichen Handlungen durch bestimmte Gestiken und Mimiken zu unterstützen oder eine bestimmte Intonation zu verwenden, um etwas angemessen zu formulieren.

Wenn es nun um den Deutschunterricht geht, firmieren solche Kompetenzerwartungen unter dem Begriffspaar «Sprechen und Zuhören». In den KMK-Bildungsstandards für den mittleren Schulabschluss in Deutschland (KMK 2005, S. 8) heißt es etwa zu den Anforderungen in diesem Bereich:

> «Die Schülerinnen und Schüler bewältigen kommunikative Situationen in persönlichen, beruflichen und öffentlichen Zusammenhängen situationsangemessen und adressatengerecht. Sie benutzen die Standardsprache. Sie achten auf gelingende Kommunikation und damit auch auf die Wirkung ihres sprachlichen Handelns. Sie verfügen über eine Gesprächskultur, die von aufmerksamem Zuhören und respektvollem Gesprächsverhalten geprägt ist.»

Verwendet man für solche Fähigkeiten den Begriff *Gesprächskompetenz*, ergibt sich ein Beschreibungsproblem: Gespräche sind nämlich in vielen Fällen personenübergreifende Prozesse, Kompetenz ist hingegen ein personenbezogenes Konzept (Quasthoff 2009, S. 85). Um dieses Problem zu lösen, beruft man sich in der Regel auf solche Leistungen, die die jeweiligen Personen im Kontext von Aufgaben und Unterricht anteilig in der Gesprächssituation vollbracht haben. Man unterstellt also einen Ableitungszusammenhang, wonach sich die kommunikativen Erfordernisse aus der jeweiligen Gesprächssituation herleiten, «die an die Beteiligten bestimmte Handlungsanforderungen stellt, die wiederum nur bewältigt werden können, wenn Gesprächskompetenz vorhanden ist» (Becker-Mrotzek 2009, S. 66). Somit kommt den Handlungsanforderungen eine zentrale Rolle zu. Man denke nur daran,

- welche Affekte vorherrschen, von massiver Beeinflussung durch negative Affekte bis hin zur entspannten, positiv getönten Stimmung bei allen Interaktanten;
- ob die gestellten Aufgaben als Gespräch mit der Lehrperson durchgeführt werden oder im Gruppengespräch unter Schülerinnen und Schülern;
- ob Rollenspiele eingesetzt werden;

- ob die Schülerinnen und Schüler aufgefordert werden, über ihre persönlichen Ansichten und Meinungen zu sprechen;
- wie offen, geschlossen oder planbar der Handlungsverlauf ist;
- wie viel Zeit für die Aufgabe zur Verfügung steht;
- welche Vorgaben einbezogen werden, z. B. mündlich, schriftlich, in Form von Bildern oder als Kombination von allem;
- inwiefern das Thema einfach oder schwierig ist, z. B. vom thematisch sehr Komplexen und noch Unbekannten (s. o.) bis hin zum Einfachen, lebensweltlich Geläufigen (Bremerich-Vos 2005, S. 109).

Die Anforderungssituationen, in denen eine bestimmte Kompetenz zum Tragen kommt, umfasst demnach immer «ein mehr oder weniger breites Leistungsspektrum. [...] Eine eng gefasste Leistungserfassung kann dem Anspruch von Kompetenzmodellen nicht gerecht werden» (so Klieme 2003, S. 74). Solche Bedingungen haben Auswirkungen, wenn man Dimensionen von Gesprächskompetenz formuliert.

Dimensionen der Gesprächskompetenz

Vergleicht man aktuelle Konzepte finden sich – trotz unterschiedlicher theoretischer Zugangsweisen – eine Reihe von Gemeinsamkeiten.[2]

In der Regel wird erstens eine auf das Thema bzw. eine propositionale Ebene bezogene Teilkompetenz formuliert. Einige sprechen in diesem Kontext von «thematischen Fähigkeiten» (z. B. Becker-Mrotzek 2009, S. 81, Mönnich & Spiegel 2009, S. 431), und andere von der Fähigkeit zur (inhaltlichen) Vertextung (so Quasthoff 2009, S. 91), Vogt von der «kognitiven Dimension», die eben auf die «Sache» bzw. «das Thema» bezogen sei (Vogt 2009, S. 29). Gemeint ist jeweils die Fähigkeit, eine satzübergreifende sprachliche Einheit gemäß den Anforderungen semantisch lokal und global kohärent zu produzieren bzw. Beiträge anderer im

---

2   Die Formulierung von Dimensionen basiert auf Annahmen über Wissensaspekte. Prominent sind hier die Ausführungen von Becker-Mrotzek & Brünner (2004). Diese unterscheiden zwischen prozeduralem und explizitem Wissen. Prozedurales (= implizites) Wissen umfasse basale Rezeptions- und Formulierungsfähigkeiten, z. B. grammatische Mittel, Verständnis sprachlicher Ausdrücke, aber auch pragmatisch-diskursive Verständnis- und Produktionsfähigkeiten, beispielsweise wenn es um das Verstehen und Realisieren sprachlicher Handlungsmuster geht. Zum expliziten Wissen gehören hingegen pragmatisches und institutionelles Wissen, also Wissen über die grundsätzliche Funktionsweise von Gesprächen und Kenntnisse über sprachliches Handeln in bestimmten Institutionen.

Gespräch inhaltlich zu verstehen und zu verarbeiten. Becker-Mrotzek (2009, 79) schreibt zu den Anforderungen in diesem Bereich:

> «Da in jedem Gespräch ein Thema besprochen werden muss, gehört zu einer guten Gesprächskompetenz die Fähigkeit, das gemeinsame Thema dadurch voranzutreiben, dass das eigene Wissen verständlich verbalisiert und das vom Koaktanten verbalisierte Wissen in das eigene integriert wird. Ausdruck mangelnder Gesprächskompetenz wäre etwa das Nichtverstehen oder Nichtberücksichtigen des vom anderen Gesagten.»

Eine zweite Fähigkeit ist es, die sprachlichen Handlungsmuster des mündlichen Sprachgebrauchs zu verstehen und diese in einen Kontext lokal und global angemessen einzupassen, also zu erkennen, dass beispielsweise in einem Gespräch argumentiert, erklärt oder erzählt wird bzw. werden muss. Dabei sind dann je nach Anforderung weitere sprachliche Handlungen und Verstehensprozesse erforderlich. Beim Argumentieren geht es beispielsweise darum, zu erkennen, dass man ggf. widersprechen oder zustimmen muss, weil die Gesprächspartnerin oder der Gesprächspartner eine bestimmte Handlung vollzogen hat. Beim Erzählen geht es hingegen eher darum, ein ggf. fiktives vergangenes und erzählwürdiges Ereignis zu reproduzieren bzw. zu verstehen. Becker-Mrotzek (2009, S. 80) und Mönnich & Spiegel (2009, S. 431) sprechen in diesem Kontext von der Fähigkeit zur Realisierung der sprachlichen Handlungsmuster. Vogt (2009) bezeichnet – wie Quasthoff (2009) – solche Aspekte als «kontextuelle Dimension». Diese erfasse die Aktivitäten, mit denen die Beteiligten ihre Interaktion im gegebenen Rahmen gestalten: «Dabei spielt eine gewichtige Rolle, welche Routinen im institutionellen Rahmen des Unterrichts ausgebildet worden sind, auf die die Beteiligten zurückgreifen können» (Vogt 2009, S. 23). Vergleichbar dazu formuliert Quasthoff (2009, 90):

> «Mit dem Aspekt der Kontextualisierung beziehen wir uns auf die Fähigkeit, die gesamte globale Einheit in einem Kontext angemessen einzupassen bzw. eine kontextuelle Anschlussfähigkeit zu schaffen. Es geht hier also in einem strukturellen (nicht semantischen) Sinne um die situierte Etablierung einer Diskurseinheit als globale sprachliche Einheit. […]. Die Bezeichnung Kontextualisierung nimmt dabei Bezug auf einen dynamischen Kontextbegriff: Kontexte und Situationen sind nicht gegebene Größen, sondern werden wesentlich sprachlich aus- und umgestaltet bzw. – etwa durch Relevantsetzungen – erst etabliert […].»

Ob sich beides (Vertexten und Kontextualisieren) auch als zwei Dimensionen abbilden lässt, ist bisher empirisch nicht geklärt. Es wäre durchaus plausibel, dass es sich nur um eine Dimension von Gesprächskompetenz handelt, weil die thematische Entfaltung im Mündlichen stark mit gesprächsstrukturellen Anforderungen zusammenhängt. Ein weiteres Problem stellt sich in Hinblick auf «Gesprächsstrukturelles»: Zählt man die Bewältigung des Turntakings, von Zuhörersignalen etc. als eigenständige «gesprächsstrukturelle» Fähigkeit, unterstellt man, dass diese weitgehend unabhängig der jeweiligen Handlungsmuster modelliert werden kann. Auch hier fehlen entsprechende Analysen.

Gesprächsstrukturen, Handlungen und Themen werden durch sprachliche Mittel gesteuert. Als dritter Aspekt wird also bei mehreren Autorinnen und Autoren die Fähigkeit der Verwendung und des Verstehens sprachlicher Formulierungsverfahren genannt, manchmal auch bezeichnet als «Markieren (können)» (Quasthoff 2009, S. 90).

> «Dabei geht es in besonderer Weise auch um die Verwendung sprachlicher Formulierungen gemäß der jeweiligen Typik, die von Gattung und Modalität gefordert werden […]. Hierzu gehören Phänomene wie die Markierung struktureller Zäsuren z. B. durch Vertextungsmittel oder die genre-angemessene Verwendung von Tempora und Modi» (ebd.).

Andere sprechen diesbezüglich von der Fähigkeit zur sprachlichen Gestaltung (Mönnich & Spiegel 2009), teils auch, wenn es um die basalen Laut- und Flexionssysteme, die im Grundwortschatz angelegten Bedeutungssysteme und verschiedene sprachliche Regelsysteme geht (Quasthoff 2003, S. 115). Ein Problem deutet sich in diesem Bereich an: Becker-Mrotzek (2009, S. 78 und bereits 2008) ordnet solche Fähigkeiten den basalen Rezeptions- und Formulierungsfähigkeiten zu, was Grundler (2008, S. 59) kritisiert. Man könne solche Fähigkeiten nicht einfach als basal voraussetzen: «Dies erscheint allerdings hinsichtlich der schulischen Wirklichkeit mit ihrem oft hohen Anteil von Kindern mit Deutsch als Zweitsprache fragwürdig» (ebd.).

Viertens spielt bei allen Autoren «Personales» eine Rolle. Gemeint ist Wissen um die eigene Rolle, das Image, die Beziehungen etc. (u. a. Becker-Mrotzek 2009, S. 75). Solche Aspekte sind entscheidend, wenn es um Fragen des Rezipientendesigns, der Adressierung, aber auch um Zuhörererwartungen und die eigenen Interessen geht. Während Quasthoff (2009) solche Aspekte nicht als eigene Dimension diskutiert, unterteilt Vogt (2009) – wie Grundler (2008) – zwei Dimensionen, die soziale Dimension (Beziehungen) und die expressive Dimension (Identität), andere sprechen übergreifend von Image- und Beziehungsgestaltung (Mönnich & Spiegel 2009,

S. 430), der Fähigkeit zur «Identitätsgestaltung» (Becker-Mrotzek 2009, S. 79f.) bzw. von der Fähigkeit Identität und Beziehungen zu prozessieren (Becker-Mrotzek 2009, S. 75). Bedenkenswert ist sicherlich, dass das Image zumeist nur in Abgrenzung oder Beziehung zu anderen Interaktionsrollen und Beziehungsaspekten zu prozessieren ist, dass es sich also möglicherweise nur um eine Dimension handelt, wie es Becker-Mrotzek (ebd.) andeutet.

Fünftens werden selten die sprachlichen Unterstützungssysteme (Non- und Paraverbales) genannt. Solche Aspekte spielen beispielsweise bei Grundler (2008), Vogt (2009), Quasthoff (2009) und Becker-Mrotzek (2009) nur eine untergeordnete Rolle. Bei Mönnich & Spiegel (2009, S. 432) werden sie hingegen als Beurteilungs-parameter genannt, wenn es um kompetente Gesprächsführung und/oder -gestal-tung geht. Auch in den meisten Schulbüchern und Ratgebern spielen Aspekte wie Gestik, Mimik, Körperhaltung und Intonation eine prominente Rolle, wenn es um das Lehren und Lernen von Gesprächskompetenz geht.

Konsequenzen für das Modellieren von Gesprächskompetenz im Deutschunterricht

Spiegel hat 2006 (S. 32 und 176) den *Managementbegriff* vorgeschlagen, um sprach-liche Organisationsverfahren von Gesprächsteilnehmerinnen und -teilnehmern zu beschreiben. Bezogen auf das bisher Dargestellte besteht so gesehen weitgehend Einigkeit, dass zu Gesprächskompetenz mindestens die folgenden Aspekte gehören:

- *Themenmanagement*
- *Gesprächs-/Handlungsmanagement*
- *Sprachmanagement*
- *Identitäts-/Beziehungsmanagement*
- *Management von Non- und Parasprachlichem*

Mit dieser Auflistung ist nicht ausgeschlossen, dass nicht möglicherweise noch an-dere Aspekte eine Rolle spielen oder dass sich Kategorien zusammenfassen lassen. Becker-Mrotzek (2009, S. 73) nennt beispielsweise noch einen weiteren Fähigkeits-komplex: «Unterstützungsverfahren der Verständnissicherung prozessieren». Die-ser verlange von den Aktanten nämlich:

> «a.) Das Antizipieren von Verstehensproblemen und den vorsorglichen Ein-satz Verständnis sichernder Maßnahmen, etwa größere Detailliertheit, Wie-

derholungen etc. bei als schwierig eingeschätzten Inhalten, b.) das Signalisieren von Verstehensproblemen durch entsprechende Zeichen (Interjektionen, non-verbale Zeichen wie Stirnrunzeln etc. = aktives Zuhören) sowie das Erkennen dieser Zeichen und c.) das Reagieren auf manifest gewordene Verstehensprobleme durch Wiederholung, Reformulieren, Explizieren, Nachfragen, Metadiskurse» (Becker-Mrotzek 2009, S. 76).

Solche Fähigkeiten können auch als Aspekte von *Fähigkeitsniveaus* im Rahmen der oben formulierten *Dimensionen* und *Aspekte* gefasst werden. So ist das Signalisieren von Verstehensproblemen beispielsweise auf der Handlungsebene angesiedelt und wird durch para- und nonverbale Maßnahmen unterstützt. Das Antizipieren von Verstehensproblemen wird zudem in der Regel auf der Themen- und Handlungsebene gelöst.

Auch gibt es sicherlich terminologische Unschärfen, wenn man gleichermaßen sprachproduktive, rezeptive und kommunikative Aspekte von Sprache unterstellt. So wird beispielsweise in Hinblick auf rezeptive Aspekte des Verstehens und Verarbeitens von Inhalten und Handlungsmustern auch häufig von *Zuhörkompetenz* bzw. *Hörverstehen* gesprochen. Unter anderem, wenn es darum geht, Gesprächsbeiträge anderer zu verfolgen und aufzunehmen, wesentliche Aussagen aus umfangreichen gesprochenen Texten zu verstehen und diese Informationen sichern und wiedergeben zu können (KMK 2005, S. 10). Wie sich «Hörverstehen» (als Fähigkeit) zu den oben genannten Konzepten verhält, ob es möglicherweise sich ergänzende Begriffe oder ob es unterschiedliche Bezeichnungen für vergleichbare Fähigkeiten sind, ist bisher wenig diskutiert. Spiegel (2009, S. 190f.) spricht beispielsweise nicht von thematischen Fähigkeiten, sondern übergreifend vom «Zuhören im Gespräch», wenn es um das (Nicht-)Verstehen oder (Nicht-)Berücksichtigen des vom anderen Gesagten geht. Andere sprechen übergreifend vom «Hörverstehen» oder «Zuhören»:

> «*Zuhören* bezeichnet [...] in schulischen Kontexten auch kommunikatives Verstehen, Interpretieren und Reflektieren sprachlicher Äußerungen. Ein so verstandenes ‹Hörverstehen› bezieht sich auf den Einsatz differenzierter Prozesse, um sprachliche Informationen, wie u. a. eine Vielzahl an Textsorten, Themen und kommunikative Kontexte zu verarbeiten [...]» (Behrens/Böhme & Krelle 2009, S. 358).

Ob sich die genannten Fähigkeitsaspekte also auch empirisch zeigen, können nur konkrete Analysen von Leistungen im Rahmen schulischer Aufgaben und Settings zeigen, die bisher allerdings noch kaum geleistet wurden. Um keine unterschiedlich offenen Listen zu produzieren, wie es Grundler (oben) moniert, müsste es verstärkt Forschungen in diesem Bereich geben.

Im Folgenden wird dementsprechend eine Teilfähigkeit von Gesprächskompetenz am Ende der 9. Klasse anhand der bisher diskutierten Kategorien analysiert. Es geht um die Fähigkeit, *ein Statement formulieren zu können,* wenn man von der Lehrerin oder vom Lehrer dazu aufgefordert wird, konkret also um eine Teilfähigkeit des Argumentierens als Aspekt von Gesprächskompetenz am Ende der 9. Klasse. Zudem gelten bestimmte kommunikative Bedingungen: Es geht um die Lehrer-Schüler-Kommunikation als Vorbereitung auf eine Schüler-Schüler-Diskussion.

3. Ein Beispiel: *Statement formulieren (können)*

Die folgenden Ausführungen beruhen auf Daten von 16 gymnasialen Schülerinnen und Schülern aus vier 9. Klassen (N = 99), erhoben 2006 in Niedersachsen. Methodisch wird sowohl auf Gesprächsanalysen als auch rechnerische Verfahren gesetzt. Zur Analyse der Daten wurden zunächst die sprachlichen Beiträge nach GAT-Konventionen transkribiert, die Ratings von Turns, Turnübernahmeversuchen und Zuhörersignalen/Kommentaren wurden dann mittels Doppelkodierungen auf Reliabilität geprüft. Bei der Kodierung von 1070 Äußerungselementen konnte eine variablenbezogene Übereinstimmung von $\kappa = 0.86$ (prozentuale Übereinstimmung: 93 %) erreicht werden (4 Kodes). Im Mittel produzierten alle Schülerinnen und Schüler bei einer Bearbeitungszeit von ca. 26 Minuten 28 Turns (SD = 11 Turns). Auf das gesamte Material wurden dann neben gesprächsanalytischer Analysen 23 Kriterien kodiert. Mit diesem Variablenapparat verbindet sich der Anspruch, die Varianz der Schülerlösungen in Hinblick auf die argumentativen Leistungen bei dieser Aufgabe abzubilden und bestimmte Merkmale der unterrichtlichen Kommunikation zu erfassen. Bei der Kodierung dieser Variablen konnte eine variablenbezogene Übereinstimmung von mindestens $\kappa = 0.75$ (PÜ 82 %) bei dichotomen Variablen und $\kappa = 0.68$ (80 %) bei drei- und mehrstufigen Variablen erreicht werden. Die Ergebnisse werden so interpretiert, dass die Instrumente weitgehend reliabel sind (vgl. Krelle 2011).

Vornehmlich ging es bei der Untersuchung also um *Diskussionen* zwischen Schülerinnen und Schülern zum Thema: «Sollen Hausaufgabenseiten (im Internet) (alters-)beschränkt werden?».[3] Zu Beginn der Diskussion wurden die Schülerinnen und Schüler von der Lehrperson, die als Moderator fungierte, jeweils aufgefordert, ein Statement zum Thema abzugeben. Die Anforderungen waren zunächst also vergleichsweise klar geregelt:

- Die Redezeit wurde von der Lehrperson zugewiesen, es ging um die Lehrer-Schüler-Interaktion im Klassenkontext. Die Lehrperson fordert auf und bittet dann den nächsten Diskussionsteilnehmer um ein Statement.
- Die Schülerinnen und Schüler wussten, dass sie an der Diskussion teilnehmen und dass sie zu Beginn ein Statement abgeben sollten. Sie waren also mit entsprechendem Material vorbereitet, das ihnen eine Woche vorher zur Verfügung gestellt worden war. Die Zuhör- und Sprecherwartungen der Schülerinnen und Schüler waren damit zunächst stark auf die Lehrperson und den formalisierten Ablauf der Situation gerichtet.

Im Folgenden geht es also «nur» um jene Leistungen, die beim Formulieren von Eingangsstatements zu einer folgenden Diskussion erbracht wurden. Ein vergleichsweise kleiner Ausschnitt mündlichen Argumentierens als Aspekt von Gesprächskompetenz.

Zu den Anforderungen und Leistungen

Wenn man als erstes zu einem Statement aufgefordert wird, gehört es zu den kommunikativen Aufgaben, eine bestimmte Position einzunehmen und dafür Argumente anzuführen. Ein typisches Beispiel ist das folgende:

```
A_H000    Moderator    velten aeh wie würden sie denn
                       ihre position beschreiben?
A_H001    Velten       jA (.) ich würde di:e seite
                       vertre:ten (.) dass di:e seiten
                       ähm=altersbeschränkt werden
```

---

3   Es wurden «Argumentationsübungen» eingesetzt. Notwendigerweise wird dabei Argumentatives inszeniert, d.h., die Schülerinnen und Schüler argumentieren nicht aufgrund eines authentischen bzw. aktuellen Ereignisses (z.B. die nächste Klassenfahrt), sondern zu einem gestellten Thema.: Das Argumentieren findet dabei nach klar definierten Regeln und in vorgegebenen Settings statt. Solche Formen des Argumentierens werden durchaus kritisch gesehen. Es wird u. a. moniert, dass nur ein argumentatives *So-tun-als-ob* vorläge. Andererseits ist Schule aber stets institutionell bedingte Kommunikation mit den je spezifischen Mustern, die Beteiligten wissen um ihre institutionell bedingten Rollen.

```
SOLLten: (-) wei::l schüler und
au:ch: ANdere ZiviLIS:ten äh::
(Gelächter) durch diese seiten:
oft AUSgetrickst werden (-)
```

Velten formuliert zunächst eine Position, mit der explizit eine Bezugnahme zur Aufgabenstellung hergestellt wird; das strittige Thema wird reformuliert: «*Sollen Hausaufgaben altersbeschränkt werden? (so im Material) / jA (.) ich würde di:e seite vertre:ten (.) dassdi:e seiten ähm=altersbeschränkt werden SOLLten: (-).*» Solche Tätigkeiten sind im weitergehenden Gesprächsprozess nicht nötig, weil man sich auf Vorheriges beziehen kann. Anschließend führt er genau ein Argument an, das ebenfalls dem Vorbereitungsmaterial abgewonnen wurde: *Betrug durch die entsprechenden Seiten.*

Wird man aber aufgefordert, ein Statement abzugeben, zu dem der Vorredner bereits etwas gesagt hat, kann es ausreichend sein, auf vorher Gesagtes zu verweisen. Beispielsweise antwortet Eike-Brian folgendermaßen auf Velten:

```
A_H001  Eike-Brian: ich hab' dem NICHs=me' zu=zufügn
        (-) ich seh das genAUso
```

Solche Zustimmungen, mit denen kein neuer Aspekt eingebracht wird, sind im Rahmen der Aufgabenstellung durchaus funktional (und angemessen), auch wenn keine neuen Argumente eingeführt werden. Ob Eike-Brian unter anderen Bedingungen Umfangreicheres vorbringen könnte, lässt sich hier nicht feststellen. Während man in *Testsituationen* Bedingungen herstellen könnte, die eine Einzelüberprüfung ermöglichen, ist das im Unterrichtskontext nicht möglich. Unter solchen Bedingungen sind neben prozessualen auch interaktive Aspekte zentral, auch wenn vermeintlich der Eindruck entsteht, man würde Einzelpersonen befragen. Bei einer Einzeltestung würde man hingegen teils auch etwas anderes messen als das, was hier diskutiert wird, weil der Gesprächskontext wegfällt oder wenigstens unter anderen Vorzeichen steht.

Bezieht man sich nun auf das oben formulierte Konzept von Gesprächskompetenz, lassen sich in Hinblick auf das *Handlungsmanagement* entsprechend zwei Handlungsaufgaben ausmachen: Das Ziel eines initiativen Statements ist es, die eigene Position begründet darzustellen, wenn noch nichts vorgebracht wurde. Das Ziel eines ergänzenden Eingangsstatements ist es hingegen, die eigene, begründete Position im Kontext der bereits vorgetragenen Statements zu verorten.

In der Regel lösen die Schülerinnen und Schüler initiative Statements nach einem zweischrittigen Muster: (1) These formulieren, (2) Begründen der Position. Ein typisches Beispiel ist hier das Eingangsstatement von Gina (9c):

```
C_H000   Moderator   ich  würde  gerne  aehm  (-)  zu-
                      nächst  einmal  vielleicht  ein=ei=
                      einleitendes  statement  von  jedem
                      hören  bevor  wir  in  die  diskussion
                      EINsteigen. vielleicht  fangen  wir
                      mit  der  pro  seite  (-)  mit  der  gina
                      direkt  hier  vorne  an.
C_H001   Gina        ja=also  ich  war  IMMER  schon  über-
                      zeugt  (-)  dass  die  aeh  seiten  EIN-
                      geschränkt  werden  sollten  (-)  da::
                      ich  da  auch  schon  persÖnliche  er-
                      fAHrungen  gemacht  habe  (-)  und  dIE
                      sind  nicht  so  schön.
```

Auch Gina reformuliert noch einmal das strittige Thema, indem sie sich für die Beschränkung von Hausaufgabenseiten positioniert. Als Argument nennt sie «persönliche Erfahrungen», ohne dass diese weiter belegt oder ausgeführt würden. In anderen Fällen werden Eingangsstatements allerdings durch weitere Erklärungen, Schlussfolgerungen etc. elaboriert, z. B. bei Karen (9b):

```
B_H001   Karen       (-)  ja::  (-)  also  ich  finde:  (-)
                      da:ss  (-)  die  seiten  gekürzt  werden
                      (-)sollten, (-)  weil  es::  halt  so
                      viele  BERUFSleute  gibt  (-)  also  el-
                      tern  sind  ja  meistens=eher  berufs-
                      tätig  (-)  und  die  arbeiten  viele
                      schon  GANZtags  und  wenn  dann  aehm
                      ihre  kinder  und  die  sind  zum  bei-
                      spiel  noch  in  der  grundschule  sind
                      (-)  und  so  die  können  ja  auch  schon'
                      ins  internet  gehen  und  wenn  die  da
                      auf  irgendwelche  seiten  gehen  (-)
                      weil  sie  vom  spielen  gelockt  werden
```

```
                        (-) kommen sie halt schnell in so
                        ne kostenfalle, indem sie auf so=n
                        [ok:=feld drücken]
            (Moderator) [hm (-) ok          ]
            Karen                   und   dadurch   (-)
                        sind das denn halt so hohe kosten
                        (-) und deshalb finde ich (-) dass
                        die gekürzt werden müssen
```

Mehr als bei Gina (oben) spielen hier auch Erklärungen und Erläuterungen eine Rolle, u. a. zur Berufstätigkeit von Eltern und zum Verhalten von Grundschulkindern. Die Argumentation wird also durch begleitende Handlungen gestützt. Zum Ende des Statements wird gefolgert («*deshalb finde ich (-) dass die gekürzt werden müssen*»), wobei «kürzen» und «beschränken» gleichgesetzt werden, was sprachlich gesehen unangemessen ist, allerdings von den Gesprächsteilnehmenden nicht moniert wird.

Ergänzende Statements werden zumeist nach dem folgenden Muster gelöst: Zustimmen oder Widersprechen, ggf. These (re)formulieren, begründen. Manchmal wird das Zustimmen bzw. Widersprechen nur durch wenige sprachliche Indikatoren angezeigt, z. B. beim Statement von David (9b), der anschließend an Karen spricht:

```
B_H002   Moderator   fei::n (-) DANke (-) DAvid ?
B_H003   David       ja also ich vertrete die meinung
                     (-) dass es auch richtig ist (-)
                     diese seiten zu kürzen (-) oder be-
                     ziehungsweise zu beschränken (-)
                     da man ja:: äh ein=ein (-) beTRUG
                     hat erst mal(.)(-) mehr oder weni-
                     ger (-) wenn man da (irgendwas/ die
                     referate?) abschreibt ähm ( 1 Sek)
                     DA:nn: (-)die KOSTENfalle (-) die
                     karen schon erwähnt hatte (-)
         (Moderator) [hmmhm] ((lacht))
                     [und äh] (-) vor allen ding(en) man
                     weiß ja OFTmals gar nicht (-) dass
                     man (da) DAS:: man da (-)das man
                     das so (-) diese kosten dass (-)
```

```
                 ich mein (-) DAS halt in ORDnung ist
                 (-) dass man diese kosten [dann] (-)
(Moderator)                                  [hm::] (-)
                 [und] dass man da ja andere leute
                 BEreichert ((unverständlich))
```

Zunächst markiert David, dass er eine Position einnimmt («*ja also ich vertrete die meinung*»). Dass er der vorherigen Position von Karen zustimmt, wird lediglich mit dem Partikel «*auch*» (im Nebensatz) markiert; zudem wird die unpassende Formulierung von Karen (aus B_H001) präzisiert: «*zu kürzen (-) oder beziehungsweise zu beschränken.*» Allerdings versucht David an den Beitrag von Karen anzuschließen, wenn er neben eigenen Argumenten «*die KOSTENfalle (-) die karen schon erwähnt hatte*» wiederholt.

In Hinblick auf das *Themenmanagement* kann festgestellt werden, dass die Anzahl der Argumente in der Aufgabenstellung nicht vorgegeben wurde. Folglich können bereits wenige bzw. einzelne Argumente ausreichend sein. Auffällig ist zudem, dass sich der Aufbau der Argumentation zum Teil erheblich unterscheidet: Wenn nur ein bis zwei Argument(e) genannt werden, ist kein besonderer Aufbau der Argumentation notwendig. Manchmal finden sich aber auch komplexere Strukturen, die an schriftsprachliche Statements erinnern, insbesondere wenn Gegenargumente im Spiel sind, z. B. bei Anna (9b):

```
B_H004   Moderator   ja (-) oKAY:: (—) anna? (-)
B_H005   Anna        ja: (-) also MEIner meinung na:ch
                     sollten diese ähm seiten NICHT
                     beschränkt=beschränkt werden (-)
                     weil (-) das internet ist halt ein
                     medium der ZUkunft und wir müssen
                     alle auch:: (-) an die ZUkunft un-
                     serer KINDER denken (-) also viel-
                     leicht gibt es einige RIsiken aber
                     sie müssen auf jeden FALL mit dem in-
                     ternet verTRAUT sein und sie müssen
                     halt auch lernen (-) wie man rich-
                     tig damit UMgeht (-) deshalb ist es
                     gu::t (-) diese seiten zu=behalten
                     (-) und ihnen die MÖglichkeit zu
```

```
geben   (-)   auch   informationen   AUS!
dem  internet  zu  benutzen  (.)
```

Es werden zwei Argumente genannt: Lernen (für die Zukunft) und Gefahren als vorweggenommenes Gegenargument, das relativiert wird. Am Ende steht eine Schlussfolgerung: «*deshalb ist es gu::t (-) diese seiten zu=behalten* [...]». Mit dem Aspekt «Zukunft» wird – neben dem Gefahrenargument aus dem Material – auch ein eigenes Argument vorgebracht. Strukturell ähnelt das Statement damit einem (schultypischen) erörternden Muster, auch weil dialektisch abgewogen wird. Solche strukturell anspruchsvollen Statements sind allerdings selten. In Hinblick auf die Aufgabenstellung sind solche Statements als besondere Leistungen zu werten, weil dort der doppelte Anspruch formuliert wurde, a.) die eigene Meinung darzustellen und b.) auf die Gegenseite einzugehen.

Auf der Ebene des *Sprachmanagements* lässt sich festhalten, dass der Wortschatz und die Wortwahl bei der hier vorliegenden Stichprobe in der Regel angemessen sind.[4] Eine Besonderheit betrifft in diesem Bereich allerdings die Verwendung von Gliederungssignalen: Typisch für mündliche Sprache ist, dass die Statements mit «Elementen im Vor-Vorfeld» eingeleitet werden. Bei Schwitalla (2006, S. 147f.) heißt es dazu:

> «Eine typische gesprochensprachliche Äußerungsanordnung ist es, vor der eigentlichen Ausführung kleine Elemente zu setzen, die sich sowohl semantisch-pragmatisch auf die vorhergehende (monologische oder dialogische) Rede zurückbeziehen, wie auch verstehensanleitende Vorausweisungen auf den unmittelbar folgenden Sprechakt zu geben. Fiehler nennt sie <Operatoren> [...] Vorangestellt besetzen sie die Vor-Vorfeldstelle eines Satzes [...]. Ihre Funktionen sind sehr vielfältig.»

---

4   Manchmal tauchen zwar unpassende Formulierungen auf, z. B. wenn Velten statt von Schülerinnen und Schülern von «Zivilisten» spricht (A_H001, siehe oben). Solche Auffälligkeiten bilden allerdings die Ausnahme. Auch die Wahl der Konnektoren ist grösstenteils angemessen und umfangreich, z. B. verwendet Karen in ihrem Statement (siehe oben) unterschiedliche, auch mehrteilige Konjunktionen, z. B. *dass/weil/und/und wenn/und wenn dann/indem* (bei einer Anzahl von ca. 80 Wörtern). Auch bei kürzeren Statements – wie jenem von Velten oben – werden häufig mehrere unterschiedliche Konjunktionen verwendet (*dass/weil/und*). Zudem finden sich manchmal «Routineformeln, mit denen eine gewisse Distanz signalisiert wird», z. B. «*MEIner meinung na:ch*».

Bezieht man sich zunächst nur auf lexikalische Gliederungsmerkmale bzw. vorangestellte Partikeln, fällt auf, dass diese in der Einleitungsphase die Funktion allgemeiner Gliederung und Organisation des (eigenen) Redebeitrags haben. Zumeist werden sie nämlich lediglich mit «jA:» eingeleitet. Nur selten finden sich solche mit «inhaltlich-relationierender Funktion» *(«ja=also», «und dann»)*, nie mit «adressatensteuernder Funktion» *(«sehn sie mal», «hey»)* und nie solche mit «Bezug zur Vorgängeräußerung» *(«gut», «ja gut», «nein», «ja aber»)*,[5] allerdings werden durchaus auch Kurzformeln eingesetzt *(«ich meine», «ich glaube», «meines Erachtens» …)*. Diese Besonderheit mag mit der Funktion der Lehrperson zusammenhängen, die die Redebeiträge zuweist. Man benötigt als Schülerin und Schüler weniger sprachliche Mittel, mit denen ein lokales Gesprächsmanagement betrieben werden müsste. Diese Interpretation wird auch dadurch gestützt, dass keine lexikalischen Endsignale (z. B. *«jA?/ und sO»*) zu finden sind, mit denen die Sprecherinnen und Sprecher eine Turnübergabe anzeigen könnten.

Dennoch finden sich kohäsive Mittel, mit denen – trotz der besonderen kommunikativen Bedingungen – auf lokaler Ebene das Gespräch organisiert wird, hier insbesondere durch die Wiederaufnahme bestimmter Wörter und Wortgruppen im lokalen Kontext. Dazu ein Beispiel von Christine, die im Anschluss an Gina (siehe oben) spricht:

```
H001    Gina        jA:: also ich war IMMER schon über-
                    zeugt (-) dass die äh seiten EIN-
                    geschränkt werden sollten (-) da::
                    ich da auch schon persönliche er-
                    fAHrungen gemacht habe (-) und dIE
                    sind nicht sO:: schön (1 Sek)
H002    Moderator   (-) a:ha (-) oKAY hm (-) und CHRIS
                    TINE?
```

---

5   Zu den genannten lexikalischen Gliederungssignalen vgl. Schwitalla (2006, S. 87). In Hinblick auf die Konjunktionen *ja und, ja aber* und ihre Varianten heißt es bei Schwitalla (2006, S. 146): «Bloßes *ja* schließt zustimmend, zur Kenntnis nehmend an die Vorgängeräußerung an […]; *ja aber* ist in argumentativen Gesprächen besonders geeignet, um bei thematischer Aufnahme des zuvor Gesagten eine eigene, einschränkende oder widersprechende Einschätzung anzukündigen. […]. Der ja-Teil hat bei prosodischer Anbindung an *aber* nur Gliederungsfunktion für den Beginn des eigenen Beitrags mit thematischem Bezug […]. Die Konjunktion *aber* weist auf die andere Meinung voraus. Im Gegensatz zu deutlich widersprechenden Meinungen, die gleich mit einer Negationspartikel eingeleitet werden *(nein ich meinte …; nee mir geht es darum …)*, wirkt *ja aber* gesichtsschonender.»

```
H003     Christine    also ich bin auch FEST davon über-
                      zeugt dass man die EINschränken
                      sollte (-) wei:l (-)immer wie-
                      der MISSbrauch=getrieben wird und
                      da:durch:: (-) ja (.)
H004     Moderator    h=hm
```

Syntaktisch ähneln sich die Beiträge von Gina und Christine: Letztere verwendet die Satzkonstruktion ihrer Vorrednerin, tauscht allerdings einzelne Wortgruppen aus, um ihre Position im Kontext des bereits Gesagten zu verorten: «*also ich (bin auch FEST davon) überzeugt, dass man die einschränken sollte.*» Mit dem Partikel «auch» wird die Gruppenzugehörigkeit markiert (Teilgruppe «Kontra»), das Temporaladverb «IMMER schon» wird durch das Adjektiv «fest» ersetzt. Es mag sein, dass die Verwendung des Präteritums in diesen Fall der Etablierung von Authentizität dient.

Dass bestimmte Formulierungen im lokalen Gesprächskontext übernommen werden, ist keine Seltenheit. Die Übernahme bestimmter syntaktischer Konstruktionen, aber auch bestimmter Wörter oder Wortgruppen dient auch dem Beziehungs- und Identitätsmanagement. So zeigen Gina und Christine gegenüber der Lehrperson auf diese Weise an, dass sie eine Position als Teilgruppe gemeinsam bearbeiten.

In Hinblick auf das *Beziehungs- und Identitätsmanagement* finden sich in dem Korpus insgesamt nur wenige Schülerinnen und Schüler, die es nicht schaffen, zumindest eine Identität als Person, die eine eigene Meinung vertritt, zu prozessieren. Häufiger finden sich Schülerinnen und Schüler, die diesem Anspruch entsprechen. Beispielsweise, indem sie sich als Expertinnen und Experten (für eine Position) inszenieren und historisieren, um ihrer Rolle Authentizität zu verleihen. Bei solchen Schülerinnen und Schülern ist der Adressat der Äußerung allerdings ausschliesslich die Lehrperson. Einigen Schülerinnen und Schüler gelingt es darüber hinaus, sich auch auf Images und Rollen von anderen zu beziehen bzw. diese zu antizipieren. Sie schaffen es dann, sich als Diskutant einer bestimmten Teilgruppe darzustellen, z. B. als Teil der «Pro-Position», die aus mindestens zwei Personen besteht, oder in Abgrenzung zur «Kontra-Position». Adressaten der Äußerung sind dann neben dem Moderator auch andere Schülerinnen und Schüler. Im Folgenden ein Beispiel von Jonas (9b).

```
B_H007    Jonas        ja:: (-) also DAS stimmt schON:: (-)
                        ich vertrete auch die these (-) dass
                        (-) eigentlich (-) das zu kürzen (-)
```

```
                          SCHWACHsinn wäre (-) aber (-)
                          [ob'           ]
B_H008    Moderator       [des was?(-)   ]
B_H009    Jonas           das (-) die zu kürzen (-) SChWACH-
                          sinn wäre::(-)
B_H010    Moderator       also ALTERSzubeschränken (.) viel-
                          leicht äh also äh:
                          [es geht ja::=um altersbeschrän-
                          kung]
B_H011    Jonas           [ja:: (-) AL:ters zu beschrän-
                          ken::]
                          (-) egal (-) zu beschränken (-) wäre
                          nicht gUT ähm:: (-) auf DEREN ar-
                          gumente gehe ich glEI::ch noch ein
                          ( 1 Sek) un::d (-) es ist einfach
                          SO: (-) DASS (-) ähm auch man noch
                          genauso gut in einem BU:CH noch
                          nauf=nachschauen kann oder (-)äh
                          wikiPEdia oder sonst wo (-)und DES-
                          wegen sollte man so ne seiten nicht
                          begrenz' oder beschränken ( 1 Sek)
                          oder GOOgle findet man auch iIMMer
                          wieder kleine seiten (-) die man
                          nicht EINfassen kann=könnte in die-
                          ses muster und DESwegen ( 1 Sek) da
                          wär das risiko (-) abgezockt zu wer-
                          den (-) NOCH größer (2 Sek)
```

Abgesehen von den bereits oben beschriebenen sprachlichen-, inhaltlichen- und handlungsspezifischen Phänomenen markiert Jonas mit dem Partikel «auch» die Gruppenzugehörigkeit zur Teilgruppe «Kontra». Auch werden bestimmte Wortgruppen reformuliert («die zu kürzen»), was in diesem Fall aber vom Lehrer korrigiert wird. Zusätzlich grenzt er sich explizit von zwei Schülerinnen und Schülern (David und Karen) ab, um sich und Anna als Teilgruppe (gegen die Beschränkung) zu etablieren («auf DEREN argumente gehe ich glEI::ch noch ein»). Solche Schülerinnen und Schüler haben also über das einzelne Statement hinaus bereits die folgende Diskussion im Blick.

Einige letzte Anmerkungen noch zur *para- und nonverbalen Gestaltung* der Statements: Alle untersuchten Schülerinnen und Schüler artikulieren sich deutlich und verwenden Betonungen, ggf. um bestimmten Argumenten Gewicht zu verleihen. Sprechgeschwindigkeit und Pausensetzung, Lautstärke und Sprachrhythmus, Stimmhöhe und -qualität sind durchweg angemessen. Wenn Blickkontakt erforderlich ist, wird dieser adressatenspezifisch eingesetzt. Auffällig ist lediglich, dass Gesten, seien diese deiktisch, ikonisch o. ä. keine Rolle spielen.

4. Diskussion der Ergebnisse

Es wurde beispielhaft gezeigt, dass sich im Zuge der aktuellen Debatte über mündliche Fähigkeiten im Deutschunterricht – trotz unterschiedlicher theoretischer Zugänge – verschiedene Dimensionen von Gesprächskompetenz ableiten lassen, mit denen schulische Leistungen von Schülerinnen und Schülern in den Blick genommen werden können. Anhand einer Teilfähigkeit des Argumentierens wurde überprüft, inwiefern die formulierten Kategorien einem gewissen Anspruch an Validität entsprechen. Zumindest für diese Teilkompetenz deuten die Ergebnisse darauf hin, dass man mit dem formulierten Konzept das komplexe Fähigkeitsbündel analytisch und diagnostisch handhabbar machen kann. Inwiefern dieses für weitere Teilkompetenzen der Fall ist, muss offen bleiben. Offensichtlich ist auch, dass sich die hier diskutierten Kategorien von schriftsprachlichen Kriterien unterscheiden, wie man sie etwa für das Schreiben findet. Wenn man beispielsweise auf der Ebene des Themenmanagements von «Argumenten» spricht, ist zu bedenken, dass die Argumentstrukturen großenteils gemeinsam prozessiert werden. Gleiches gilt für das Sprach-, Handlungs- und Beziehungsmanagement. Die größten Ähnlichkeiten zu schriftssprachlichen Fähigkeiten ergeben sich hier – wenn überhaupt – bei initiativen Statements, wenn man sich eben nur bedingt auf Vorgehendes beziehen kann.

Sofern es um *summative* Raster für den Deutschunterricht geht, mit denen mündliche Leistungen von Schülerinnen und Schülern abschließend beurteilt werden sollen, können die oben diskutierten Dimensionen eine leitende Funktion haben. Um Gesprächskompetenz für Förderdiagnostisches zugänglich zu machen, besteht aber häufig auch der Anspruch, Anforderungen und Niveaus zu den einzelnen Dimensionen von Gesprächskompetenz auszuweisen, auch weil formative Kompetenzraster zur Selbst- und Fremdbeurteilung in den letzten Jahren an Popularität gewonnen haben:

Sie ermöglichen den Lehrpersonen eine transparentere und tendenziell «gerechtere» Einschätzung der Schülerleistungen, unter anderem deshalb, weil sie sie zwingen, sich über die eigenen Unterrichtsziele, Qualitätskriterien und Gewichtungen explizit Rechenschaft abzulegen. Außerdem können sie detailliertere Leistungsprofile ihrer SchülerInnen gewinnen, die v. a. im Hinblick auf gezielte Förderung von Bedeutung sind. Auf der Schülerseite gilt das Gleiche: Sie können sehen, was von ihnen erwartet wird und ihre Anstrengungen gezielt auf Bereiche richten, in denen sie (noch) Schwächen haben (Behrens & Krelle 2011, in Vorbereitung).

Das folgende «formative» Raster wurde auf der Grundlage des Materials entwickelt. Es wird damit in einem begrenzten Bereich («Statement formulieren…») und unter bestimmten Bedingungen («… wenn man vom Lehrer gefragt wird und man durch die Aufgabenstellung darauf vorbereitet ist») eine Teilkompetenz formuliert, hier zum *Handlungsmanagement*:

Statement formulieren/Handlungsmanagement:
Nach einer ersten Aufforderung der Lehrkraft ist es die Aufgabe der Schülerinnen und Schüler, «initiativ» oder «ergänzend» ein Statement zu formulieren und zu begründen.

Noch nicht erreicht	Teils erreicht	Erreicht	Übertroffen
Es wird – auch auf Nachfrage – nicht argumentiert. Oder es wird – ggf. auf Nachfrage – eine Meinung vertreten, die aber nicht begründet wird.	Es wird eine Meinung vertreten oder einer vorhergehenden zugestimmt. Eine Begründung wird aber erst auf Nachfrage der Lehrkraft gegeben.	Es wird eine begründete Meinung vertreten, die auch eigenständig formuliert wird. Es ist für die Lehrkraft nicht notwendig, weiter nachzufragen.*	Es wird eine begründete Meinung vertreten, die auch eigenständig formuliert wird. Es ist für die Lehrkraft nicht notwendig, weiter nachzufragen. Zusätzlich werden weitere Handlungen ausgeführt, z. B. Erläutern, Erklären, Schlussfolgern.**

* Es kann auch als «erreicht» gelten, wenn eine Position durch den Vorredner *begründet* eingeführt wurde und der Redner dieser begründeten Position zustimmt. («Das sehe ich genauso»).

** Als «übertroffen» gilt nicht, wenn ein Vorredner eine begründete Meinung vertritt und weitere Handlungen ausführt und der Redner dann zustimmt. («Das sehe ich genauso»). In solchen Fällen wird die sprachliche Leistung mit «erreicht» bewertet.

Obwohl es hier nur um einen sehr kleinen Ausschnitt von Gesprächskompetenz geht, liegen einige Probleme auf der Hand: Die Daten, auf deren Grundlage die Kategorien entwickelt wurden, beruhen auf einer Fallstudie. Bestenfalls liefert die Untersuchung Informationen über eben diesen empirischen Fall, also über die Kompetenzen der ausgewählten Schülerinnen und Schülern; inwiefern die Ergebnisse verallgemeinerbar sind, müssten weitere Untersuchungen zeigen. Ein zweites Problem wiegt aber schwerer: Es hängt viel an der Aufgabenstellung. Dazu ein weiteres Beispiel, hier bezogen auf das *Themenmanagement* (unter den gleichen Bedingungen).

Statement formulieren/Themenmanagement:
Argumente formulieren und eine möglichst schlüssige Argumentation aufbauen.

Noch nicht erreicht	Teils erreicht	Erreicht	Übertroffen
Es werden keine Argumente formuliert, oder es wird auf einen Sprecher referiert, der keine Argumente genannt hat.	Es wird/werden zu einer Position ein oder mehrere Argumente angeführt. Diese sind aber mindestens in einem Fall unplausibel, z. B. ein Zirkelschluss.	Es wird/werden zu einer Position ein oder mehrere Argumente angeführt. Diese sind durchweg plausibel. Wenn mehrere Argumente genannt werden, ist die Argumentation nicht in besonderem Maße strukturiert.*	Es werden zu einer Position mehrere Argumente angeführt. Diese sind durchweg plausibel. Es wird eine geordnete Struktur der Argumente angedeutet, z. B. dialektischer oder linearer Aufbau**

* Es kann auch als «erreicht» gelten, wenn ein Vorredner *begründet* eingeführt wurde und der Redner dieser begründeten Position zustimmt. («Das sehe ich genauso»).

** Als «übertroffen» gilt nicht, wenn ein Vorredner eine geordnete Struktur der Argumente angedeutet hat und der Redner dann zustimmt. («Das sehe ich genauso»). In solchen Fällen wird die sprachliche Leistung mit «erreicht» bewertet.

Verändert man die Aufgabenbedingungen, verändern sich auch die Beurteilungsparameter. Wenn beispielsweise explizit gefordert ist, mindestens drei Argumente einzubringen, sind die vorgenommenen Abstufungen zu überarbeiten.

Für die weitere Erforschung und Konzeption von Niveaus der Gesprächskompetenz bedeutet dies, dass das Zusammenspiel von schülerseitigen Kompetenzen und schulischen Aufgabenanforderungen und Bedingungen stärker in den Mittelpunkt des Forschungsinteresses gerückt werden müssen. Für den schulischen Alltag bedeutet dieses Problem aber auch, dass Lehrpersonen dazu befähigt sein müssen, Beurteilungskategorien jeweils an die konkreten Aufgaben, an die Bewertungsziele und an die jeweilige Lerngruppe anzupassen, also weniger auf Vorgefertigtes zu setzen, sondern das Angebotene als Vorschläge zu sehen, die man verändern und bearbeiten sollte.

Literatur

Abraham, Ulf (2008): Sprechen als reflexive Praxis – Mündlicher Sprachgebrauch in einem kompetenzorientierten Deutschunterricht. Freiburg: Fillibach.

Becker-Mrotzek, Michael (2008): Gesprächskompetenz vermitteln und ermitteln. Gute Aufgaben im Bereich «Sprechen und Zuhören». In: Bremerich-Vos, Albert/Granzer, Dietlinde & Köller, Olaf (Hrsg.): Lernstandsbestimmung im Fach Deutsch. Gute Aufgaben für den Unterricht. Weinheim: Beltz, S. 52–77.

Becker-Mrotzek, Michael (2009): Mündliche Kommunikationskompetenz. In: ders. (Hrsg.): Didaktik der mündlichen Kommunikation. Baltmannsweiler: Schneider, S. 66–83.

Becker-Mrotzek, Michael & Brünner, Gisella (2004): Der Erwerb kommunikativer Fähigkeiten: Kategorien und systematischer Überblick. In: dies. (Hrsg.): Analyse und Vermittlung von Gesprächskompetenz. Frankfurt/Main: Peter Lang, S. 29–45.

Behrens, Ulrike/Böhme, Katrin & Krelle, Michael (2009): Zuhören. Operationalisierung und fachdidaktische Implikationen. In: Bremerich-Vos, Albert/Granzer, Dietlinde & Köller, Olaf (Hrsg.): Bildungsstandards Deutsch und Mathematik. Leistungsmessung in der Grundschule. Weinheim: Beltz, S. 357–375.

Behrens, Ulrike & Krelle, Michael (2011): Schülertexte beurteilen im Licht von Bildungsstandards, Kompetenzrastern und Unterrichtsalltag. In: Wyss, Eva L. et al. (Hrsg.): Sprachkompetenz in Ausbildung und Beruf. Übergänge und Transformationen. Bulletin VALS ASLA 1/2011. (in Vorbereitung).

Bremerich-Vos, Albert (2005): Sprechen und Zuhören. Zur Förderung der Gesprächskompetenz im Rahmen des Deutschunterrichts. In: Standards. Friedrich-Jahresheft XXIII, S. 108–110.

Eriksson, Brigit (2009): Bildungsstandards – Mündliche Kommunikation. In: Becker-Mrotzek, Michael (Hrsg.): Mündliche Kommunikation und Gesprächsdidaktik. Handbuch Deutschunterricht in Theorie und Praxis DTP, Bd. 3. Baltmannsweiler: Schneider Verlag Hohengehren, S. 116–128.

Grundler, Elke (2008): Gesprächskompetenz. Ein Systematisierungsvorschlag im Horizont schulischer Bildungsstandards und Kompetenzen. Didaktik Deutsch. H 24, S. 48–69.

Klieme, Eckhard et al. (2003): Zur Entwicklung nationaler Bildungsstandards. Eine Expertise. Bonn: Bundesministerium für Bildung und Forschung.

Quasthoff, Uta. (2003): Entwicklung mündlicher Fähigkeiten. In: Bredel, Ursula u.a. (Hrsg.): Didaktik der deutschen Sprache. Bd. 1. Paderborn u.a.: Schöningh, S. 107–120. Krelle, Michael (2011): Mündliches Argumentieren im Deutschunterricht. Kompetenzen und Leistungserwartungen im Fokus. In: Bräuer, Christoph & Ossner, Jakob (Hrsg.): Unterrichtskommunikation: Rahmung und Modellierung. Osnabrücker Beiträge zur Sprachtheorie (OBST). H. 80, S. 125–144.

KMK (Kultusministerkonferenz, Beschlüsse der) (2005): Bildungsstandards im Fach Deutsch für den Hauptschulabschluss – Beschluss vom 15.10.2004. München: Wolters Kluwer.

Mönnich, Annette & Spiegel, Carmen (2009): Kommunikation beobachten und beurteilen. In: Becker-Mrotzek, Michael (Hrsg.): Mündliche Kommunikation und Gesprächsdidaktik. Handbuch Deutschunterricht in Theorie und Praxis DTP. Bd. 3. Baltmannsweiler: Schneider, S. 429–444.

Quasthoff, Uta (2009): Entwicklung der mündlichen Kommunikationskompetenz. In: Becker-Mrotzek, Michael (Hrsg.): Mündliche Kommunikation und Gesprächsdidaktik. Handbuch Deutschunterricht in Theorie und Praxis DTP. Bd. 3. Baltmannsweiler: Schneider, S. 84–100.

Schwitalla, Johannes (2006): Gesprochenes Deutsch. Eine Einführung. 3. Auflage. Berlin: Erich Schmidt.

Spiegel, Carmen (2006): Unterricht als Interaktion. Gesprächsanalytische Studien zum kommunikativen Spannungsfeld zwischen Lehrern, Schülern und Institution. Online-Verlag zur Gesprächsforschung: www.verlag-gespraechsforschung.de/2006/spiegel.htm [19.8.2011].

Spiegel, Carmen (2009): Zuhören im Gespräch. In: Krelle, Michael & Spiegel, Carmen (Hrsg.): Sprechen und Kommunizieren. Entwicklungsperspektiven, Diagnosemöglichkeiten und Lernszenarien in Deutschdidaktik und Deutschunterricht. Baltmannsweiler: Schneider, S. 189–203.

Vogt, Rüdiger (2009): Gesprächskompetenz – Vorschlag eines gesprächsanalytisch fundierten Konzepts. In: Krelle, Michael & Spiegel, Carmen (Hrsg.): Sprechen und Kommunizieren. Entwicklungsperspektiven, Diagnosemöglichkeiten und Lernszenarien in Deutschdidaktik und Deutschunterricht. Baltmannsweiler: Schneider, S. 15–40.

Argumentieren schriftlich – mündlich: Gemeinsamkeiten und Unterschiede

Carmen Spiegel

1. Einleitung

Argumentieren, Erzählen und Berichten werden als Unterrichtsgegenstände häufig schon ab der Grundschule gelehrt und von den Schülerinnen und Schülern eingeübt. Als sprachliche Handlungen kommen sie im Unterricht und im Alltag sowohl in schriftlicher als auch in mündlicher Form vor. Ob und inwieweit sich die gesprochensprachlichen Formen von den schriftsprachlichen unterscheiden, wird kaum in den Blick genommen. Dabei wären Erkenntnisse darüber, wie sich die jeweiligen Realisierungsweisen der Sprache und damit die bereichsspezifischen Anforderungen an die Schülerinnen und Schüler unterscheiden, wichtig für die Lehrenden: Sowohl die Vermittlung als auch die Einübung des Gegenstandsbereichs im Mündlichen bzw. im Schriftlichen liessen sich wesentlich bewusster und differenzierter planen und aufeinander bezogen vermitteln.

Die eingangs genannten sprachlichen Handlungen wie Erzählen und Argumentieren unterscheiden sich zumindest im Mündlichen bezüglich ihrer Bedingungen voneinander, wenn sie in einer halbwegs natürlichen Interaktionssituation realisiert werden: Während das Erzählen und das Berichten in der Interaktion ein grösseres Rederecht verlangen und eher als längere Beiträge und damit als Einheit realisiert werden, findet das Argumentieren in der Regel in Diskussionen mit vielen aktiven Sprechenden und in einem steten Sprecherwechsel statt. Damit zeigen sich bereits von den Realisierungsbedingungen her deutliche Unterschiede zur schriftlichen Realisierungssituation. Insofern legitimiert sich der Einbezug der Produktionsbedingungen für eine adäquate Darstellung des Gegenstandsbereichs: Neben der Beschreibung der jeweiligen sprachlichen Handlung bedarf es auch einer Beschreibung der situativen Rahmenbedingungen, unter welchen die schriftliche oder mündliche sprachliche Handlung entsteht und die diese entsprechend auch beeinflussen.

In der wissenschaftlichen Literatur wird, wenn es um die Kompetenzen des schriftlichen oder mündlichen Argumentierens geht, kein Unterschied gemacht: Entweder werden sie allgemein benannt wie z. B. bei Ludwig & Spinner (2000, S. 17) oder aber in gleicher Weise für das Schriftliche aufgeführt, wie es zuvor bereits an anderer Stelle für das Mündliche geschehen ist, so bei Becker-Mrotzek et al. (2010). Daraus ließe sich schließen, dass es keinen Unterschied bezüglich der Anforderungen an die Schülerinnen und Schüler macht, ob schriftlich oder mündlich argumentiert wird. Die Ansätze zum funktional orientierten Schreiben (z. B. Fix 2006, S. 105 f.; zu verschiedenen Formen schriftlicher Texte siehe Haueis 2003) und zum textsortenorientierten Schreiben (Augst et al. 2007) lassen vermuten, dass es bereits innerhalb verschiedener argumentativer Textsorten wie Literaturinterpretation oder Leserbrief Unterschiede in den Anforderungen gibt. Für die Anforderungen in den Bereichen schriftlich/mündlich scheint mir das noch stärker zu gelten und ein Blick darauf ist auf jeden Fall lohnend. Die Konturierung des Kompetenzbereichs Mündlichkeit bzw. Gesprächsfähigkeit mit dem Fokus auf die Anforderungen gestaltet sich schwierig, denn bisher ist die wissenschaftliche Beschreibung des Anforderungsprofils für verschiedene Gesprächsformen noch nicht abgeschlossen. Das macht auch die Beobachtung und Beurteilung des Mündlichen respektive des mündlichen Argumentierens nicht ganz einfach; Vorschläge hierzu finden sich in Mönnich & Spiegel (2009).

2. Definitorische Setzungen

Zunächst sollen kurz einige Begrifflichkeiten erläutert und ein Beschreibungsraster präsentiert werden, das einen Vergleich der beiden Realisierungsweisen des Argumentierens ermöglicht. Dabei gehe ich davon aus, dass es allgemeine Anforderungen an die argumentierenden Schülerinnen und Schüler gibt, die unabhängig von den Realisierungsweisen sind, sowie bereichsspezifische Anforderungen, die jeweils mit dem Schriftlichen oder Mündlichen verbunden sind, aber nichtsdestotrotz zentral für die Durchführung der Argumentation sind. Da ich die Begriffe *konzeptionelle/mediale Mündlichkeit/Schriftlichkeit* des Modells von Koch & Oesterreicher (1994) sehr kritisch sehe, verwende ich den Terminus mündliche und schriftliche Realisierungsweisen bzw. Realisationsweisen von Sprache (vgl. Spiegel & Kleinberger Günther 2006).

Der Begriff *Anforderung* fokussiert die Tätigkeit einer Person oder Gruppe und bezeichnet die für die jeweilige Handlungsdurchführung notwendigen, konkreten (Teil-)Handlungen und Wissensbestände. Hingegen zielt der *Kompetenzbegriff* auf die Fähigkeiten einer Person und meint die zur Aufgabenbewältigung notwendigen allgemeinen Fähigkeiten und Fertigkeiten. Kompetenzen und Anforderungen sind nicht durchgängig einheitlich, sondern in Teilen abhängig von den Erwartungen der Adressatinnen und Adressaten und von den jeweils gültigen Normen. In Anlehnung an Becker-Mrotzek et al. (2010, S. 6) verstehe ich unter Argumentationskompetenz die Fähigkeit, in einer (strittigen) Situation ein eigenes gedankliches Konzept von Positionen und Gründen zu entwerfen und diese der Sache und der Adressatin oder dem Adressaten angemessen sprachlich ausdrücken zu können.

Unter *Argumentieren* verstehe ich eine Tätigkeit von einer oder mehreren Person(en), die die Darstellung einer Argumentation zum Ergebnis hat. Eine *Argumentation* stellt einen Begründungszusammenhang (in strittigen Kontexten) mit der Funktion der Plausibilisierung dar.

In der wissenschaftlichen Literatur gibt es verschiedene Körnungen bei der Beschreibung von Argumentation: Einerseits werden einzelne Argumente in den Blick genommen und analysiert, (z. B. Vogt 2002, Krelle 2007, Bönisch 2009) andererseits ganze Argumentationen und Diskussionen (Grundler 2009, 2011 und Spiegel 1999, 2004, 2006a). Vogt und Bönisch beschreiben in erster Linie den Komplexitätsgrad von Argumenten und ihre argumentative Struktur. Vogt unterscheidet verschieden ausgebaute Formate von einfachen bis komplexen Argumenten im Mündlichen, Bönisch hingegen analysiert schriftlich fixierte Argumente im Hinblick auf ihre Kohärenz. Krelle bezieht auch die inhaltliche Qualität, den semantischen Gehalt der Argumente in seine Beschreibung ein. Andererseits beschreiben Grundler und Spiegel ganze Argumentationszüge in ihrem Zustandekommen und in ihrer Gesamtheit. Dabei werden weitere Faktoren wie z. B. die Perspektivenübernahme oder Bezugnahmen berücksichtigt.

Ein Beschreibungsraster für schriftliche und mündliche argumentative Handlungen kann folgende Dimensionen in den Blick nehmen:

Die (situativen) Rahmenbedingungen: Hierzu zählen neben der Art der Formulierung des Arbeitsauftrags und der Quaestio das Zeitbudget der Produzentinnen und Produzenten, die Anzahl der Beteiligten, die Möglichkeit der Wisseneruierung im Vorfeld (Recherche, Vorgespräch) etc.

Der Produktionsprozess: Gemeint ist damit der Schreib- bzw. der Gesprächsprozess mit seinen Phasen und kontextuellen Einbettungen.

Die Gegenstandskonstitution: Der Fokus liegt hier auf der sprachlichen Handlung Argumentieren und seinen Produkten, das Argument und die Argumentation.

Im Folgenden werden entlang der Dimensionen Rahmenbedingungen, Produktionsprozess und Gegenstandskonstitution zuerst schriftliches und mündliches Argumentieren einzeln ausgeführt und dann vergleichend beschrieben, wobei nicht alle subsumierten Aspekte im Rahmen dieses Aufsatzes berücksichtigt werden können.

3. Schriftliches Argumentieren

3.1 Die Rahmenbedingungen beim schriftlichen Argumentieren

Traditionell erfolgt das schriftliche Argumentieren im Unterricht in Form von Erörterungen oder Stellungnahmen, in den letzten Jahren auch gelegentlich als Leserbrief. In der Erörterung werden in der Regel sukzessive ein oder mehrere Argumente entweder linear oder dialektisch dargelegt.

Während Mündliches flüchtig ist, kann das schriftlich Fixierte wiederholt rezipiert und gut mit andern Schreibprodukten verglichen werden. Entsprechend sind die Anforderungen an den schriftlichen Text andere als an den mündlichen Beitrag: Schriftliche Texte sind syntaktisch komplexer, die Einheiten des Textes sind aufgrund der Satz- und Absatzstruktur transparenter. Von schriftlichen Texten wird die Befolgung der orthografischen und syntaktischen Regeln verlangt. Im Vergleich zum mündlichen Beitrag weisen sie eine gewisse Länge auf und benötigen Kohäsionsmittel, damit das Schreibprodukt als Texteinheit wahrgenommen wird.

Um sinnvoll über etwas zu schreiben, benötigt der Produzent oder die Produzentin zunächst ein fundiertes Wissen über den Sachverhalt, der schriftlich erörtert werden soll, denn erst die profunde Sachkenntnis ermöglicht es, Begründungen und Beispiele, Relevanzen und Zusammenhänge zu einem plausiblen und damit für die Rezipientinnen und Rezipienten nachvollziehbaren kohärenten Text zusammenzufügen.

3.2 Der Produktionsprozess

Ein schriftlicher Text wird typischerweise von einer Person produziert, wenn man einmal von den eher selten angewandten Formen des kooperativen Schreibens absieht. Die Texterstellung bzw. der Schreibprozess wird in der Schreibdidaktik seit dem Modell von Hayes & Flower (1980), die den Schreibprozess als Bestandteil eines kognitiven Problemlöseprozesses begreifen (siehe die Ausführungen in Merz-Grötsch 2005, S. 86ff.), in drei Teile gegliedert, die allerdings häufig ineinandergreifen: Textplanung, Textniederschrift und Textüberarbeitung.

Der Schreibprozess gestaltet sich in anderer Weise als der Gesprächsprozess. In der Phase der Textplanung wird eine Gliederungsstruktur auf der Makro- und der Mesoebene erstellt, die je nach Schreibstrategie während des Schreibprozesses ergänzt, erweitert und gelegentlich auch umgestellt wird. Die Textplanung beim argumentativen Schreiben verlangt von den Schreibenden die Fähigkeit zur Abstraktion, denn sie müssen die Planung entlang der Quaestio entwickeln und multiperspektivisch bearbeiten. Mehrere Argumente werden gesucht, miteinander in einen Zusammenhang gebracht und nach Relevanzen oder anderen Kriterien geordnet. Dabei sollten sie die Perspektive und Erwartungen der Rezipientinnen und Rezipienten, deren mögliche Bedenken und Gegenargumente bereits bei der Planung antizipieren und bei der Entwicklung der Argumente und der Argumentation berücksichtigen. Bereits bei der Textplanung benötigen die Schreibenden Textsortenwissen und Musterlösungen für Probleme, so die Kenntnis argumentativer Topoi sowohl auf struktureller Ebene als auch bezüglich deren schriftsprachlichen Formulierungen.

Zur Niederschrift werden Formulierungsfähigkeiten, grammatische und orthografische Kenntnisse, eventuell ein Fachwortschatz sowie die Fähigkeit, adressatenspezifisch die adäquate Stilebene zu treffen, benötigt. Auf der Ebene der Textkohäsion stellen argumentative Verknüpfungsmuster und Konnektoren ein Textganzes her. Je nach Schreibsituation geht die Phase der Textüberarbeitung Hand in Hand mit dem Schreibprozess oder sie wird nach einer Feedback-Phase in einem getrennten, nachfolgenden Schritt durchlaufen.

3.3 Die Gegenstandskonstitution *schriftliche* Argumentation

Das folgende Beispiel eines argumentativen Textes stammt aus dem Korpus von Elke Grundler und ist in einer 8. Klasse/Gymnasium entstanden. Die Schülerinnen und Schüler hatten den Arbeitsauftrag, eine Stellungnahme zur Ganztagsschule zu formulieren.

1	Ich bin dagegen, weil ich finde das die Schüler
2	auch ihre Freizeit brauchen und nicht bis 17.00
3	Uhr in der Schule sein möchten. Es ist vielleicht
4	für die Kinder gut, deren Eltern den ganzen Tag
5	arbeiten müssen. Aber für Kinder deren Eltern
6	nur Halbtags arbeiten oder ein Elternteil nicht arbeitet
7	ist es nicht so gut, denn die sehen dann ihre Eltern
8	nicht so viel wie normalerweise.
9	Bei mir persönlich wäre es auch so, dass ich meine
10	Mutter nur höchstens 10 – 15 min. am Tag sehen würde,
11	denn sie arbeitet in einem Lokal und muss um
12	17.30 Uhr dort sein bzw. um 17.20 Uhr gehen.
13	Wenn ich also in einer Ganztagsschule wäre und bis
14	17.00 Uhr Unterricht hätte würde ich um ca. 17.10 Uhr
15	nachhause kommen und sie so kaum sehen.
16	Darum Das sind meine Gründe <u>gegen</u> die Ganztagsschule!

Die Stellungnahme umfasst die Darstellung einer Position, die entlang eines ausdifferenzierten Arguments *Zeitplanung* entwickelt wird. Dabei wird differenziert und multiperspektivisch verfahren und auch andere Positionen erwägend einbezogen. Die Schreiberin beginnt mit einer klaren Positionierung (Zeile 1–3) gegen die Ganztagsschule, die eine erste allgemeine Begründung (Freizeit) beinhaltet. Dem folgt eine Spezifizierung (Zeile 4–8) in Fälle, für die eine Ganztagsschule Sinn ergibt und solche, die anders gelagert sind. Die Spezifizierung bereitet die Art der nachfolgenden Begründung für die eigene Position aus der persönlichen Situation der Schreibenden vor, sie wird ab Zeile 9 ausgeführt. Die persönliche Situation – die Mutter arbeitet ab dem späten Nachmittag – und die möglichen Auswirkungen der Ganztagsschule auf das Verhältnis zur Mutter (hypothetische Folgen Zeile 13–15) dienen als Begründung für die Ablehnung der Ganztagsschule. Die bereits eingangs formulierte Ablehnung wird am Ende noch einmal aufgegriffen und bestätigt. In wenigen Sätzen wird der Sachverhalt differenziert und durch die Berücksichtigung der Betroffenheit multiperspektivisch erwogen, der Einräumungsteil einerseits und die Spezifizierung auf den besonderen, persönlichen Fall führen zu einer komplexen Argumentdarstellung. Dabei ist der Bezug zur Quaestio, zur Diskussionsfrage (Ganztagsschule pro oder contra?), mehrfach implizit und explizit vorhanden: In der expliziten Positionierung «Ich bin dagegen …», «das sind meine Gründe gegen …» (Zeile 1 und Zeile 16), implizit durch die Fokusidentität von Quaestio und inhaltlicher Darlegung, die bei der Analyse der Thema-Rhema-Struktur der einzelnen Sätze deutlich wird. Die Aspektualisierungen des Arguments *Zeitplanung* sind auf verschiedene Weisen miteinander verbunden: sowohl über Konnektoren, durch Formulierungsübernahmen, durch die inhaltlich-logische und thematische Verknüpfung wie auch durch die lineare Abfolge bei der Behandlung des Themas.

Zusammenfassend lässt sich feststellen, dass für das schriftliche Argumentieren der Aufbau einer kohärenten, häufig multiperspektivischen Argumentationsstruktur zentral ist. Die Formulierungen müssen hinreichend explizit sein, denn Nachfragen sind nicht möglich. Ein Vergleich mit ersten schriftlichen Argumentationen in der Grundschule (3./4. Klasse, Korpus Spiegel) zeigt, dass die inhaltliche Komplexität und die Darstellungskomplexität von der zunehmenden Argumentations- und Schreibkompetenz abhängig sind (vgl. auch Becker-Mrotzek et al. 2010, S. 10): Während die argumentationskonstituierenden Elemente bereits früh vorhanden sind, allerdings nur in basaler und wenig expliziter Form, werden die Argumentationen älterer Schreiberinnen und Schreiber zunehmend expliziter und komplexer.

4. Mündliches Argumentieren

4.1 Die Rahmenbedingungen beim mündlichen Argumentieren

Die Anforderungen im Gespräch unterscheiden sich deutlich von den Anforderungen beim Textschreiben. Gerade für Diskussionen und andere Formen der Argumentationseinübung ist der wiederholte Wechsel von Sprecher- und Hörerrolle zentral, beide Rollen gilt es kompetent zu bedienen. Das beinhaltet die Bereitschaft zuzuhören, sich verbal im Argumentationsraum zu verorten und inhaltlich auf das Gegenüber einzulassen. Es verlangt ein lokales und damit spontanes Reagieren auf laufende Beiträge sowohl rezeptiv in der Zuhörrolle durch Zuhöraktivitäten als auch produktiv durch das Aufgreifen und weitere Bearbeiten der gerade gehörten Argumente. Daneben bedarf es gerade in Diskussionen der Fähigkeit, mit anderen Meinungen den Höflichkeitskonventionen entsprechend umzugehen und auftretende Missverständnisse und Konflikte sprachlich zu bewältigen (vgl. Spiegel 2004). Hinzu kommt auch die Fähigkeit, Gesprächsprozesse zu moderieren, d. h. den Überblick über Themenentwicklung und Beitragszuweisung zu behalten und den Diskussionsgegenstand zu strukturieren.

4.2 Der Produktionsprozess

In einer Diskussion wird eine Argumentation in der Regel nicht von einer Person präsentiert, sondern die Beteiligten entwickeln gemeinsam interaktional Argumente, sie teilen sich die argumentativen Teilhandlungen: Begründen, Ergänzen und Erweitern, Differenzieren und Spezifizieren sowie Widerlegen (vgl. Spiegel 2006a, Grundler 2011). Aufgrund der Flüchtigkeit des Gesprochenen, der Formulierungsdynamiken und der Rednerliste, die eine Reihenfolge der Rednerinnen und Redner vorgibt, werden wiederholt zuvor behandelte Teilthemen aufgegriffen und weitergeführt oder es finden thematische Verschiebungen statt, sodass sich im Diskussionsverlauf eine netzartige inhaltliche und argumentative Struktur ergibt.

4.3 Die Gegenstandskonstitution
mündliche Argumentation

Das folgende Beispiel stammt aus dem Argumentationskorpus von Vinçon & Spiegel. Realschülerinnen und –schüler einer 10. Klasse diskutieren, ob die Gleichberechtigung bereits verwirklicht ist. Es diskutieren Alina (AL), die zugleich die Moderation übernommen hat, sowie Moritz (MO), Grabowski (GR), Tobias (TO) und Sabine (SA). Die Lehrerin beobachtet die Diskussion, ist aber nicht beteiligt. Im Ausschnitt geht es um den Verdienst von Männern und Frauen. Die verwendeten Transkriptionszeichen werden am Ende des Aufsatzes erläutert.

1. AL: wie is mit dem geld? im beruf? was denkt ihr da (1)
2. AL: oder soll ich des auch selber sagen jetzt.

3. MO: ja sag=s selber wenn du was dazu denkst?
4. AL: ich denk mal des sieht man manchmal wenn man
5. AL: des vergleicht. (1) wenn=n (-) sind mann und frau im selben
6. AL: beruf? (1) und is manchmal=n unterschiedlicher lohn
7. AL: aber (1) die frauen traun sich meistens gar nich was zu sagen
8. AL: glaub ich. (—) des ja selbstverständlich dass der
9. AL: mann (1) da (.) mehr geld kriegt und so (-)
10. GR: ich denk mal dass der mann heutzutag auch (-) die einfacheren
11. GR: chancen hat (-) irgendwie aufzusteigen; als so=ne frau
12. TO: ja es gibt auch genug frauen die (.) genauso weit oben sind
13. TO: aber wie männer? (-) des versteh ich net
14. MO: ja du musst aber mal (-) die relation sehn (-) sind=s jetzt mehr
15. MO: männer? es sind sicher mehr männer als fraun (-)
16. MO: und da fragt man sich manchmal warum. (-)
17. SA: ja aber das heißt ja nich immer das des nur an dem arbeitgeber
18. SA: liegt (-) das kann ja auch einfach daran liegen (-) dass
19. SA: sich die frau selbst nicht traut dass sie selbst
20. SA: nich so selbstbewusst ist? sich da durch?zusetzen?

Zunächst führt Alina das zur Quaestio subordinierte Thema *Verdienst von Männern und Frauen* ein und beginnt nach der Ratifikation von Moritz (Zeile 3) auch inhaltlich mit dem Thema, indem sie den niedrigeren Verdienst bei gleicher Arbeit für die Frau postuliert und im Anschluss mit deren Verhalten (sich nicht trauen) und der gesellschaftlichen Meinung begründet (bis Zeile 9). Im Anschluss übernimmt Grabowski das Rederecht und er verschiebt leicht das Thema, indem er die unterschiedlichen Aufstiegsmöglichkeiten der Geschlechter fokussiert. Dem widerspricht Tobias in Zeile 12, womit er die Relevanz des Arguments bestätigt; allerdings signalisiert er, dass er keine Begründung bieten kann. Moritz (Zeile 14–16) schließt inhaltlich an Tobias an; er korrigiert und präzisiert Tobias mit seiner Behauptung, dass mehr Männer als Frauen aufsteigen, und schließt mit einer rhetorischen Frage, die auf die möglichen Ursachen zielt. Daran knüpft wiederum Sabine an, die mögliche Ursachen – Arbeitgeber, die Frauen selbst – positionierend benennt und gewichtet: Häufig sind es die Frauen selbst, die sich nicht trauen, meint sie.

Bei genauerer Betrachtung entspricht die Passage der mündlichen Argumentation nicht dem, was idealtypisch als Argumentation angesehen wird: Der argumentative Stellenwert der Beitragsteile und deren Zusammenhang wird nicht explizit, die Bezüge zueinander fehlen. Das idealtypische Argumentationsschema, das der moderne Argumentationsklassiker Stephen Toulmin (1976/1996) beschrieben hat – es beinhaltet die Elemente *Datum, Begründung, Stütze und Konklusion* –, lässt sich, im Gegensatz zum schriftlichen Argumentieren, im Mündlichen kaum oder nur schwerlich rekonstruieren. Dennoch ist der Transkriptausschnitt ein typisches Beispiel für das Argumentieren im Gespräch: Gesprochensprachliches ist wesentlich impliziter, in seinen Inhalten, bezüglich seiner Verknüpfungen zu anderen Beiträgen und im Hinblick auf den Status der Äußerungseinheit für die gerade stattfindende Handlung (vgl. Spiegel 2003, Schütte & Spiegel 2002). Doch aufgrund der Multimodalität des mündlichen Kommunizierens – neben dem Verbalen das Parasprachliche und Nonverbale –, der kontextuellen Einbettung und dem Situationswissen der Beteiligten werden Sprecherbeiträge in der Gesprächssituation unproblematisch verstanden; das gilt auch für den obigen Transkriptausschnitt.

5. Schriftliches Argumentieren/mündliches Argumentieren – ein Vergleich

Im Vergleich zum schriftlichen Text, der argumentativ und thematisch als eine konsistente Einheit erscheint, fällt im Mündlichen eine sich verschiebende argumentative Behandlung auf: Ein Thema wird eingeführt, aufgegriffen und verschoben, spezifiziert und begründet, allerdings nicht von einer Person, sondern von mehreren Schülerinnen und Schülern. Argumentieren im Gespräch ist ein gemeinsames Erwägen und Abwägen, aber auch Positionieren und Angreifen, Ergänzen und Spezifizieren. Themen spalten sich in Subthemen, werden später wieder aufgegriffen und vertieft (vgl. Spiegel 2006a, S. 78f.). So entsteht die Argumentation im Gesprächsverlauf facettenreich, multiperspektivisch und als Gemeinschaftsprodukt. Das heißt für den Sprecher oder die Sprecherin, dass neben der inhaltlichen Darstellung auch Strukturierungsarbeit zu leisten ist: Relevanzsetzung von Inhalten, Einordnen des Stellenwerts im Gesamt der Diskussion und Bezugnahmen zu anderen Gesprächspartnerinnen und -partnern sowie zu zuvor formulierten Inhalten müssen verdeutlicht werden. Auch die Verstehensleistung ist für die Beteiligten enorm, einerseits aufgrund der Flüchtigkeit des Gesprochenen, andererseits aufgrund der heterogenen thematischen Entwicklung, die voller inhaltlicher Brüche ist. Das ist allerdings typisch für eine Interaktion und z. B. der Organisation des Rederechts geschuldet. Die lokalen Anforderungen an die Gesprächsbeteiligten, die zuhören, verstehen, einordnen, sich positionieren, Argumente aufgreifen und weiterführen müssen, sind sehr hoch.

Die beiden Realisierungsweisen schriftlich/mündlich bedingen unterschiedliche Produktionsprozesse, was sich auf das Argumentieren auswirkt:

Text (schriftlich)	Gespräch (mündlich)
Fixiert	Flüchtig
Einzelarbeit	Gruppe
Argumentation: Konsistentes Textganzes mit komplexer inhaltlicher und syntaktischer Struktur	Argumentation: Parzellierte Einzelbeiträge mit lokal eingebundener Produktion und Rezeption
Sachwissen und argumentatives Wissen stehen meist vor der Textproduktion bereit	Sachwissen und argumentatives Wissen können durch Gespräch ergänzt werden

Ein erster Vergleich der beiden Argumentationssituationen und der aus der jeweiligen Situation entstehenden Produkte zeigt folgendes Ergebnis:

Die situativen Anforderungen unterscheiden sich deutlich voneinander und wirken sehr stark auf die Argumentationsdarstellung und -durchführung. So muss die Schreiberin den Schreibprozess global reflektieren und lokal konsistent produzieren mit der Folge, dass als Produkt die systematisch aufgebaute Argumentation einer Person entsteht. Dies erfordert einen hohen Formulierungsaufwand und zuvor einen hohen Planungsaufwand, der mit der Fähigkeit zur Abstraktion einhergehen muss. Bereits bei der Planung muss die Quaestio erfasst und multiperspektivisch bearbeitet werden, wobei auch mögliche Lesende und deren Bedenken und Einwände antizipiert und in die Argumentation eingebaut werden.

Im Gespräch hingegen werden die Gesprächsbeteiligten lokal stark gefordert durch die Sprecher- und Hörerrollen und die damit verbundenen Gesprächsaufgaben des Verstehens und lokalen Reagierens auf das unmittelbar Vorangegangene. Dementsprechend herrscht bei der Präsentation der Argumente im Gesprächsverlauf Diskontinuität; auch werden diese in unterschiedlicher Tiefe präsentiert: Während die einen nur summarisch mit einem Schlüsselwort auf als bekannt vorausgesetzte gesellschaftliche Argumentationstopoi verweisen, führen andere Begründungszusammenhänge sowohl abstrakt als auch konkret und damit umfassend aus (vgl. Spiegel 1999, Schütte & Spiegel 2002).

Bezüglich der thematischen Behandlung lässt sich feststellen, dass beim schriftlichen Text bereits in der Planungsphase die Argumente und Themen geordnet und zueinander in Beziehung gebracht werden. Im Gespräch hingegen erfolgt die Wahl der Subthemen lokal häufig assoziativ mit dem Vorangegangenen verbunden, wobei eine Person das Thema initiiert und die anderen es in der Regel ratifizieren. Das gilt häufig auch dann, wenn im Vorfeld verschiedene Themen und deren Reihenfolge überlegt worden sind, denn die Interaktionsdynamik erschwert die Bearbeitung eines neuen Themas, das unverbunden mit dem Vorangegangenen steht.

6. Gegenstands- und Kompetenzbestimmung: Anforderungen an das Argumentieren

6.1 Allgemeine Argumentationskompetenzen

Unabhängig davon, ob die Schülerinnen und Schüler schriftlich oder mündlich argumentieren, sie müssen sich bereits vor der argumentativen Auseinandersetzung mit dem Wissensbereich vertraut machen, sie sollten Argumentationsmuster und deren jeweilige Realisierungsweisen kennen und erkennen sowie Wissenselemente in eine argumentative Struktur einbinden können – bereichsspezifisch in unterschiedlicher Komplexität und Kohärenz.

Argumentieren kann man nur dann sinnvoll, wenn eine vertiefte Kenntnis des Sachverhalts oder des zu diskutierenden Themas vorhanden ist. Das ist übrigens ein Grund, warum Rollenspiele, bei denen bestimmte gesellschaftliche Positionen wie Bürgermeister oder Experten besetzt werden müssen, so wenig authentisch sind: Neben der fehlenden Motivation für eine häufig aufoktroyierte Rolle fehlt schlichtweg das Sach- und Rollenwissen. Daher ist eine Voraussetzung für eine Argumentation die Fähigkeit, sich Wissensquellen zu erschließen, das Wissen zu erwerben und zu strukturieren, zu reflektieren und kritisch zu beurteilen und gegebenenfalls mit Hilfe eines Fachwortschatzes zu formulieren und verständlich darzustellen. Neben dem Sachverhaltswissen benötigen die Schülerinnen und Schüler argumentatives Wissen wie z. B. die Kenntnis argumentativer Topoi auf struktureller und sprachlicher Ebene und argumentative Verknüpfungsmuster. Diese Kenntnisse werden nicht nur als abstraktes Wissen benötigt, sondern auch als handlungspraktisches, als Beherrschung verschiedener argumentativer Handlungen und Teilhandlungen wie Begründen, Folgern, Stützen, Erweitern, Differenzieren etc. Daneben braucht es die Fähigkeit zur Perspektivenübernahme sowie die Fähigkeit zur Leser- bzw. Hörerantizipation bezüglich der Erwartungen und der Einwände, wobei diese in der Gesprächssituation durch die direkte Adressierung wesentlich personalisierter und konkreter sind. In der Schreibsituation hingegen wird entweder eine hypothetische Leserschaft oder konkret die Lehrkraft imaginiert.

6.2 Schriftliche Argumentationskompetenz

Das schriftliche Argumentieren stellt hohe globale Anforderungen im Hinblick auf die Planung, Reflexion und Antizipation der Argumentation. Bereits vorhanden sein muss eine ausgebaute und reflektierte Wissensstruktur, denn diese ist Voraussetzung für die Textplanung. Die globale Textplanung im Vorfeld verlangt die Fähigkeit, das für die Argumentation notwendige Wissen global zu organisieren, auf der Makro- und Mesoebene zu strukturieren und eine Argumentationsstruktur bzw. ein Argumentationsnetz zu entwerfen. Sowohl schriftliche Formulierungskompetenz als auch eine Überarbeitungskompetenz mit der Fähigkeit, Distanz zum eigenen Text herzustellen, werden für das schriftliche Argumentieren benötigt. Für deren Realisierung bedarf es der Kenntnis der schriftsprachlichen argumentativen Verknüpfungsmöglichkeiten.

6.3 Mündliche Argumentationskompetenz

Das mündliche Argumentieren stellt hohe lokale Anforderungen an die kognitiven und sprachlichen Produktions- und Rezeptionsfähigkeiten. Neben der Beobachtung und Steuerung der interaktionalen Prozesse müssen die Gesprächsbeteiligten Inhalte verstehen und sie müssen sich erinnern, wer sich im Gesprächsverlauf wie positioniert. Für die Argumentationseinübung gilt also, dass die Gesprächsbeteiligten eine doppelte Wissensstruktur im und durch das Gespräch aufbauen, nämlich bezüglich der behandelten Inhalte und bezüglich der Positionierungen der Beteiligten. Neben den typischen Interaktionsaufgaben des Verstehensmanagements wird eine flexible und spontane verbale (Re-)Aktion auf die vorangegangenen Gesprächsbeiträge erwartet. Im Vergleich zur schriftlichen Argumentation kann eine vertiefte Wissensstruktur, die für eine reflektierte und fundierte Argumentation notwendig ist, auch durch die Diskussion selbst aufgebaut werden: Neben Phasen der Positionierung finden sich in vielen Diskussionen auch Phasen der Sachverhaltsklärung, bei der viele Sprechende gemeinsam ihre Kenntnisse einbringen und so ihr Wissen über den Gegenstand vertiefen (vgl. Spiegel 1999, Schütte & Spiegel 2002). Die Wissensimpulse anderer werden aufgegriffen und ergänzt, gelegentlich auch assoziativ, sodass im und durch das Gespräch eine Art kollektives Wissen entsteht. Zugleich entlastet die gemeinsame Wissensdarstellung die einzelnen Beitragenden dahingehend, dass es nicht um Darstellungskomplexität innerhalb eines Beitrags geht, sondern darum, verbalisierte Gedankengänge zu erfassen und weiterzuführen – auch oppositiv. Das «recipient design», der adressatenspezifische Zuschnitt der Beiträge, fällt möglicherweise leichter: Einerseits sind die Adressatinnen und Adressaten miteinander vertraut und können so genauer einschätzen, welche Inhaltselemente zum Verständnis nötig sind und welche Stilebene kontextspezifisch anzuwenden ist. Andererseits können die Gesprächsbeteiligten die gestisch-mimischen Reaktionen z. B. auf Entgegnungen wahrnehmen und sie können lokal darauf reagieren und ihren Beitrag daraufhin anpassen. Stärker als beim Schreibprozess sind die Beteiligten in der Interaktion gelegentlich mit einer gewissen Emotionalität konfrontiert. Je nach Diskussionsthema sind die Schülerinnen und Schüler unterschiedlich involviert. Teilweise kommt es zu einer emotionalen Betroffenheit, die besonders dann zu Konflikten führen kann, wenn es in einer Klasse bereits Gruppenprobleme gibt. Nicht unberücksichtigt bleiben darf die Exponiertheit, die eine Gesprächsrolle im Plenum in einer Diskussion mit sich bringt, und die gerade Jugendliche scheuen.

6.4 Desiderate für die Argumentationsforschung

Obwohl eingangs darauf hingewiesen wurde, dass es innerhalb des schriftlichen und innerhalb des mündlichen Argumentierens Unterschiede gibt, die mit der funktionalen Einbettung bzw. der pragmatischen Funktion der jeweiligen Argumentation zusammenhängen, wurden diese in den vorangegangenen Ausführungen nicht berücksichtigt. Die Beschreibung des Einflusses von Aufgabe, Funktion und Ziel der jeweiligen Argumentation auf die Art der Durchführung bzw. Textproduktion ist in der Forschung bislang zwar wahrgenommen, aber noch nicht hinreichend beschrieben worden. Bei Untersuchungen zum mündlichen Argumentieren hat sich gezeigt, dass die Schülerinnen und Schüler je nach Argumentationsziel und -zweck unterschiedlich argumentieren (vgl. Spiegel 2006b). Vergleichbares weiß man aus der Schreibforschung: Die Textmuster unterscheiden sich auch innerhalb der Funktion *argumentativer Text*. Deren jeweilige Spezifika könnten deutlicher erarbeitet und mit dem jeweiligen Äquivalent im Mündlichen verglichen werden. Auch fehlt noch eine Untersuchung des Argumentationserwerbs, ähnlich wie sie beim Erzählen bereits durchgeführt wurde. So wird im Unterricht in der Regel erst in der Sekundarstufe Argumentieren eingeübt; Studien z. B. von Völzing (1981) zeigen aber, dass bereits kleine Kinder argumentieren können. In der Schreibdidaktik sind inzwischen eine Reihe kognitiver Prozesse, die für die verschiedenen Schreibanforderungen ab dem Schulbeginn notwendig sind, in ihrer Entwicklung beschrieben worden. Es gilt, diese im Hinblick auf das Argumentieren deutlicher herauszuarbeiten und zu untersuchen, inwieweit sie auch für mündliches Argumentieren relevant sind.

7. Folgen für die Vermittlung und Einübung des Argumentierens im Unterricht

Während beim Schreiben ein Produkt entsteht, nämlich der argumentative Text bzw. eine Erörterung, eine Stellungnahme oder ein Leserbrief, stellt das gemeinsame mündliche Argumentieren einen (Gesprächs-)Prozess dar, der das Wissen um Sachverhalte vertieft, Positionierungen ermöglicht und andere Perspektiven als die eigene kennenlernen lässt. Das Gespräch als Produkt ist ein flüchtiges, das nicht mehr reproduzierbar und rezipierbar ist, außer in Video- oder Tonaufnahmen. In vergleichbarer Weise entziehen sich im Unterricht der Prozess des Schreibens, der kognitive Akt des Sortierens und Reflektierens sowie das Formulieren der Beobachtung und können kaum aus dem Textprodukt rekonstruiert werden. Notwendig für die Texterstellung ist eine intensive vorangegangene Kenntnis und Klärung des Gegenstands, über den geschrieben werden soll. Das Gespräch als Prozess ermöglicht – nach einer Bereitstellung eines ersten Wissenszugriffs – die inhaltliche Auseinandersetzung, Klärung und Erkenntnisse im Kollektiv der Gruppe, so z. B. in der Klärungsdiskussion (vgl. Spiegel 1999). Hingegen leistet die Textproduktion eine (abschließende) reflektierte Auseinandersetzung mit dem Sachverhalt als Einzelleistung. Das Gespräch wiederum unterstützt eine Positionierung im Argumentationsraum und interaktiv eine Verteidigung des eigenen Standpunktes in der Pro- und Kontra-Diskussion (vgl. Spiegel 1999).

Das von Ludwig und Spinner (2000) herausgegebene Heft *Mündlich und schriftlich argumentieren* bietet einige Unterrichtvorschläge; in dem von Becker und Grundler (2010) editierten Heft *Argumentieren. Perspektiven entwickeln, Probleme lösen* werden bei der Gestaltung der Unterrichtsvorschläge zum Thema Argumentieren auch die Forschungsergebnisse des letzten Jahrzehnts berücksichtigt.

Im Folgenden möchte ich eine Unterrichtsstruktur vorschlagen, welche die Einübung des mündlichen und schriftlichen Argumentierens miteinander verbindet, also sowohl die gesamte Argumentation als auch den zeitlichen und situativen Kontext miteinbezieht. Dieser Struktur liegen die vorangegangenen Überlegungen zugrunde, dass die mündliche Argumentation in Form der Klärungsdiskussion einer Klasse oder Gruppe hilft, den Sachverhalt inhaltlich zu strukturieren, zu vertiefen und sich der Wissensdefizite bewusst zu werden. Eine schriftliche Auseinandersetzung hingeben benötigt vertiefte Kenntnisse, wie sie – zumindest in Teilen – durch eine Klärungsdiskussion vorbereitet werden können, und sie verhilft zu reflektierten Positionen, die in eine abschließende mündliche Pro- und Contra-Diskussion eingebracht und diskutiert werden können. Für die Pro- und Contra-Diskussion wiederum ist es wichtig, dass sie kompromissorientiert ausgerichtet ist; so erfahren die Schülerinnen und Schüler die Multiperspektivität von Sachverhalten und sie werden zur Perspektivenübernahme angeregt. Die vorgeschlagene Unterrichtsstruktur zum Argumentieren kann zur Aufbereitung und argumentativen Behandlung der verschiedensten Themen verwendet werden.

Für eine unterrichtliche Behandlung eines Themas werden drei Phasen unterschieden, eine Phase der Vorbereitung, der *Vorlauf*, eine Phase der *Durchführung* sowie eine Phase der *Nachbereitung*, wobei diese Phasen in Form von Runden mehrfach durchlaufen werden können.

In der ersten Phase, dem Vorlauf, werden die Rahmenbedingungen des Argumentierens erwogen und festgelegt sowie eine auf die Argumentation bezogene inhaltliche, argumentative und sprachliche Wissensstruktur aufgebaut: Neben der Beschäftigung mit dem Diskussionsthema (Recherche, inhaltliche Aufbereitung und Präsentationen für das Plenum) wird gezielt ein Fachwortschatz zusammengestellt, denn Grundler (2009) hat festgestellt, dass die Beschäftigung der Schülerinnen und Schüler mit der Lexik bzw. dem Fachwortschatz eines Themas deren Argumentation deutlich verbessert. Daneben gilt es, den Blick auf argumentative Texte und Gespräche wie TV-Diskussionen zu lenken, damit die Schülerinnen und Schüler Argumentationsmuster und typische Formulierungsweisen und -strategien kennenlernen. In der Phase 2, der Durchführung der schriftlichen oder mündlichen Argumentation, gilt es, die drei Ebenen Argument-, Darstellungs- und Kommunikationsstruktur adäquat zu realisieren. Beim mündlichen Argumentieren kann man die Klasse in eine Diskussionsgruppe und in Beobachtergruppen aufteilen; die Beobachtergruppen können kriteriengeleitet je unterschiedliche Ebenen oder Aspekte in den Blick nehmen und diese in der Nachbereitungsphase einbringen. Anregungen für Kriterienkataloge finden sich im Heft *Argumentieren* von Becker & Grundler (2010).

Dem schließt sich die dritte Phase, die Nachbereitung, an, die das Feedback und die Reflexion der vorangegangenen handlungspraktischen Einübung von Argumentation beinhalten. Dabei können die Argumentationen von Phase 2 hinsichtlich der drei Ebenen beschrieben und analysiert werden: Bei der Argumentstruktur geht es um die Rekonstruktion der argumentativen Verknüpfung der einzelnen Argumente zu einer Argumentation. Hinsichtlich der Darstellungsstruktur wird die inhaltliche Darstellung in den Blick genommen: Wie wird etwas formuliert, aus welchen Bereichen stammen die Beispiele, sind sie verständlich? Wenn es um die Beschreibung der Kommunikationsstruktur geht, werden Anredeformen, Darstellungsperspektiven, Bezugnahmen genauer beobachtet. Sowohl mündliche als auch schriftliche Argumentationen sollten der Klasse zugänglich gemacht und kriteriengeleitet betrachtet und diskutiert werden.

Modell zur Einübung der Argumentationskompetenz im Unterricht
A. Vorlauf
- Setting/Rahmenbedingungen:
  - Anzahl Beteiligte
  - Klärung Quaestio und Argumentationsziel
- Wissensstruktur (Aufbau):
  - sprachliche Struktur (Muster, Wortschatz)
  - Sachwissen Argumentationsgegenstand

B. Durchführung
1. mündlich: Klärungsdiskussion (1. Runde)
2. schriftlich: Erörterung (2. Runde)
3. mündlich: Pro- und Contra-Diskussion (3. Runde)

Beobachtungsfokus (kriteriengeleitet):
- Argumentstruktur
- Darstellungsstruktur
- Kommunikationsstruktur

C. Nachbearbeitung
- Beschreibung Argumentation
- Reflexion: Wirkung, Ergebnis, Folgen, Lernzuwachs

Bei der Behandlung des Argumentierens als Unterrichtsgegenstand wäre es aus den oben dargelegten Gründen sinnvoll, eine bestimmte Reihenfolge einzuhalten. So kann zunächst nach dem Vorlauf bzw. nach der ersten Beschäftigung mit den Inhalten des Diskussionsthemas eine Klärungsdiskussion (Durchführungsphase) geführt werden. Diese kann durch eine entsprechende Formulierung der Quaestio angeleitet werden, wie z. B. «Wie sinnvoll ist die Verwendung von Biodiesel» (vgl. Spiegel 2010). Nach der ersten mündlichen Diskussion wird in der Nachbereitung meist klar, wo die Wissenslücken sind, um fundiert Positionen vertreten zu können, sodass sich eine zweite Runde anschließt: Nach dem zweiten Vorlauf, der auch dem Schließen von Wissenslücken durch weitere Wissensrecherchen dient, erfolgt eine schriftliche Erörterung oder Stellungnahme, die den Sachverhalt vertiefend reflektiert. Auch diese Runde sollte mit der Nachbereitung bzw. mit einer Reflexion des Schreibprozesses und dessen Möglichkeiten und Schwierigkeiten auf inhaltlicher, struktureller und argumentativer Ebene abgeschlossen werden. In einer dritten und letzten Runde kann – ev. unter Auslassung des Vorlaufs – erneut miteinander diskutiert werden in Form einer Pro- und Contra-Diskussion, in welcher nicht nur Standpunkte präsentiert, sondern bei Handlungsbedarf auch Kompromisse erarbeitet werden. Die abschließende Nachbereitung fokussiert nicht nur die letzte Diskussion, sondern auch die vorangegangenen Runden mit ihren Phasen. Videoaufnahmen helfen den Beteiligten, nicht nur die inhaltliche und argumentative Auseinandersetzung zu rekapitulieren, sondern auch Gesprächsstile und deren Wirkungsweisen zu beschreiben und sich ihres Wissenszuwachses bezüglich der Sache und der Argumentationskompetenz bewusst zu werden.

8. Transkriptionszeichen (nach GAT):

(.)	Mikropause
(-), (—)	kurze (0,25 Sek.), mittlere (–0,75 Sek.)
(1)	Pause, Dauer in Sekunden
hab=ne	Verschleifungen (habe eine)
sicher?	Stimme steigt hoch
nein.	Stimme tief fallend

Literatur

Augst, Gerhard/Disselhoff, Karin/Henrich, Alexandra/Pohl, Thorsten & Völzing, Paul Ludwig (2007): Text-Sorten-Kompetenz. Eine echte Longitudinalstudie zur Entwicklung der Textkompetenz im Grundschulalter. Frankfurt: Peter Lang.

Becker, Susanne & Grundler, Elke. (Hrsg.) (2010): Argumentieren. Perspektiven entwickeln, Probleme lösen. Deutsch, Unterrichtspraxis für die Klassen 5–10, Heft 22/2010.

Becker-Mrotzek, Michael/Schneider, Frank & Tetling, Klaus (2010): Argumentierendes Schreiben – lehren und lernen. Online: www.standardsicherung.schulministerium.nrw.de/cms/upload/netzwerk_NfUE/deutsch/argumentieren_einfuehrung_lang.pdf [11.5.2011].

Böhnisch, Martin (2009): Schüler argumentieren. Rekonstruktion von argumentativen Fähigkeiten in Schülertexten. Haupt- und Realschule im Vergleich. Saarbrücken: Südwestdeutscher Verlag für Hochschulschriften.

Fix, Martin (2006): Texte schreiben. Schreibprozesse im Deutschunterricht. Paderborn: Schöningh.

Grundler, Elke (2009): Argumentieren lernen. Die Bedeutung der Lexik. In: Krelle, Michael & Spiegel, Carmen (Hrsg.): Sprechen und Kommunizieren. Entwicklungsperspektiven, Diagnosemöglichkeiten und Lernszenarien in Deutschunterricht und Deutschdidaktik. Baltmannsweiler: Schneider, S. 82–97.

Grundler, Elke (2011): Kompetent argumentieren. Ein Modell für die mündlich-dialogische Argumentationskompetenz. Tübingen: Stauffenburg Verlag

Haueis, Eduard (2003): Formen schriftlicher Texte. In: Bredel, Ursula et al. (Hrsg.): Didaktik der deutschen Sprache. Paderborn: Schöningh, S. 224–236.

Hayes, John R. & Flower, Linda S. (1980): Identifying the Organization of Writing Processes. In: Gregg, L.W. & Steinberg, J.R. (Hrsg.): Cognitive processes in writing. Hillsdale: Lawrence Erlbaum, S. 3–30.

Koch, Peter/Oesterreicher, Wulf (1994): Schriftlichkeit und Sprache. In: Günther, Hartmut/Ludwig, Otto (Hrsg.): Schrift und Schriftlichkeit. Writing and its Use. Ein interdisziplinäres Handbuch internationaler Forschung. 1. Halbband. Berlin/New York: de Gruyter, S. 587–604.

Krelle, Michael (2007): Wissensbasierte Argumentation lehren und lernen. In: Willenberg, Heiner (Hrsg.): Kompetenzhandbuch für den Deutschunterricht. Baltmannsweiler: Schneider, S. 108–114.

Ludwig, Otto & Spinner, Kaspar, H. (2000): Mündlich und schriftlich argumentieren. In: Argumentieren. Praxis Deutsch, Heft 160, S. 16–22.

Merz-Grötsch, Jasmin (2005): Schreibforschung und Schreibdidaktik. Ein Überblick. Schreiben als System, Band 1. Freiburg i. Br.: Filibach.

Mönnich, Annette & Spiegel, Carmen (2009): Kommunikation beobachten und beurteilen. In: Becker-Mrotzek, Michael (Hrsg.): Mündliche Kommunikation und Gesprächsdidaktik. Handbuch Deutschunterricht in Theorie und Praxis. Baltmannsweiler: Schneider, S. 429–444.

Schütte, Wilfried & Spiegel, Carmen (2002): Form und Funktion von Beispielen in Schülerargumentationen. In: Bastian, Sabine & Hammer, Francoise (Hrsg.): Aber, wie sagt man doch so schön … Beiträge zu Metakommunikation und Reformulierung in argumentativen Texten. Frankfurt/Main: Peter Lang, S. 27–48.

Spiegel, Carmen (1999): Argumentation von Jugendlichen im Deutschunterricht. Zwei schulische Argumentationsformen. In: Zeitschrift für angewandte Linguistik ZfAL, Heft 30, S. 19–40. Online: www.uni-koblenz.de/~diekmann/zfal/zfalarchiv/zfal30_2.pdf [11.5.2011].

Spiegel, Carmen (2003): «zum beispiel es gibt ja leute…». Das Beispiel in der Argumentation Jugendlicher. In: Deppermann, Arnulf & Hartung, Martin (Hrsg.): Argumentieren in Gesprächen. Gesprächsanalytische Studien. Tübingen: Stauffenburg Verlag, S. 111–129.

Spiegel, Carmen (2004): Diskussion im Klassenzimmer – wie im Fernsehen? In: Gutenberg, Norbert

(Hrsg.): Sprechwissenschaft und Schule. Sprecherziehung – Lehrerbildung – Unterricht. München: Ernst Reinhardt Verlag, S. 62–76.

Spiegel, Carmen (2006a): Unterricht als Interaktion. Gesprächsanalytische Studien zum kommunikativen Spannungsfeld zwischen Lehrern, Schülern und Institution. Online-Verlag zur Gesprächsforschung: www.verlag-gespraechsforschung.de/2006/pdf/unterricht.pdf [11.5.2011].

Spiegel, Carmen (2006b): Argumentieren lernen im Unterricht – ein funktional-didaktischer Ansatz. In: Grundler, Elke & Vogt, Rüdiger (Hrsg.): Argumentieren in Schule und Hochschule. Tübingen: Stauffenburg, S. 63–76.

Spiegel, Carmen (2010): «So habe ich es noch nicht gesehen.» Mehrperspektivisch diskutieren. In: Becker, Susanne & Grundler, Elke (Hrsg.): Argumentieren. Perspektiven entwickeln, Probleme lösen. Deutsch, Unterrichtspraxis für die Klassen 5–10, Heft 22/2010, S. 20–25.

Spiegel, Carmen & Kleinberger Günther, Ulla (2006): Schreiben im Internet als neue Aufgabe der Didaktik. In: Spiegel, Carmen & Vogt, Rüdiger (Hrsg.): Vom Nutzen der Textlinguistik für den Unterricht. Baltmannsweiler: Schneider, S. 187–199.

Toulmin, Stephen (1976/1996): Der Gebrauch von Argumenten. Weinheim.

Vogt, Rüdiger (2002): Im Deutschunterricht diskutieren. Zur Linguistik und Didaktik einer kommunikativen Praktik. Tübingen: Niemeyer.

Völzing, Paul-Ludwig: (1981): Kinder argumentieren. Die Ontogenese argumentativer Fähigkeiten. Paderborn: Schöningh.

Alltägliche Wissenschaftssprache im Unterricht – eine Fallanalyse

Stella Uesseler

Schülerinnen und Schüler werden während ihrer Schullaufbahn vor unterschiedliche sprachliche Herausforderungen gestellt. Im schulischen Unterricht werden sprachliche Handlungen von zunehmend komplexer Art erwartet, und zwar rezeptiv wie (re-)produktiv, mündlich wie schriftlich.

In diesem Beitrag führe ich an einer Unterrichtsaufzeichnung eine linguistische Mikroanalyse dazu durch, wie Schülerinnen und Schüler mit sprachlichen Handlungsformen umgehen, die gemeinhin als bildungssprachlich beschrieben werden. Dabei wird der Blick auf einen bestimmten Aspekt von Bildungssprache gerichtet: die *Alltägliche Wissenschaftssprache* (AWS). Anhand von Diskursausschnitten aus dem naturwissenschaftlichen Unterricht einer 5. Gymnasialklasse wird exemplarisch untersucht, wie Schülerinnen beim gemeinsamen Verfassen eines Versuchsprotokolls Ausdrücke der AWS mündlich und schriftlich verwenden.

1.   Die *Alltägliche Wissenschaftssprache*

Ausgehend vom Konzept der *academic language* oder CALP (*cognitive academic language proficiency;* Cummins 2004) hat Gogolin für das Deutsche den Ausdruck *Bildungssprache* in die erziehungswissenschaftliche Diskussion eingebracht, die in der mündlichen Kommunikation in der Schule von «konzeptionellen Merkmale[n] der Schriftlichkeit» geprägt sei (Gogolin 2006, S. 5). Redder (in Vorb.) betont die rein deskriptive Qualität dieses heuristisch brauchbaren Begriffs und schlägt eine systematische Re-Analyse der zu kategorisierenden sprachlichen Phänomene und ihre Erfassung in linguistischen Erklärungskategorien vor; als ein interessanter Teilbereich erweisen sich dabei diejenigen sprachlichen Handlungsformen, die Ehlich (1995) unter der Kategorie *Alltägliche Wissenschaftssprache (AWS)* begriffen hat.

Die AWS ist gemäß Ehlich dadurch gekennzeichnet, dass sie eine hohe Ähnlichkeit zur Alltagssprache aufweist und dennoch nicht ohne Weiteres rezipierbar und produktiv nutzbar ist – sei es von wissenschaftlichen Novizen, sei es von Schülerinnen und Schülern, denen im Schulunterricht sprachliche Sedimente oder Vorformen begegnen. Wegen ihrer Ähnlichkeit zur Alltagssprache wird die AWS jedoch oft nicht als unbekannt wahrgenommen, wird selten von Lernenden oder Lehrenden thematisiert und kann doch für Schülerinnen und Schüler eine Schwierigkeit darstellen. Beispiele für AWS sind einerseits einzelne Ausdrücke (z. B. *Körper, Familie, freisetzen, sich zeigen*) oder Phrasen (z. B. *in den Hintergrund treten*), andererseits aber auch illokutive Einheiten wie das Erklären, Diskursarten wie das Beschreiben oder Textarten der Wissenschaft wie die Argumentation oder das Protokoll (Ehlich 1995, S. 343). Die Probleme, die Schülerinnen und Schüler mit AWS haben können, sind allerdings nicht an der Dichotomie Mündlichkeit versus Schriftlichkeit festzumachen, vielmehr bestehen sie, wie Redder (in Vorb.) ausführt, vor allem im komplexen, qualitativ veränderten und verändernden Zusammenspiel bestimmter «Basisqualifikationen» (Ehlich 2005), insbesondere elaborierter semantischer mit diskursiven und pragmatischen Qualifikationen.

Bei empirischen Analysen der AWS in universitären Zusammenhängen (Ehlich 1995, 1999, Graefen 1997, 1999) wurde festgestellt, dass vor allem Studierende, die Deutsch nicht als Muttersprache sprechen, mit dem Verständnis und der Verwendung von AWS Probleme haben. Für die Unterrichtskommunikation in der Schule ist anzunehmen, dass Vorformen der AWS bereits in der Primarstufe auftreten, indem das Fachwissen in didaktisierter Form an die nächste Generation weitergegeben wird. Man kann für diese Situation parallel vermuten, dass Kinder mit Migrationshintergrund und Kinder aus bildungsfernen Elternhäusern größere Schwierigkeiten mit dem Verständnis und der Aneignung von AWS haben.

Wie Schülerinnen und Schüler einer 5. Klasse einzelne Aspekte der *Alltäglichen Wissenschaftssprache* und deren Vorformen aus Texten und im Unterrichtsdiskurs aufnehmen und ob bzw. wie sie selbst Ausdrücke der AWS produktiv nutzen, soll im Folgenden am Beispiel einer Gruppenarbeit im Physikunterricht gezeigt werden.

2. Datengrundlage

Das Verbundprojekt BiSpra[1] beschäftigt sich mit der Frage, welche für die Bildungs-
entwicklung markanten Sprachkompetenzen Schülerinnen und Schüler benötigen,
um im Unterricht erfolgreich handeln zu können. Während sich das psychologische
und das pädagogische Teilprojekt auf die Diagnostik semantischer und grammati-
scher Qualifikationen zu Beginn der Primarstufe konzentrieren und verschiedene
Erhebungsinstrumente entwickeln, analysiert das linguistische Teilprojekt im authentischen Unterrichtsdiskurs sowie in gezielten experimentellen Settings am
Rande des Unterrichts die konkreten bildungssprachlichen Fähigkeiten von Schülerinnen und Schüler in der Primarstufe im Übergang zur Sekundarstufe I, vor allem
in Bezug auf semantische und pragmatische Qualifikationen. Dazu werden Video-
aufzeichnungen in verschiedenen Schulen durchgeführt, die sprachlichen Äußerungen nach einem professionellen Transkriptionsverfahren verschriftet (Redder
2002) und anschließend einer detaillierten sprachlichen Handlungsanalyse unter-
zogen. Das Ziel des linguistischen Teilprojektes ist es, ein Verfahren zur Einschätzung sprachlicher Fähigkeiten von Schülerinnen und Schüler der Jahrgangsstufen
4 und 5 zu entwickeln und diese Erkenntnisse rückzukoppeln an die Befunde der
beiden anderen Teilprojekte in den ersten Jahrgangsstufen.

Das linguistische Korpus besteht derzeit aus ca. 59 Zeitstunden an Unterrichts-
aufnahmen, die in sechs 4. Klassen in der Grundschule, drei 5. Klassen in der Gesamtschule und vier 5. Klassen am Gymnasium in Hamburg aus drei Kamerapers-
pektiven aufgezeichnet wurden. Der als Beispiel vorgestellte Unterrichtsausschnitt
stammt aus einer Aufnahme im Gymnasium eines Stadtteils mit wenig Sprachför-
derbedarf. Es ist also davon auszugehen, dass die im Folgenden untersuchten Schülerinnen und Schüler in ihrer Sprachentwicklung im Vergleich zu anderen Fünftklässlerinnen und Fünftklässlern relativ weit sind.

1   Der Beitrag ist im vom BMBF geförderten linguistischen Teilprojekt «Bildungssprachliche Kom-
    petenzen (BiSpra): Anforderungen, Sprachverarbeitung und Sprachdiagnostik» unter der Lei-
    tung von Prof. Dr. Angelika Redder entstanden. BiSpra ist ein interdisziplinäres Verbundprojekt
    aus Linguistik, Erziehungswissenschaften (Prof. Dr. Petra Stanat) und Psychologie (Prof. Dr. Sa-
    bine Weinert, leitend) im Rahmen der «Forschungsinitiative Sprachdiagnostik und Sprachför-
    derung (FiSS)». Ich danke Angelika Redder für wertvolle Hilfen zu diesem Beitrag.

3. Gruppenarbeit «Kerze im Trinkglas»: Ablauf und sprachliche Handlungserfordernisse

Im aufgezeichneten Physikunterricht einer 5. Gymnasialklasse wird das Thema «Luft» neu eingeführt. In diesem Zusammenhang lässt die Lehrerin die Schülerinnen und Schüler in Gruppen verschiedene Versuche nach schriftlicher Anleitung durchführen. Insofern ist aus handlungstheoretischer Sicht ein komplexes, aktionale und interaktionale Teile umfassendes Aufgabe-Lösungs-Muster (Ehlich & Rehbein 1986, S. 14 ff.) zu realisieren, bei dem die Aufgabenstellung in kooperativer Eigenverantwortung einem gemeinsamen Lösungsversuch zuzuführen ist, der lehrerseitig bewertet wird. Es geht sprachlich mithin um eine spezifisch kooperativ realisierte Fähigkeit zu einer der zentralen pragmatischen Qualifikationen II, dem schulischen Aufgabe-Lösungs-Muster als akzelerierter und institutionell modifizierter Form des gesellschaftlichen Problemlösens (Ehlich & Rehbein 1986, S. 9 ff.).

In der ausgewählten Gruppenarbeit führen fünf Schülerinnen im Alter zwischen 11;1 und 11;7 Jahren mit der Erstsprache Deutsch den Versuch «Kerze im Trinkglas» durch.[2] Dazu wird ein brennendes Teelicht in eine mit Wasser gefüllte Petrischale gesetzt und ein Glas darüber gestülpt. Die Flamme der Kerze erhitzt die Luft im Glas. Nachdem der Sauerstoff im Glas verbraucht ist, erlischt die Kerze. Die Luft im Glas kühlt ab und es entsteht ein Unterdruck. Der Außendruck ist nun höher als der Druck im Glas. Um einen Druckausgleich herzustellen, strömt Luft von Außen in das Glas hinein. Da sich aber zwischen der Luft außerhalb des Glases und dem Inneren des Glases Wasser befindet, wird auch das Wasser von unten in das Glas gedrückt.

Diesen Vorgang müssen die Schülerinnen und Schüler beobachten und versuchen, die physikalischen Vorgänge zu verstehen. Die in der Gruppe mündlich erarbeiteten Ergebnisse halten die Schülerinnen und Schüler schriftlich in einem Protokoll fest, das von der Lehrerin später benotet wird. Insofern gewährt die Videografie Einblicke in mündliche wie auch schriftliche Fähigkeiten der Schülergruppe zu Lö-

---

2 Der Zeitumfang der Unterrichtssequenz umfasst 90 Minuten. Deshalb können im Folgenden nur ausgewählte Passagen des Transkripts wiedergegeben werden. Dies geschieht überwiegend in segmentierter Form, d. h. einem weiteren, handlungsanalytisch zubereiteten Bearbeitungsschritt der Originaläußerungen (Ehlich & Rehbein 1977). Zur besseren Übersicht wurden die Transkriptausschnitte bereinigt. Die für die Analyse relevanten Ausdrücke werden im Folgenden gefettet. Vorgelesene Passagen werden durch « » gekennzeichnet. Durch [( )] wird Paraverbales ausgedrückt.

sungsversuchen, genauer: in ihren kooperativen Planungsprozess, in die interaktiv gewonnenen Lösungsschritte und in den Lösungsversuch der Aufgabenstellung.[3] Die Lehrerin steht während der Gruppenarbeit für Fragen zur Verfügung und überprüft zwischendurch die Teilergebnisse.

Dem Aufgabenblatt können die Schülerinnen und Schüler bereits den Aufbau ihres Versuchsprotokolls entnehmen. Der Auftrag sieht die Verschriftung der Fragestellung, eine Hypothese darüber, wie der Versuch verlaufen könnte, eine Auflistung des verwendeten Materials, die Beschreibung der Versuchsdurchführung, die Beobachtung des Versuchs und eine Auswertung vor. Für die Schülerinnen und Schüler ergibt sich während der Gruppenarbeit also ein komplexer Handlungsablauf, der in folgende Phasen eingeteilt werden kann:

1a) Aufgabenblatt lesen
1b) Aufgabenstellung besprechen, Aufgaben verteilen, Material besorgen
2a) Vermutungen über Versuchsverlauf anstellen/Vermutungen begründen und Hypothese ausbilden
2b) Hypothese verschriften
3a) Versuch durchführen und beobachten
3b) Versuchsablauf beschreiben und verschriften
4a) Versuch auswerten/erklären
4b) Erklärung verschriften
5a) Musterlösung lesen
5b) Musterlösung mit Protokoll vergleichen

Der Versuchsaufbau selbst liegt als schriftliche Anleitung vor und befähigt die Schülerinnen, sich den Versuchsverlauf sprachlich vermittelt vorzustellen und den Versuch dann aktional durchzuführen (1). Die Schülerinnen diskutieren zunächst mündlich darüber, wie der Versuch wohl verlaufen wird (2a) und begründen ihre einzelnen Vermutungen, um eine gemeinsame Hypothese ausbilden zu können. Diese Hypothese wird dann schriftlich niedergelegt (2b). Es folgt die Durchführung des Versuchs durch die Schülerinnen selbst, wobei sie ihn handlungsbegleitend kommentieren (3a). Die Beobachtungen über den konkreten Versuchsablauf werden wiederum erst gemeinsam mündlich zusammengeführt, vorformuliert und

---

3   Grießhaber, Özel & Rehbein (1996) haben solche Gruppenarbeiten fruchtbar gemacht für die Unterscheidung von «Denksprache» und «Arbeitssprache», was insbesondere für Kinder mit unterschiedlichen Erstsprachen höchst aufschlussreich ist.

dann als Beschreibung verschriftet (3b). In der sogenannten Auswertung ihrer Beobachtung (4a+b) sollen die Schülerinnen und Schüler erklären, wie es zu dem Erlöschen der Kerze und zum Ansteigen des Wassers im Glas kommt. Dazu müssen sie wissen, welche physikalischen Phänomene für den Versuch eine Rolle spielen.

Die Schülerinnen fassen ihre Ergebnisse schriftlich im Versuchsprotokoll zusammen. Dafür planen und überarbeiten sie den Text gemeinsam und suchen kooperativ nach passenden Formulierungen. Außerdem greift die Lehrerin immer wieder ein und überprüft einzelne Abschnitte des Protokolls. Aus diesen Gründen werden die Phasen 2 bis 4 mehrfach durchlaufen. Nach dem Verfassen des Protokolls erhalten die Schülerinnen und Schüler eine schriftliche Musterlösung, um ihre eigenen Beobachtungen, Hypothesen und Erklärungen überprüfen zu können (5). Während in Phase 1 und 5 also vor allem die schriftlich-rezeptiven Fähigkeiten der Schülerinnen gefragt sind, spielt in den Phasen 2 bis 4 die Überführung vom Mündlichen ins Schriftliche eine wesentliche Rolle.

Am Ende der Unterrichtseinheit, in der vierten Sitzung, haben die Schülerinnen zudem die Aufgabe, ihre Bearbeitung des physikalischen Versuchs vor der gesamten Klasse in Form eines Referats vorzustellen. Hier werden die zuvor verschrifteten Ergebnisse wieder ins Mündliche überführt. Das Referat wird aus Raumgründen allerdings nicht Teil der vorliegenden linguistischen Analyse sein.

Es zeigt sich, dass die Schülerinnen und Schüler durch die komplexe Aufgabenstellung bereits vielfältige Herausforderungen bewältigen müssen: Sie bewegen sich zwischen Mündlichkeit und Schriftlichkeit, zwischen Diskurs und Text[4] und zwischen unterschiedlichen sprachlichen Handlungen wie dem Begründen, dem Beschreiben und dem Erklären. Zudem müssen sie ihren Text in einer bestimmten Textart verfassen – in einem Protokoll. Diese Textart[5] soll im Folgenden näher bestimmt werden.

---

4   Zu der Unterscheidung von Text und Diskurs im Sinne von Ehlich (1983) für Spracherwerbsanalysen siehe den Beitrag von Anna Komor in diesem Band.

5   Auch wenn in der linguistischen und didaktischen Fachliteratur der Ausdruck «Textsorte» geläufiger ist, verwende ich hier den Ausdruck «Textart», um hervorzuheben, dass anstatt einer bloßen Zuordnung von Texten eine Kategorisierung aufgrund der funktionalen Bestimmung textimmanenter Zwecke erfolgt. Zur Kritik am Ausdruck «Textsorte» siehe Ehlich (1990).

4. Die Textart «Protokoll»

Das Protokollieren von Versuchen im naturwissenschaftlichen Unterricht ist im Lehrplan der Sekundarstufe I an Gymnasien bereits für die Jahrgangsstufen 5 und 6 vorgesehen – und entspricht, wie etwa die wissenschaftssprachlichen Analysen von Chen (1995) zeigen, einer Vorbereitung auf entsprechende Anforderungen im universitären Fachstudium. Schülerinnen und Schüler, die das Schreiben in einer bestimmten Textart erlernen, müssen den Zweck der Textart erkennen. Was aber ist der Zweck von Protokollen? Moll sieht ihn grundlegend in der «Weitervermittlung von Wissen», die schriftlich erfolgt (Moll 2001, S. 45), also in einer schriftlichen Überlieferung von Wissen vom Schreiber an die Leserin zwecks Orientierung über Handlungsabläufe. Ausgehend von Rehbeins Bestimmung des mündlichen Berichtens (Rehbein 1984), das dazu dient, einen «Handlungs- oder Ereigniskomplex» objektiv und bewertbar zu vermitteln, bezeichnet Moll das Protokoll als «Sonderform des Berichtens». So ist das Protokoll in institutionellen Zusammenhängen (z. B. vor Gericht) dazu geeignet, als Grundlage für Entscheidungen verwendet zu werden.

Das Protokoll, das hier verfasst werden soll, kann als Versuchsprotokoll[6] bezeichnet werden. Die Schülerinnen und Schüler müssen aus der Ereigniskette der Versuchsausführung diejenigen Teilhandlungen und -ereignisse auswählen, die für die Leserin oder den Leser des Protokolls zum Verständnis des Versuchs nötig sind. Sie müssen also erkennen, welche Punkte des Versuchsablaufs für eine Leserin oder einen Leser systematisch relevant sind und außerdem «künftige Verwendungszusammenhänge antizipieren» (Becker-Mrotzek & Böttcher, 2008, 62).

Dabei ergeben sich mehrere Schwierigkeiten im Gruppenunterricht. Erstens ist die primäre Leserin des Versuchsprotokolls hier die Lehrerin, die ohnehin über das Wissen verfügt, das die Schülerinnen und Schüler hier schriftlich weitergeben – dies entspricht exakt der Position des Lösungsversuchs (in Form eines Versuchsprotokolls) im Aufgabe-Lösungs-Muster, der die Lehrerbewertung systematisch folgt. Um dem Zweck des akzelerierten Wissenserwerbs von gesellschaftlich etablierten Lösungsformen gerecht zu werden, ist von der konkreten Lernsituation zu abstrahieren und ein «Als-ob» der Neuentwicklung von Problemlösungen ins Auge zu fassen. Die Schülerinnen und Schüler sollen sich also auf eine (fiktive) Leserin oder einen (fiktiven) Leser einstellen, der über das Wissen über den Versuchsver-

---

6   Moll (2001, 29) unterscheidet zwischen Protokollen, die mündliche Kommunikation fixieren (Kommunikationsprotokolle), und solchen, in denen «nicht sprachliche Ereignisse und Beobachtungen» verschriftet werden (z. B. Versuchsprotokolle).

lauf noch nicht verfügt. Des Weiteren muss der mögliche künftige Verwendungszusammenhang fingiert werden – jenseits der diversen Bewertungskriterien für den Lösungsversuch im schulischen Lernprozess. Häufig überlagern diese institutionsspezifischen Zwecke die abstrakten textinternen Zwecke. So ist es nicht selten, dass sich Schülerinnen und Schüler zwar die Struktur einer Textart schematisch aneignen, deren außerinstitutionellen Zweck – den der Wissensspeicherung und -überlieferung – jedoch nicht nachvollziehen können (Moll 2001, S. 39).

5. Analyse-Beispiel 1

Wenden wir uns nun dem ersten Analysebeispiel (B1) zu. In der schriftlichen Versuchsanleitung für die Schülerinnen und Schüler heißt es wörtlich:

1.) Fülle eine Petrischale halbvoll mit Wasser.
2.) Setze das Teelicht auf das Wasser und zünde es an.
3.) **Stülpe** nun das Trinkglas **über** das Teelicht, sodass das Glas auf dem Boden der Petrischale steht.
4.) Beobachte sehr genau, was im Trinkglas passiert.

(B1a)

Im Folgenden soll analysiert werden, wie Schülerinnen den AWS-Ausdruck *überstülpen* bzw. alltagssprachliche Ausdrücke mit einer ähnlichen Bedeutung im Diskurs verwenden und in ihr gemeinsames Protokoll aufnehmen.

Angesichts der schriftlichen Versuchsanleitung können die Schülerinnen unter 3.) den Ausdruck *überstülpen* bereits rezeptiv erfassen. Die Schülerin Paula liest die Aufgabenstellung vor und begibt sich mit ihren Klassenkameradinnen damit in Phase 1a des Handlungsablaufs:

Paula:	(s1) «Ein brennendes Teelicht · schwimmt auf der Wasseroberfläche.»
	(s2) «Was passiert, wenn man ein Glas **darüberstülpt?**»
	(s3) Das ist die Fragestellung.

(B1b)

| Carla: | (s6) Äh, also ich meine, · also · erst brennt sie und schwimmt oben |
| | (s7) und wenn man das Glas **drüber tut**, |

(s8) dann hat's ja kein Sauerstoff mehr

(s9) und dann/ •• und dann geht die Kerze aus.

(B1c)

Carla vermutet (Phase 2a), dass die Kerze erlischt, und begründet ihre Vermutung mit dem Sauerstoffmangel, der durch das Überstülpen des Glases entsteht (s7 und s8). Dass es sich lediglich um eine Vermutung handelt, macht Carla durch die *Matrix-Konstruktion* (Rehbein, 2004, 269) «ich meine» (s6) deutlich. In Carlas Lösungsversuch zeigt sich, dass die Schülerin nicht den Ausdruck *überstülpen* aus der Textvorlage übernimmt. Sie ersetzt den Stamm des Ausdrucks (*stülp-*) durch ein Mehrzweckverb, nämlich den handlungsbezogenen Architerm *tun* (s7). Zudem zieht sie den deiktischen Ausdruck *da* mit der Präposition *über* zusammen zu *drüber*. Diese Verkürzung ist typisch für die Mündlichkeit. Eine ähnliche Formulierung findet sich im ersten Versuch einer Verschriftung (Phase 2b) der Schülerinnen:

Anke (s25) So. Was ist jetzt unsere Vermutung?

(s26) «Die Kerze geht aus und sie dreht sich um.»

Carla (s27) Nein, nein, nein. Stopp, stopp.

Anke (s28) ((beginnt zu schreiben)) Doch. • Doch, doch, doch, doch.

Carla (s29) Ja, okay.

[Zwischendiskurs von 01:17 Min.]

Carla (s30) ((*greift über den Tisch, um das Protokoll zu nehmen*))

Äh, Anke, das ist nicht genau genug.

Anke (s31) ((3s)) Doch, es ist genau.

[Zwischendiskurs von 01:44 Min.]

Carla (s32) Also Anke, ich würd was anderes schreiben.

(s33) Ich würd schreiben:

(s34) «Die Kerze geht aus, wenn das Glas **draufgestulpt** wurde ((2s)) und/

(s35) • und danach dreht sie sich um.»

(B2)

Im oberen Diskursausschnitt (B2) wird deutlich, dass die Schülerinnen fälschlicherweise davon ausgehen, dass sich die Kerze nach dem Erlöschen mit dem Docht nach unten drehen wird (s26 und s35).

In Bezug auf den AWS-Ausdruck *überstülpen* lässt sich feststellen, dass die Schülerin Carla in (s34) zwar den Stamm *stülpen* verwendet, allerdings offenbar

Schwierigkeiten mit der Aussprache hat. Dies ist ein Hinweis darauf, dass der Ausdruck noch nicht selbstverständlich in den alltäglichen Sprachgebrauch von Fünftklässlerinnen und Fünftklässlern übergegangen ist. Zudem verwendet Carla die Präposition *auf*, die das Bezugsobjekt (hier die Kerze) als flächenhaft kategorisiert (Grießhaber 1999, S. 94), während durch *über* zum Ausdruck gebracht wird, dass die Kerze von dem Glas bedeckt und gewissermaßen umschlossen wird (vgl. Rich 2003, S. 43).

Interessant an diesem Ausschnitt ist zudem, dass Carla hier vehement in den Schreibprozess ihrer Mitschülerin Anke eingreift (s27). Anke, die während der Gruppenarbeit die Aufgabe der Protokollantin übernommen hat, verschriftet die zuvor in der Gruppe mündlich diskutierte Vermutung über den Versuchsverlauf und verteidigt zunächst ihren eigenen Textvorschlag (s28). Carla insistiert jedoch und begründet ihren Einwand damit, dass die Vermutung über den Versuchsverlauf nicht ausführlich genug dargestellt wird: «Äh, Anke, das ist nicht genau genug.» (s30). Sie greift hier nicht nur verbal, sondern auch aktional in den Handlungsverlauf ein, indem sie nach dem Protokoll greift. In Carlas Lösungsvorschlag (s34) wird betont, dass das Erlöschen der Kerze als eine Folge des Überstülpens des Glases zu sehen ist. Carla hat erkannt, dass einer Leserin oder einem Leser auch die Ursache-Wirkungs-Zusammenhänge einzelner Schritte des Versuchs vermittelt werden müssen, um den Versuch nachvollziehen zu können, und ergänzt diese für das Verständnis des Versuchs relevante Information.

Durch das hier vorliegende *kooperative Schreiben* (Lehnen 2000), also dadurch, dass hier die Schülerinnen einen Text gemeinsam verfassen, wird die Trennung zwischen Schreiber und Leserin aufgehoben. Die Leserin oder der Leser selbst nimmt am Schreibprozess teil. Dies ermöglicht eine Auseinandersetzung mit dem Schreibprozess an sich und befähigt die Schülerinnen dazu, die Lesererwartung zu reflektieren.

Dass der Ausdruck *überstülpen* für die Schülerinnen tatsächlich eine Schwierigkeit darstellt, zeigt sich mehr noch im nächsten Ausschnitt (B3). Die Schülerin Anke versucht, die Ergebnisse der Versuchsbeobachtung zu verschriften (Phase 3b). Während sie schreibt, artikuliert sie die Worte, die sie zeitgleich zu Papier bringt. Dadurch sind die langen Pausen zwischen den einzelnen Ausdrücken zu erklären.

Anke: (s91) Als · · · das ((2s)) Glas ((2s)) über die ((2s)) Kerze/ äh Kerze ge/
((2s)) ((*Geste des Nicht-Weiterwissens*)) ((1,5s)) über die Kerze/

(B3)

In diesem Ausschnitt bricht Anke ihre Äußerung ab. Durch das bereits geäußerte *ge-ist* von Hörerseite ein Verb im Partizip Perfekt zu erwarten. Durch die Verwendung der Präposition *über* ist zu vermuten, dass Anke hier in ihrem mentalen Bereich nach einem Ausdruck sucht, der weniger alltagssprachlich ist als beispielsweise ein Mehrzweckverb. Da ihr der Ausdruck *überstülpen*, den sie rezeptiv bereits aus der Versuchsanleitung erfasst haben müsste, mental offenbar nicht mehr präsent ist, und sie keinen anderen passenden Ausdruck findet, bittet sie gestisch ihre Mitschülerinnen um Hilfe. Diese nehmen ihre Geste allerdings nicht wahr, weil sie parallel mit einer erneuten Versuchsdurchführung beschäftigt sind.

Einige Äußerungen später (B4) formuliert Anke noch einmal um und vergewissert sich bei ihren Mitschülerinnen, ob sie mit der Formulierung einverstanden sind. Diese gehen allerdings nicht auf Ankes Frage ein.

Anke: (s106) «Als das Glas über die Kerze **gestellt** wurde/»
          (s107) Hier, ist das gut?

(B4)

Das Verb *stellen* ist hier näher an der *Alltäglichen Wissenschaftssprache* als das in (s7) verwendete Mehrzweckverb *tun*; es ist jedoch auch näher an der Alltagssprache als der Ausdruck *stülpen*. Während *stülpen* deutlich macht, dass ein hohler Körper mit seiner Öffnung nach unten gerichtet über einen anderen gestellt wird (vgl. Grimm & Grimm 1999, Bd. 20, Sp. 371 ff., ist *stellen* weniger spezifisch und bezeichnet lediglich den Vorgang, einen Gegenstand in eine aufrechte Position zu bringen (vgl. Grimm & Grimm 1999, Bd. 18, Sp. 2195 ff).

Im Verlauf des Diskurses findet sich schließlich ein Textvorschlag von Paula, der letztlich in das Protokoll übernommen wird (B5). Wir befinden uns hier in Phase 3b des Handlungsablaufs.

Anke   (s168) Was soll ich jetzt schreiben?
          (s169) «Ist die Kerze/»
Paula   (s170) ((diktiert)) «Als wir das Glas über die Kerze **gestülpt** haben,
          (s171) ((diktiert)) ist das Wasser zurück gegangen.»

(B5)

Bei der Versuchsbeschreibung im schriftlichen Protokoll wird schließlich derjenige Ausdruck fixiert, welcher der AWS nahe ist und der aus der schriftlichen Versuchsanleitung bekannt ist: *überstülpen*. Die während des textplanerischen Diskurses genutzten Ausdrucksvarianten sind also lediglich Zwischenetappen im Denkprozess.

Anhand dieses empirischen Beispiels aus dem Gruppenunterricht lässt sich nachvollziehen, wie Schülerinnen die geeignete Formulierung für die schriftliche und insofern verbindliche Formulierung von gemeinsam erarbeitetem Wissen suchen und diskursiv bearbeiten. Dabei treten die Planungs- und Überarbeitungsprozesse, die bei einzelnen Sprechern mental ablaufen, an die sprachliche Oberfläche, da die Schülerinnen die Aufgabe gemeinsam lösen. Durch das *kooperative Schreiben* wird die Formulierungsfähigkeit der Schülerinnen gefördert. So wird am Ende der präziseste Ausdruck zur Beschreibung eines Teilschritts des Versuchs gefunden und schriftlich festgehalten.

In der folgenden Grafik (G1) wird noch einmal dargestellt, wie sich der Ausdruck *überstülpen* im Laufe des Diskurses hin zu seiner Verschriftung entwickelt:

rezeptiv schriftlich	produktiv mündlich	Textvorschläge mündlich	produktiv schriftlich
überstülpen darüber stülpen	drüber tun	draufstulpen über ge/ über etw. stellen	überstülpen

Spezifizierung

(G1)

Das folgende Beispiel aus der gleichen Unterrichtssequenz weist eine ähnliche Entwicklung von eher alltagssprachlichen Ausdrücken hin zu Ausdrücken der *Alltäglichen Wissenschaftssprache* auf.

6.   Analyse-Beispiel 2

In den folgenden Ausschnitten (B6 und B7) beobachten die Schülerinnen gemeinsam mit der Lehrerin, was geschieht, sobald das Glas über die Kerze gestülpt wird
und die Kerze erlischt. Während der Versuchsdurchführung beschreiben die Schülerinnen, was sie beobachten. Hier wird also Phase 3a erneut durchlaufen, weshalb
die Schülerinnen durch ihr bereits vorhandenes Wissen eine Erwartung über den
Versuchsverlauf ausgebildet haben. Paula berichtet der Lehrerin zunächst, was sie
bei der ersten Versuchsdurchführung beobachtet hat.

Paula   (s89) Und wenn sie/ und wenn sie dann/ wenn sie ausgeht,
          (s90) dann · **kommt** das Wasser wieder **hoch**.

(B6)

Mich interessiert hier, wie die Bedeutung der alltagssprachlichen Formulierungen
hoch kommen, bzw. – wie im nächsten Ausschnitt zu sehen – *hoch gehen*, im Laufe
des Diskurses bis hin zur schriftlichen Formulierung in AWS-Ausdrücken immer weiter spezifiziert wird.

Paula   (s159) Und jetzt **geht** sie eigentlich wieder **hoch**.
          (s160) Bei uns war es, dass sie **hoch ging**.
Lehrerin (s160) Moment mal.
          (s161) **Geht** [(sie)] [(betont)] **hoch**?
Anke   (s162) Die Kerze ist dann wieder hoch/
Carla   (s163) Das Wasser **geht hoch**.
Lehrerin (s164) ((1,5s)) Erst **geht** das Wasser **hoch**, · dann **geht** die Kerze **hoch**.
          (s165) · · Okay, die Beobachtung müsst ihr erst mal aufschreiben.

(B7)

In diesem Ausschnitt greift die Lehrerin in die Äußerung von Paula ein (s160). Sie
übernimmt die Formulierung *hoch gehen* in ihre eigene Äußerung, um dann durch
die Betonung der Phorik, also des sogenannten Personalpronomens «sie» (s161),
deutlich zu machen, dass ein Element der Äußerung von Paula einen Denkfehler
enthält. Die Lehrerin lenkt mit ihrer Nachfrage die Aufmerksamkeit der Schülerinnen darauf, dass nicht die Kerze im Glas nach oben steigt, sondern der Wasserstand
steigt. Dass die Kerze ebenfalls hochsteigt, ist ein Nebeneffekt, da sie auf dem Wasser schwimmt. Dieser Umstand wurde von Paula bereits in (s90) erkannt. Die Lehre-

rin macht also auf die relevanten Schritte aufmerksam, die für das leserseitige Verständnis des Versuchs von Bedeutung sind, und fasst diese zusammen (s164). Damit strukturiert sie relevantes Wissen für das Protokoll vor und vermittelt den Schülerinnen schrittweise Textartenkompetenz (s165).

Einen an der AWS näheren Ausdruck als *hoch gehen* finden die Schülerinnen in Beispiel (B8), als sie die von der Lehrerin eingeforderte Beobachtung niederschreiben (Phase 3b):

Anke	(s191) Oh, ich muss noch mal die/ ich muss noch mal die Beobachtung zu Ende/ […]
	(s193) ((schreibt)) «Später ((2,5s)) ist ((1s)) sie ((3s)) ausgegangen ((2s)) und/»
	(s194) ausgegangen ((1s)) und?
Paula	(s195) Später ist sie ausgegangen.
	(s196) ((diktiert)) «Und das Wasser ((2s)) **floss** langsam wieder in das Glas **rein**.»

(B8)

In diesem Ausschnitt wird im Gegensatz zu der bloßen Beobachtung, dass das Wasser steigt, also «hoch geht», durch *hinein fließen*[7] deutlich gemacht, dass es sich bei dem Stoff, der sich in eine Richtung bewegt (nämlich *hin*), um eine Flüssigkeit handelt.

In der schriftlichen Musterlösung (B9), welche die Schülerinnen nach Abgabe des Protokolls erhalten, findet sich eine ähnliche Formulierung:

«Nach Erlöschen der Kerze **strömt** Wasser in das Trinkglas. Das Teelicht schwimmt wieder.»

(B9)

7　Bei «rein» handelt es sich nicht zwingend um eine mündliche Verkürzung von «herein» im Gegensatz zu «hinein», vielmehr neutralisieren die sogenannten «r-Partikeln» den Unterschied zwischen *her* und *hin* (Thurmair 2008, S. 318).

Strömen bezeichnet im Unterschied zu *fließen* eine schnelle, einseitig gerichtete Bewegung, die mit einer gewissen unaufhaltsamen Kraft von statten geht (vgl. Grimm & Grimm 1999, Bd. 20, Sp. 51 ff.). *Strömen* ist in diesem Zusammenhang also präziser, weil semantisch anklingt, dass die Flüssigkeit eine gewisse Dynamik entwickelt.

Bei der Vertextung der Erklärung des Versuchs (Phase 4b) gelingt es den Schülerinnen, einen noch spezifischeren Ausdruck zu finden, um den physikalischen Vorgang zu beschreiben:

Anke (s243) «Die Kerze braucht/ braucht Luft um zu brennen.
       (s244) Die Luft in dem Glas lässt das Wasser nicht mehr ins Glas
       (s245) und die Kerze schwimmt nicht mehr. ••
       (s246) Irgendwann ist die Luft im Glas leer und die Kerze geht aus.
       (s247) Da die Luft im/ Da die Luft im Glas leer ist,
       (s248) kann das Wasser wieder ins Glas **eindringen**
       (s249) und die Kerze schwimmt wieder.»

                                                                    (B10)

Im Gegensatz zu *hinein fließen* oder *strömen* wird mittels des Ausdrucks *eindringen* (s248) deutlich gemacht, dass das Wasser zunächst eine Barriere, einen Widerstand überwinden muss, bevor es in das Glas gelangen kann. Diese Bedeutung wird durch den Zusammenhang mit dem Konnektor *wieder* und dem Modalverb *können* verstärkt. Das Modalverb *können* benennt mögliche Handlungswege (Redder 2009, S. 89) des Wassers, die zuvor verschlossen waren. In der Kombination dieser Ausdrücke wird der Vorgang des Druckausgleichs präziser beschrieben als mittels des zuvor verwendeten alltäglichen Ausdrucks *hinein fließen*. Das Verb *eindringen* kann bereits dem Bereich der *Alltäglichen Wissenschaftssprache* zugeordnet werden.

Mittels der Formulierung «da die Luft im Glas leer ist» (s247) versuchen die Schülerinnen zu erklären, warum das Wasser wieder in das Glas eindringen kann. Vermutlich soll hier verdeutlicht werden, dass der Sauerstoff im Glas verbraucht wurde und eine Art Vakuum entstanden ist, das von dem Wasser ausgefüllt werden kann. Dass ein Vakuum mitunter als «luftleerer Raum» bezeichnet wird, dürfte den Schülerinnen geläufig sein. Es ist also gut möglich, dass die Schülerinnen mit dieser Formulierung versucht haben, möglichst nah an einen AWS-Ausdruck heranzukommen. Redder (demn.) vermutet für den Aus- und Umbau des Symbolfeldes[8] im Sprachwissen von Schülerinnen und Schülern eine u-förmige Erwerbskontur, die sich in einer möglichen «Phase des produktiven Ausprobierens» im Umgang mit AWS-Ausdrücken zeigen dürfte. Die Formulierung *leere Luft* als Bezeichnung für ein Vakuum könnte ein solcher Ausdruck sein, den die Schülerinnen deshalb verwenden, weil sie in ihrer Verschriftung mit einer wissenschaftsnäheren Formulierung den schulischen Anforderungen entsprechen wollen. Damit hätten sie einen ersten Schritt auf den Erwerb der alltäglichen Wissenschaftssprache hin gemacht.

Der Vergleich des Protokollausschnitts der Schülerinnen mit der Musterlösung (Phase 5b) zeigt, welches Wissen den Schülerinnen zum Zeitpunkt der Aufnahme noch fehlt, nämlich das Wissen um Unterdruck und Überdruck. Anke liest die Musterlösung vor:

Anke	(s431) «Die Kerze wird angezündet und erhitzt die Luft. ((1,5s))
	(s432) Diese dehnt sich aus und etwas Luft entweicht aus dem Glas.
	(s433) Im Glas entsteht ein Überdruck.
	(s434) Wenn die Kerze erlischt, zieht sich die abkühlende Luft zusammen und es entsteht ein Unterdruck.
	(s435) Der Außendruck a/ **drückt** das Wasser in**s**/ das Glas.»
Paula	(s436) Okay. ( )
	(s437) Klingt gut.
	[…]
Anke	(s439) Aber irgendwie haben wir was ganz anderes gehabt, oder?
Paula	(s440) ((1s)) [(kichernd)] [(Joa)].

(B11)

In der Musterlösung heißt es: «Der Außendruck drückt das Wasser in das Glas.» (s435). Anke erkennt, dass bei der gemeinsamen Erklärung der Schülerinnen die-

---

8 Bühler (1978) unterscheidet sprachliche Einheiten, die dem «Zeigfeld», von solchen, die dem Symbolfeld von Sprache zugeordnet werden können. Ehlich (1982) arbeitet die handlungstheoretische Entdeckung Bühlers über das sprachliche Zeigen systematisch aus und begreift kleinste Handlungseinheiten wie die deiktische Neufokussierung der Höreraufmerksamkeit als «Prozedur». Während ein Sprecher durch *deiktische Prozeduren mittels der Ausdrücke des «Zeigfeldes»* (z. B. *hier, da,* Tempusmorpheme, *ich, du, dieser*) die Hörerin in einem Verweisraum orientiert, nimmt er mit Hilfe der *nennenden Prozeduren* des Symbolfeldes Bezug auf das hörerseitige Wissen über Elemente der Wirklichkeit und aktualisiert diese. Unter Symbolfeldausdrücke fasst Redder – aus wortartenkritischer Perspektive – Substantive, Adjektive, Verben und Basispräpositionen (2007) zusammen.

ses Detail fehlt (s439). Ohne das Wissen, dass der Grund für den Wasseranstieg der Druckausgleich zwischen Außenluft und Innenluft ist, ist es den Schülerinnen selbstverständlich unmöglich, die Erklärung dementsprechend zu formulieren. Bei *drücken in* bzw. *hinein drücken* handelt es sich um einen AWS-Ausdruck. Dieser ist in physikalischen Zusammenhängen, als Benennung im Sinne der Wissensaktivierung eines bestimmten physikalischen Phänomens, gegenüber der alltäglichen Bedeutung abstrakter.

Anhand der Transkriptausschnitte konnte gezeigt werden, wie die Schülerinnen vom Diskurs in die schriftliche Vertextung hinein selbstständig immer spezifischere Ausdrücke (von *hoch gehen* und *hoch kommen*, über *hinein fließen* zu *eindringen*) für die Beschreibung des Phänomens, dass das Wasser in das Glas eindringt, finden. Der höchste Spezifizierungsgrad ist in der schriftlichen Musterlösung zu finden. Auch hier wird in der Beschreibung ein der Alltagssprache näherer Ausdruck (*strömen in*) gewählt, der am Ende in der Erklärung durch einen AWS-Ausdruck (*drücken in*) substituiert wird. Durch die Verwendung dieses Symbolfeldausdrucks wird das Wissen um den physikalischen Druckausgleich als Grund für das Eindringen des Wassers in das Glas aktualisiert. Nur so können die Ursache- und Wirkungszusammenhänge einzelner Phasen des Versuchs erklärt werden. Dagegen sind die Ausdrücke *hinein fließen* bzw. *strömen in* für die Beschreibung des Versuchsablaufs absolut funktional, da dort lediglich die äußeren Merkmale einer Handlung oder eines Sachverhalts an ihrer sichtbaren Oberfläche wiedergegeben (Rehbein 1984, S. 114) und eben keine Funktionszusammenhänge dargestellt werden.

Grafisch lässt sich die Entwicklung des Begriffs folgendermaßen darstellen:

	produktiv mündlich	produktiv schriftlich	rezeptiv schriftlich	neues Wissen wird aktiviert
Beschreibung	hoch gehen hoch kommen	hinein fließen	strömen in	
Erklärung		eindringen können	drücken in	

Spezifizierung

(G2)

7. Zusammenfassung und didaktischer Ausblick

Die hier exemplarisch analysierte Unterrichtsstunde ist in ihrer Konzeption im Hinblick auf die didaktische Förderung von semantischen Fähigkeiten, Diskursfähigkeiten und Schreibkompetenzen von Schülerinnen und Schülern absolut zielführend.

Es hat sich gezeigt, dass die Schülerinnen durch die gemeinsame Durchführung eines Versuchs dazu angeregt werden, sich einerseits eigene Gedanken zu dem Versuchsverlauf und über die mögliche Erklärung für das Phänomen des Druckausgleichs zu machen, andererseits die Kommunizierbarkeit all dessen zu reflektieren. Durch das *kooperative Schreiben* an einem gemeinsamen Protokoll gelingt es den Schülerinnen, geeignete Formulierungen zur Beschreibung der beobachteten Phänomene zu finden. Es lässt sich beobachten, dass mit jedem erneuten Durchgang des verbalen Planens und Reformulierens der Einsatz verbaler Mittel, insbesondere lexikalisierter Mittel des Symbolfeldes, zunehmend genauer wird. Dabei kommt dem Lernprozess zugute, dass den Schülerinnen ausreichend Zeit für wiederholte Versuchsdurchführungen und für die Überarbeitung des Protokolls zur Verfügung gestellt wurde. Durch die Diskussion über die Informationen, die für das Verständnis des Versuchs relevant sind, nehmen die Schülerinnen sowohl die Position der Schreiberin als auch die Leserposition ein. So wird eine Reflektion über die Lesererwartung gefördert – und somit eine wichtige Fähigkeit im Bereich der diskursiven Qualifikationen im Sinne von Ehlich (2005). Bei der zwischengeschalteten Interaktion mit der Lehrerin erhalten die Schülerinnen direkt eine Bewertung zu den von ihnen verfassten Textabschnitten und können diese daraufhin überarbeiten. Insofern wird das «Frustrationspotential», das durch eine schlechte Note sicherlich gegeben wäre, gemindert. Außerdem können die Schülerinnen auf diese Weise Kritik sofort aufnehmen und Verbesserungsvorschläge direkt umsetzen. So wird ihnen im naturwissenschaftlichen Unterricht zugleich und funktional integriert ein gewisses Maß an Textartenkompetenz vermittelt. Durch das Lesen der Musterlösung können die Schülerinnen vergleichen, ob ihre Formulierungen gut gewählt waren und ob ihre Erklärung für den Versuch ausreicht. Zudem dient die Musterlösung den Schülerinnen dazu, eventuell noch bestehende Wissenslücken zu schließen.

Um den Zweck der Textart Versuchsprotokoll den Schülerinnen noch näher zu bringen, könnten die Protokolle nach ihrer Berichtigung durch die Lehrerin an alle Schülerinnen und Schüler der Klasse verteilt werden. Diese könnten dann zur Vorbereitung auf eine Klassenarbeit genutzt werden. Für die Schülerinnen und Schüler würde so ein konkreter Verwendungszusammenhang für die Protokolle entstehen, und sie könnten sich auf ihre Mitschülerinnen und Mitschüler als Rezipienten einstellen. Außerdem könnten sie ihr neu erarbeitetes Wissen für einen späteren Verwendungszusammenhang – nämlich für ihre eigene Klausurvorbereitung – speichern.

Selbstverständlich ist nicht allen Schülerinnen und Schülern solch ein breites Spektrum an Ausdrucksmöglichkeiten gegeben wie den Schülerinnen im hier beschriebenen Beispiel. Trotzdem sollten schwächeren Schülerinnen und Schüler nicht aus Rücksichtnahme auf ihre Fähigkeiten nur einfache Texte und Aufgabenstellungen an die Hand gegeben werden. Vielmehr benötigen sie den schriftlichen, aber auch den mündlichen «Input», um ihr Repertoire erweitern zu können. Natürlich sind schwächere Schülerinnen und Schüler auf mehr lehrerseitige Hilfestellung angewiesen. Um ihr Bewusstsein für die scheinbar einfachen Ausdrücke der *Alltäglichen Wissenschaftssprache* zu schärfen, sollte gerade auch im naturwissenschaftlichen Unterricht die Schwierigkeit dieser Ausdrücke thematisiert werden. Als Unterstützung der Kompetenzerweiterung kann die Lehrkraft komplexe Äußerungen umformulieren und einzelne Textpassagen erläutern. Zudem sollte die Lehrkraft vermehrt Worterklärungen zu AWS-Ausdrücken von den Schülerinnen und Schülern einfordern. So könnte der Wortschatz im Hinblick auf die *Alltägliche Wissenschaftssprache* ausgebaut werden.

Literatur

Becker-Mrotzek, Michael & Böttcher, Ingrid (2008): Schreibkompetenz entwickeln und beurteilen. Berlin: Cornelsen Scriptor.

Bühler, Karl (1978): Sprachtheorie. Die Darstellungsfunktion der Sprache. Frankfurt a.M.: Ullstein.

Chen, Shing-Lung (1995): Pragmatik des Passivs in chemischer Fachkommunikation: empirische Analyse von Labordiskursen, Versuchsanleitungen, Vorlesungen und Lehrwerken. Frankfurt a.M.: Lang.

Cummins, Jim (2004): BICS and CALP. In: Byram, Michael (Hrsg.): Routledge Encyclopedia of Language teaching and learning. London/New York: Routledge, S. 76–79.

Ehlich, Konrad (1982): Deiktische und phorische Prozeduren beim literarischen Erzählen. In: Lämmert, Eberhard (Hrsg.): Erzählforschung. Ein Symposium. Stuttgart: Metzler, S. 112–129.

Ehlich, Konrad (1983): Text und sprachliches Handeln. Die Entstehung von Texten aus dem Bedürfnis nach Überlieferung. In: Assmann, Aleida/Assmann, Jan & Hardmeier, Christof (Hrsg.): Schrift und Gedächtnis. Beiträge zur Archäologie der literarischen Kommunikation. München: Fink, S. 24–43.

Ehlich, Konrad (1990): «Textsorten» – Überlegungen zur Praxis der Kategorienbildung in der Textlinguistik. In: Mackeldey, Roger (Hrsg.): Textsorten/Textmuster in der Sprech- und Schriftkommunikation. Festschrift zum 65. Geburtstag von Wolfgang Heinemann. Leipzig: Universität Leipzig, S. 17–30.

Ehlich, Konrad (1995): Die Lehre der deutschen Wissenschaftssprache: sprachliche Strukturen, didaktische Desiderate. In: Kretzenbacher, Heinz & Weinrich, Harald (Hrsg.): Linguistik in der Wissenschaftssprache. Berlin/New York: de Gruyter, S. 325–351.

Ehlich, Konrad (1999): Alltägliche Wissenschaftssprache. In: Info DaF 26/1, S. 3–24.

Ehlich, Konrad (2005) (Hrsg.): Anforderungen an Verfahren der regelmäßigen Sprachstandsfeststellung als Grundlage für die frühe und individuelle Sprachförderung von Kindern mit und ohne

Migrationshintergrund. Eine Expertise für das Bundesministerium für Bildung und Forschung. Bonn/Berlin: BMBF.

Ehlich, Konrad & Rehbein, Jochen (1977): Wissen, kommunikatives Handeln und die Schule. In: Goeppert, Herma (Hrsg.): Sprachverhalten im Unterricht. Zur Kommunikation von Lehrer und Schüler in der *Unterrichtssituation*. München: Fink, S. 36–114.

Ehlich, Konrad & Rehbein, Jochen (1986): Muster und Institutionen. Tübingen: Narr.

Gogolin, Ingrid(2006): Wem nützt oder schadet die Zweisprachigkeit? Online: http://www.erzwiss.uni-hamburg.de/Personal/Gogolin/cosmea/core/corebase/mediabase/foer-mig/website_gogolin/dokumente/publikationen/Bildungssprache.pdf [2.5.2011].

Graefen, Gabriele (1997): Wissenschaftssprache – ein Thema für den Deutsch-als-Fremdsprache-Unterricht? In: Armin Wolff & Walter Schleyer (Hrsg.): Fach- und Sprachunterricht: Gemeinsamkeiten und Unterschiede. Studiengänge Deutsch als Fremdsprache: Von der Theorie zur Praxis. Regensburg (Materialien Deutsch als Fremdsprache, Heft 43), S. 31–44.

Graefen, Gabriele (1999): Wie formuliert man wissenschaftlich? In: Barkowski, Hans & Wolff, Armin (Hrsg.): Alternative Vermittlungsmethoden und Lernformen auf dem Prüfstand; Wissenschaftssprache – Fachsprache etc. Materialien Deutsch als Fremdsprache 52. Regensburg, S. 222–239.

Grießhaber, Wilhelm (1999): Die relationierende Prozedur. Zu Grammatik und Pragmatik lokaler Präpositionen und ihrer Verwendung durch türkische Deutschlerner. Münster: Waxmann.

Grießhaber, Wilhelm/Özel, Bilge & Rehbein, Jochen (1996): Aspekte von Arbeits- und Denksprache türkischer Kinder. In: Ulonska, Herbert/Kraschinski, Svea & Bartmann, Theodor (Hrsg.): Lernforschung in der Grundschule. Bad Heilbrunn: Klinkhardt, S. 160–179.

Grimm, Jacob & Grimm, Wilhelm (1999): Deutsches Wörterbuch. Bearb. von der Arbeitsstelle des Deutschen Wörterbuchs und von Dollmayr, Victor. München: Dt. Taschenbuchverlag.

Lehnen, Katrin (2000): Kooperative Textproduktion. Zur gemeinsamen Herstellung wissenschaftlicher Texte im Vergleich von ungeübten, fortgeschrittenen und sehr geübten Schreiberinnen. Dissertation. Göttingen: Niedersächsische Staats- und Universitätsbibliothek.

Moll, Melanie (2001): Das wissenschaftliche Protokoll. Vom Seminardiskurs zur Textart: empirische Rekonstruktionen und Erfordernisse für die Praxis. München: indicium.

Redder, Angelika (2007): Wortarten als Grundlage der Grammatikvermittlung? In: Köpcke, Klaus-M. & Ziegler, Arne (Hrsg.): Grammatik in der Universität und für die Schule. Tübingen: Niemeyer, S. 129-146.

Redder, Angelika (2009): Modal sprachlich handeln. In: Der Deutschunterricht 3, S. 88–93.

Redder, Angelika (in Vorb.): Von der «Bildungssprache» zur «alltäglichen Wissenschaftssprache». (Vortrag GAL Leipzig, Sept. 2010). Fachsprache: internationale Zeitschrift für Fachsprachenforschung, -didaktik und Terminologie.

Redder, Angelika (demn.): Prozedurale Re-Analyse von elementaren Wortarten und Wortbildung. In: Jahrbuch Deutsch als Fremdsprache. München: iudicium.

Redder, Angelika (2002): Professionelles Transkribieren. In: Jäger, Ludwig & Stanitzek, Georg (Hrsg.): Transkribieren. (Tagungsbeiträge zum KFK Medienkommunikation). München: Fink, S. 115–131.

Rehbein, Jochen (1984): Beschreiben, Berichten und Erzählen. In: Ehlich, Konrad (Hrsg.): Erzählen in der Schule. Tübingen: Narr, S. 67–124.

Rehbein, Jochen (2004): Matrix-Konstruktionen in Diskurs und Text. In: Baumgarten, Nicole/Böttger, Claudia/Motz, Markus & Probst, Julia (Hrsg.): Übersetzen, Interkulturelle Kommunikation, Spracherwerb und Sprachvermittlung – das Leben mit mehreren Sprachen. Festschrift für Juliane House zum 60. Geburtstag. Bochum: Akts-Verlag, S. 251–275.

Rich, Georg A. (2003): Partikelverben in der deutschen Gegenwartssprache mit *durch-, über- um-, unter-, ab-, an-*. Frankfurt a.M.: Peter Lang.

Thurmair, Maria (2008): Die r-Partikeln im System der verbalen Wortbildung. In: Eichinger, Ludwig M./Melissa, Meike & Vázquez, María, J.D. (Hrsg.): Wortbildung heute. Tendenzen und Kontraste in der deutschen Gegenwartssprache. Tübingen, Narr, S. 311–336.

Texte hochbegabter Kinder zwischen Mündlichkeit und Schriftlichkeit

Katarina Farkas

1. Einleitung

In diesem Artikel wird ein laufendes Forschungsprojekt vorgestellt, in dem fiktionale und nonfiktionale Texte von sprachlich besonders begabten sechs- bis achtjährigen Kindern der Schuleingangsstufe untersucht werden sollen.

Die im Rahmen einer Kinderhochschule an der Pädagogischen Hochschule Zentralschweiz, PHZ Zug, erhobenen Texte sind zwischen Mündlichkeit und Schriftlichkeit anzusiedeln: In diesem Alter sind Kinder noch weitgehend im mündlichen Sprachgebrauch verhaftet. Mit Schrift kommen sie zwar in Kontakt, aber selten als Lesende, viel öfter als Zuhörende, z. B. beim Vorlesen einer Geschichte oder in der Identifizierung von bekannten Schriftzügen (Nivea, Mc Donalds etc.). Die Kinder weisen also bereits Erfahrungen mit der Schrift auf, bevor sie selbst lesen und schreiben können. Es ist von der Annahme auszugehen, dass sie bereits im Vorschulalter über implizite Konzepte von schriftlichen und mündlichen Texten verfügen. Die Kinder haben die meisten ihrer Texte nicht selbst geschrieben, sondern diktiert.

Ziel der Untersuchung ist es, an den so entstandenen Texten Merkmale aufzuzeigen, die auf hohe sprachliche Begabungen der Kinder verweisen und die Grundlage für einen praktikablen Beobachtungsbogen sein können, mit dem Hochbegabung im sprachlichen Bereich identifiziert werden kann. Die Förderung von Leistungsexzellenz und -expertise (Ziegler 2008) bei Kindern und Jugendlichen ist ein wichtiges Ziel, auch im Fach Deutsch. Hier manifestiert sich jedoch eine Lücke sowohl in der Forschung als auch in der Schulentwicklung: Bis anhin gibt es kaum Studien, die den Schnittbereich Hochbegabung und Deutschdidaktik untersuchen. Eine Ausnahme bildet die Dissertation «Hochbegabung und

Lese-Rechtschreibschwierigkeiten» von Fischer (1999). Fischer untersucht Kinder, die hohe intellektuelle Begabungen haben, aber in der Schule scheitern – oft an Lese- und Rechtschreibschwierigkeiten. Die Fachdidaktik muss noch Wege finden, wie man diese Kinder gezielt unterstützen kann, sodass sie auch in diesen Bereichen kompetent werden und ihre schulische Laufbahn nicht daran zu scheitern droht.

Um untersuchen zu können, woran man sprachlich sehr begabte Kinder im Anfangsunterricht erkennen kann, wurde eine Gruppe ausgewählter Kinder zu einer Veranstaltung an der Pädagogischen Hochschule Zentralschweiz, Teilschule Zug, eingeladen. An mehreren Nachmittagen produzierten die Kinder verschiedene Texte. Diese Texte sind Untersuchungsgegenstand der Arbeit, die im Folgenden dargestellt wird. Die Datenerhebung ist abgeschlossen. Zurzeit werden die Analyseinstrumente entwickelt. Im Artikel werden daher vor allem Überlegungen zu Hochbegabung und Sprache, die Erhebungsmethode und erste Überlegungen zur Analyse der Kindertexte vorgestellt.

Bevor das Untersuchungsdesign vorgestellt wird, folgen zunächst einige grundlegende Überlegungen zum Thema Hochbegabung und (schulisches) Lernen. Anhand von Beispielen wird die Schwierigkeit diskutiert, hohe Begabungen im sprachlichen Bereich zu identifizieren. In einem zweiten Teil werden das Vorgehen bei der Datengewinnung und die geplanten Auswertungsschritte vorgestellt. Abschließend folgen einige Ideen für die schulische Praxis, die sich aus den Erfahrungen der Kinderhochschule ergeben.

2. Problembeschreibung: Von der Schwierigkeit, sprachliche Begabungen zu identifizieren

Das Thema Hochbegabung wird aktuell vorwiegend von den Bildungs- und Sozialwissenschaften untersucht (Ziegler 2008; Brunner et al. 2005; Stamm 2005). Zudem liegen einzelne Studien aus der Fachdidaktik Mathematik vor (z. B. Fuchs & Käpnick 2008; Heinze 2005). Deutschdidaktische Studien zu herausragenden Leistungen oder interessanten Lösungswegen von sprachlich sehr begabten Kindern fehlen. Es gibt zwar viele Studien zum Erzählen oder zum Texteschaffen unter ganz verschiedenen Gesichtspunkten (z. B. Pohl & Steinhoff 2010), aber keine, die explizit die Herangehensweise bzw. die Produkte von sprachlich besonders begabten Kindern in den Fokus rücken. Das im Vergleich zur Deutschdidaktik grosse Interesse der

Mathematikdidaktik am Thema Begabung könnte daran liegen, dass hohe mathematische Begabungen einfacher zu erkennen sind als hohe sprachliche Begabungen. Zuweilen sind mathematische Leistungen so augenfällig, dass selbst ungeübte Laien schnell zum Schluss kommen, dass das Kind in Mathematik ausserordentlich begabt ist, wie das folgende Beispiel zeigt.

Die Mathematikaufgaben stammen von einem Jungen aus der 1. Klasse, wir nennen ihn Christoph. Er war gemäss Richtlinien im Sommer 2003 früh eingeschult[1] worden und war zum Zeitpunkt, als er diese Rechnungen notierte, 6;7 Jahre alt. Statt der zwei vorgesehenen Jahre hatte er nur ein Jahr den Kindergarten besucht[2]. Seinen Eltern fiel auf, dass er schon im Vorschulalter gut rechnen konnte. Im Kindergarten selbst rechnete er nie. Er verhielt sich unauffällig, der Kindergartenlehrperson fiel nichts Besonderes auf.

Im ersten Schuljahr zeigte Christoph bei gewissen mathematischen Aufgaben erstaunliche Leistungen, bei anderen war er durchschnittlich. Zur Erläuterung zwei Beispiele:

Die erste Aufgabe bestand darin, Zahlen aus dem Zehnerraum in einer Kettenrechnung zu addieren und zu subtrahieren. Die Lösung ist korrekt, aber nicht aufsehenerregend.

---

1   Im Kanton Zug (CH) ist schulpflichtig, wer im März vor Schulbeginn 6 Jahre alt geworden ist und schulberechtigt, wer im Mai vor Schulbeginn 6 Jahre alt ist. Das Kind, dessen Mathematikaufgaben hier gezeigt werden, war im August 2003 6 Jahre alt, gehörte also zu den Früheingeschulten und war 4,5 Monate jünger als die schulberechtigten Kinder dieser Klasse.

2   In der Schweiz ist der Kindergarten eine Art Vorschule, wo die Kinder in Bereichen der Selbst-, Sozial- und Sachkompetenz auf die Schule vorbereitet werden. Der Besuch des Kindergartens ist in den meisten Kantonen obligatorisch. Im Kindergarten unterrichtet eine Kindergärtnerin oder -gärtner in der Regel eine Gruppe von 18 Kindern.

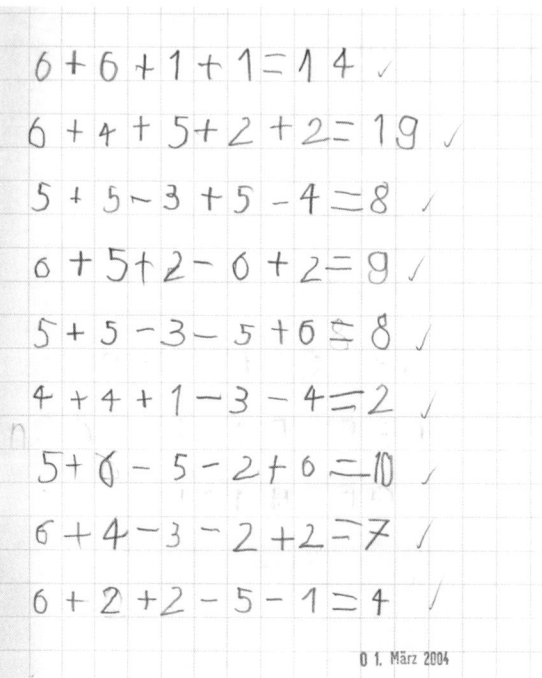

Abbildung 1: Kettenrechnungen von Christoph mit Zahlen aus dem Zehnerraum, 1. März 2004

Christoph erhielt eine Woche nach dieser Aufgabe mit den Kettenrechnungen (vgl. Abb. 1) eine leere «Zahlenmauer»[3] mit der Aufgabe, selbst Zahlen in die Zahlenmauer einzufügen (vgl. Abb. 2).

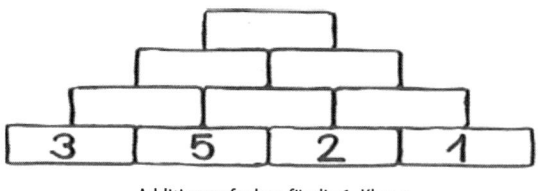

Additionsaufgaben für die 1. Klasse

Abbildung 2: «Zahlenmauer» mit Anfangszahlen aus dem Zehnerraum

---

3   Mathematisch handelt es sich bei der Zahlenmauer um eine (einfache) Additionsaufgabe, bei der die Kinder entweder Zahlen vorgegeben erhalten oder selbst Zahlen einfügen können.

Die Lösungen von Christoph sind unten abgedruckt, sie stammen vom 8. und 9. März 2004, also eine Woche nachdem er die Kettenrechnungen (vgl. Abbildung 1) gelöst hat.

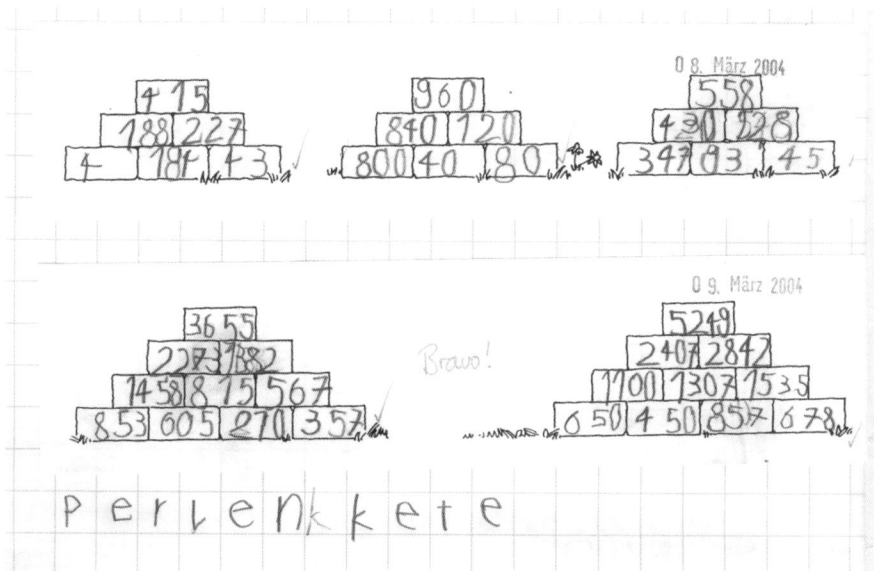

Abbildung 3: Eigene Zahlenmauern von Christoph aus der 1.Klasse im März 2004, also sieben Monate nach Schulbeginn

Zweierlei ist an diesen Produkten zu beobachten: Erstens ist es sehr erstaunlich, dass ein Kind im Alter von sechseinhalb Jahren dreistellige Zahlen richtig zusammenrechnet, ohne weitere Hilfsmittel in Anspruch zu nehmen. Die Resultate im Tausenderraum sind korrekt. Zweitens zeigt sich, dass dieser Junge erst bei einer offenen Aufgabenstellung in Mathematik zeigt, was er kann.

Aus dem dargestellten Mathematikbeispiel lassen sich Fragen an die Deutschdidaktik ableiten. Gewähren offene Aufgaben im Deutschunterricht auch einen umfassenden Einblick in die Kompetenzen von Kindern? Wie muss eine (offene) Aufgabenstellung im Deutschunterricht beschaffen sein, damit Kinder an ihre Leistungsgrenzen gehen? Woran erkennt man hohe sprachliche Begabungen in sprachlichen Produkten in der Schuleingangsphase?

Lehrpersonen arbeiten im Deutschunterricht häufig mit offenen Aufgabenstellungen. Die Frage ist nun, ob man bei Produkten im sprachlichen Anfangsunterricht

ähnlich leicht erkennen kann, dass es sich um Kinder mit besonders hohen sprachlichen Begabungen handelt.

Die oben abgedruckte Abbildung 3 entstammt dem Lernheft[4] von Christoph.
Unten ist das Wort «Perlenkkete» zu lesen, das er zu diesem Zeitpunkt aus ungeklär-
ten Gründen in sein Heft schreibt. Es sticht ins Auge, dass Christoph die Rechtschreibung dieses Wortes noch nicht beherrscht, auch ist die Grösse der Buchstaben im
Verhältnis zueinander noch nicht sehr präzis. Rechtschreibung und Schönschreiben sind in der Regel die Aspekte von Sprache, die sofort ins Auge stechen, wenn
man Schreibprodukte von Kindern betrachtet. Am Beispiel von Christoph kann man
sehr schön zeigen, dass er bereits über eine Rechtschreibstrategie verfügt. Er weiss
nämlich, dass es Doppelkonsonanten gibt. Diese wendet er bei Perlenkette an, allerdings (noch) an der falschen Stelle. Neben der Rechtschreibung, die der Oberflä-
chenstruktur zugeordnet wird, ist in Texten die Tiefenstruktur interessant. Um diese
zu erfassen, braucht es differenzierte, neue Analyseinstrumente (vgl. unten).

Analoges zur Oberflächen- und Tiefenstruktur verfolgt Stamm (2005) beim
Lesen. Ihr Befund bezieht sich auf die Lesekompetenz von kognitiv weit entwickelten Kindern. Sie hält fest, dass beim Lesen nicht die (leicht beobachtbaren, Anm. der
Verf.) Oberflächenmerkmale das entscheidende Merkmal zum Identifizieren von
hohen kognitiven Leistungen sind: «Insgesamt lässt sich daraus folgern, dass im Bereich Frühlesen vor allem der Schwierigkeitsgrad und eine elaborierte sprachliche
Ausdruckfähigkeit auf hohe kognitive Fähigkeiten hinweisen, nicht jedoch die Lesegeschwindigkeit oder Lesefehler» (ebd., S. 117). Diese Befunde sind im Zusammenhang mit unseren Ausführungen zu Oberflächen- und Tiefenstruktur sehr interessant. Beim (Vor-)Lesen der Kinder sind es die leicht erkennbaren Lesefehler und die
messbare Geschwindigkeit, die oft als Beurteilungskriterien von Lesekompetenz
herbeigezogen werden. Stamm weist aber zu Recht auf die Tiefenstruktur der Texte
hin, nämlich den Schwierigkeitsgrad der Lesetexte. Eine analoge Aussage macht sie
zum mündlichen Sprachgebrauch, wo es nicht (allein) um die formale Korrektheit
geht, sondern auch um die Elaboriertheit der Sprache.

Das folgende Beispiel aus der 1. Klasse soll verdeutlichen, um wie viel schwie-
riger es ist, herausragende sprachliche Leistungen als mathematische Begabungen
zu erkennen. Die Schreibprodukte stammen von einem Mädchen, wir nennen sie

---

4   Die Lehrperson dieser 1.Klasse gestaltet ihren Unterricht sehr offen. Die Kinder haben ein Lern-
     heft, in das sie alles Mögliche schreiben können. Zum Teil werden sie aufgefordert, etwas Be-
     stimmtes zu tun, zum Teil schreiben sie einfach Wörter oder Rechnungen auf, die ihnen einfal-
     len und gefallen. Um ein solches Wort dürfte es sich bei dem Wort «Perlenkette» handeln.

Lena, das den Text in der 1. Klasse verfasst hat und zu dem Zeitpunkt 6;10 Jahre alt war. Lena[5] sollte irgendeinen freien Text verfassen und notierte folgendes Rätsel:

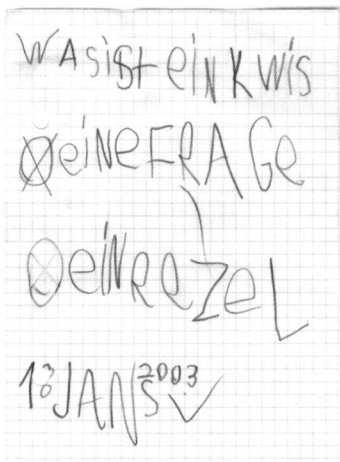
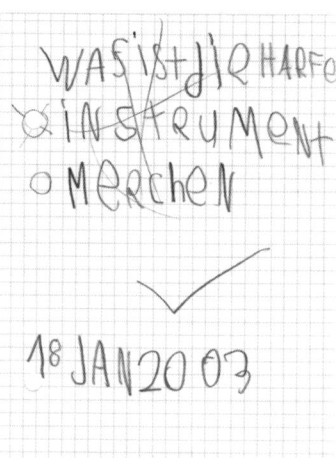

Abbildung 4: Selbst erfundene und notierte Rätsel: Lena, 1. Klasse, 6;10 Jahre alt

Das Produkt ist in vielen Teilen noch nicht perfekt: Die Grösse der Buchstaben ist im Verhältnis zueinander uneinheitlich und die Linien, auf denen die Wörter stehen sollten, werden nicht beachtet. Auch finden sich im Text einige Rechtschreibfehler. Dem Betrachter dürften diese Oberflächenmerkmale rasch auffallen. Man kommt zum Schluss, dass das Kind keineswegs sprachlich besonders begabt wäre. Sucht man jedoch nach Merkmalen in der Tiefenstruktur, macht man ganz andere Befunde. Bemerkenswert sind der Inhalt und die textsortenspezifische Ausgestaltung der Texte.

Bei beiden Texten fallen verschiedene Merkmale auf, die bei einer durchschnittlichen Erstklässlerin eher selten vorkommen. Das Kind markiert das Rätsel jeweils mit dem richtigen Datum. Allein dass sie auf die Idee kommt, statt einer Geschichte ein Rätsel zu verfassen, ist spannend. Beide Texte beginnen mit der für Rätsel charakteristischen Frage «Was ist…?». Hier zeigt Lena ihren kompetenten Umgang

---

5 Später wird Lena eine Klasse überspringen und bei einem umfassenden psychologischen Testverfahren mit einem IQ-Test für hochbegabt erklärt.

mit Textsorten. Sie kennt verschiedene Muster und wendet sie richtig an. Auch das nächste Merkmal beweist Textsortenbewusstsein: Lena bietet eine Auswahl an Antwortmöglichkeiten an, die angekreuzt werden können. Besonders bemerkenswert beim ersten Rätsel ist, wie nahe die Wörter Quiz, Rätsel und Frage semantisch beieinander liegen. Dies deutet auf einen beachtlich elaborierten Wortschatz hin. Zudem gibt es weitere interessante Hinweise aus den Beobachtungen der Lehrperson zum Entstehungskontext des zweiten Rätsels. Lena hat gemäss Bericht der Lehrperson das zweite Rätsel durchgestrichen, weil ihr erst nach dem Notieren bewusst wurde, dass eine Harfe nicht nur ein Musikinstrument ist, sondern auch ein Instrument bzw. Werkzeug ist, das bei der Käseherstellung verwendet wird. Damit wäre das Rätsel aus Sicht von Lena kein gutes Rätsel mehr. Während die Begriffe «Harfe» und «Märchen» in ihrem Verständnis semantisch nahe beieinander liegen, ist die Harfe bei der Käseherstellung semantisch weit vom Märchen entfernt. In der Logik von Lena ist das Rätsel nun nicht mehr lösbar. Sie streicht das Rätsel durch. Daran erkennt man, was auch Pohl (2010) beschreibt: Beim Verfassen von Texten entwickelt sich bei Kindern eine Textbewusstheit. Auf der Ebene der Semantik und Pragmatik ist die Leistung von Lena beachtlich.

Ein weiteres Beispiel[6]: Ein Mädchen, wir nennen sie Mia, hat in der 5. Klasse den Auftrag bekommen, über ein frei gewähltes Thema einen Vortrag zu halten. Mia interessiert sich für Chemie, hat aber bemerkt, dass sich viele Kinder in der Klasse nicht für Chemie interessieren. Sie möchte bei der Peergroup mit ihrem Vortrag gut ankommen. Darum hat sie sich beim Vortrag für ein Thema entschieden, das alle interessieren dürfte. Sie wählt für ihre Forschungsarbeit das Thema Brot. Als Mia zum Arbeitsschritt «Forscherfragen stellen» kommt, notiert sie sich folgende Fragen: «Worinn unterscheiden sich beim brotbaken die chemieschen Prozesse bei Backpulfer und Heffe? ». Wahrscheinlich kämen wenige andere Kinder auf die Idee, zum Brot eine solche Frage zu stellen. Auf Umwegen wendet sie sich nun also doch wieder der Chemie zu und zeigt anschliessend geschickte Strategien, sich zu dieser Frage Antworten zu suchen. Dieses Phänomen ist in der Hochbegabung bekannt. Kinder zeigen hohe Kreativität bei Fragestellungen, die sie interessieren (Holling & Kanning 1999). Der mündliche Vortrag fiel sehr gut aus, die schriftlichen Texte waren vor allem auf der orthografischen Ebene mangelhaft. Darauf angesprochen

---

6   Das Beispiel stammt aus einer Primarschule in Zug. Das Mädchen hat zuvor ein Pullout-Programm der Stadt Zug besucht. Als Mitglied der Schulkommission, einer politischen Aufsichtsbehörde, habe ich dieses Programm regelmässig besucht und war in regem Austausch mit den beiden Leiterinnen des Pull-outs.

sagt Mia, die Rechtschreibung sei ja nicht so wichtig, viel wichtiger seien die richtigen Antworten auf ihre Fragen.[7]

Die Beispiele illustrieren, dass bei Mathematikaufgaben oft leichter zu erkennen ist, dass ein Kind besondere Leistungen erbringt. Bei der Beurteilung sprachlicher Produkte muss die Lehrperson die Tiefenstruktur beobachten und wahrnehmen. Bleibt sie an oberflächlichen Strukturen wie Schönschreiben und Orthografie «hängen», kann sie die Kompetenz eines Kindes nicht richtig einschätzen.

Auch beim Lesen gibt es verschiedene Möglichkeiten, die Kompetenzen eines Kindes wahrzunehmen. Wie die Lehrperson berichtete, beherrschte Christoph, den wir bei den mathematischen Beispielen vorgestellt haben, bei Schuleintritt alle Buchstaben und konnte alles lesen, was ihn interessierte. Die Lehrerin beobachtete seine fortgeschrittene Lesekompetenz jedoch nicht im Unterrichtssetting, wo man Geschichten (vor-) lesen konnte, sondern in der folgenden Situation: In der Pause brauchte Christoph jeweils sehr lange, bis er das Schulzimmer verliess. Dabei konnte die Lehrerin beobachten, dass er jeweils beim Altpapier unter den alten Zeitungen den Sportbund suchte und dort die Fussballberichte und -resultate nachlas. Er las äusserst komplizierte Namen, zum Beispiel jene kenianischer Fussballnationalspieler, fehlerfrei. Andere Texte interessierten ihn weniger. Er wählte jeweils einfachste Texte und las lustlos. Seine Lesekompetenz zeigte sich nicht beim Lesen von Geschichten. Die Lehrerin beobachtete sogar, dass er dem Lesen auswich und die Geschichten ungern vorlas. Die früher im Artikel ausgeführten Befunde von Stamm (2005) zur Lesekompetenz von kognitiv weit entwickelten Kindern scheinen sich hier zu bestätigen. Neben der Messung von Lesegeschwindigkeit und Lesefehler sollte vor allem die Textschwierigkeit Beachtung finden, die Kinder lesend bewältigen können.

Im Zusammenhang mit Hochbegabung muss auf die Bedeutung von offenen Aufgabenstellungen hingewiesen werden. Für alle Kinder – hochbegabte und andere – gilt: Erst bei offenen Aufgabenstellungen offenbart sich, was sie wirklich können (vgl. z. B. Brunner et al. 2005). Die Beispiele von Christoph im Bereich Mathematik und Lesen zeigen dies deutlich. Auch Lena zeigt ihr sprachliches Potenzial in einer offenen Aufgabenstellung. Bei Mia wird ihr Interesse an Chemie und ihre divergente Denkweise deutlich, weil sie aufgefordert wird, zum Thema Brot eigene Fragen zu formulieren. Auch hier hat die Sprache eine zentrale Bedeutung.

7　Es ist Aufgabe der Schule, die Rechtschreibschwächen von Mia nicht nur zu beobachten, sondern Mia zu unterstützen, sich Rechtschreibstrategien zu erwerben. Mangelndes Interesse von hochbegabten Kindern an Rechtschreibung ist kein Grund, die Rechtschreibschwäche zu ignorieren oder einfach hinzunehmen.

Die aus den oben formulierten Fallbeispielen skizzierten Erkenntnisse waren wegweisend für die Ausgestaltung des vorliegenden Forschungsvorhabens. Sie beeinflussen die Art und Weise, wie die Aufgabenstellungen in der Kinderhochschule gestellt werden und worauf das Augenmerk bei der Auswertung gelegt wird (s. u.).

3. Bedeutung sprachlicher Kompetenzen bei der Diagnose von Hochbegabung

Die Förderung besonders begabter Kinder und Jugendlicher ist ein wichtiges Unterrichtsziel. Sie ist vor allem von Bedeutung, damit sich diese in der Schule nicht langweilen. Langeweile kann gravierende schulische und nicht schulische Probleme erzeugen (Stamm 2005; Brunner et al. 2005). Es kann zu Leistungsverweigerung und Underachievement kommen. Die Aufgabe der Schule aber ist es, Lernende auf ihrem jeweiligen individuellen Leistungsstand zu fördern und jene mit hohem Potenzial zu Leistungsexzellenz herauszufordern (Ziegler 2008). Um Hochbegabte adäquat zu fördern, muss identifiziert werden, wer über hohe Potenziale verfügt. In wissenschaftlichen Begriffsbestimmungen herrscht weitgehend Übereinstimmung darin, dass eine Hochbegabung vorliegt, wenn ein besonders hohes Aufgabenengagement, eine überdurchschnittlich hohe Kreativität, ein aussergewöhnlich gutes Problemlöseverhalten und ein IQ über 130 vorliegen.[8] Die zur Diagnose angewendeten Testverfahren sind überaus vielfältig und können sehr unterschiedliche Schwerpunktsetzungen haben. Preckel stellt in einem Artikel eine Auswahl von Intelligenztests vor. Er spricht von Intelligenz als «multidimensionalem Konstrukt» (Preckel et al. 2010, S. 21) und rät deshalb von eindimensionalen Tests ab: «Der alleinige Einsatz nonverbaler Intelligenztests bei der Hochbegabungsdiagnostik ist daher nach diesen Befunden – zumindest im Kontext schulischer Beratung und Förderung – nicht empfehlenswert» (ebd., 24).

---

8 Die Modelle zur Hochbegabung haben in den vergangenen 30 Jahren einen enormen Wandel erlebt. Eine gute Übersicht über die Begriffe und die Entwicklung der Begriffe rund um Hochbegabung vermittelt Ziegler (2008, S. 9 ff.). Renzullis Modell von 1979 (vgl. Holling & Kanning 1999, S. 9) stellt Hochbegabung als etwas Statisches dar. Im Schnittbereich von überdurchschnittlichen Fähigkeiten, Aufgabenverpflichtung und Kreativität liegt die Begabung. Heutige Modelle betonen viel stärker die Dynamik und Komplexität von Hochbegabung. Aspekte wie etwa der Zeitraum für die Entwicklung einer Begabung, die Bedeutung des frühen Förderbeginns, die Bereitschaft und die Möglichkeit der Umgebung, die Begabung zu fördern, kommen hinzu.

Nicht alle Kinder einer Klasse können mit umfassenden Tests abgeklärt werden. Dazu fehlen zeitliche und finanzielle Ressourcen. Lehrpersonen kommt darum bei der Identifikation eine wichtige Bedeutung zu. Die Fachdidaktik Deutsch kann Lehrpersonen wichtige Hinweise geben, worauf in den verschiedenen sprachlichen Kompetenzbereichen zu achten ist, um sehr begabte Kinder zu identifizieren. Dabei wird ein Ansatz vertreten, dass sich neben den sprachlichen Kompetenzen u. a. auch naturwissenschaftliche Kompetenzen und hohe kreative Fähigkeiten in sprachlichen Produkten zeigen können.

Die meisten Intelligenztests dürfen aber ohnehin nur von geschultem Fachpersonal, in der Regel von Psychologinnen und Psychologen, durchgeführt werden. Im pädagogischen Umfeld weichen darum viele Fachleute auf Beobachtungs- und Fragebogen für Lehrpersonen und Eltern aus. Das Kind soll nicht nur punktuell mit mehreren Tests, sondern über eine längere Dauer beobachtet werden. Dieser Prozessbeobachtung messen Fachleute für die Abklärung von hochbegabten Lernenden eine hohe Bedeutung zu (z. B. Heller 2008). Wichtige Akteure der Prozessbeobachtung sind Eltern und Lehrpersonen.

Welche Beobachtungsmerkmale *im Bereich der Sprache* werden Lehrpersonen an die Hand gegeben? Exemplarisch dafür ist der folgende Ausschnitt aus einem in der Schweiz weit verbreiteten Beobachtungsbogen für Lehrpersonen und aus einem Fragebogen für Eltern.

C   Sprachliche Intelligenz

C 1 Grosser Wortschatz
    Das Kind hat einen sehr grossen Wortschatz, benutzt präzise und differenzierte Wörter. Es braucht auch Wörter, die Gleichaltrige häufig noch nicht verstehen. (…)

C 3 Gute Ausdrucksfähigkeit
    Das Kind drückt sich sprachlich treffend aus und spricht grammatikalisch korrekt und sicher. Oft erkennt es schnell sprachliche Gemeinsamkeiten und Unterschiede und ist schlagfertig, Kinder mit sprachlich hohen Fähigkeiten sind häufig richtige Leseratten und wählen Bücher (auch Fachbücher und Lexika), die normalerweise ältere Kinder oder Erwachsene interessieren (Huser 2007, S. 28).

Diese Beobachtungsmerkmale zur Sprachkompetenz sind eher pauschal formuliert. Im Beobachtungsbogen für Lehrpersonen sind die Punkte C1 und C3 die einzigen, welche die Sprachkompetenz fokussieren. Bei Punkt C1 wird das Augenmerk auf den Wortschatz, bei Punkt C3 auf das adressatenorientierte Sprechen, den Wortschatz, die formale Korrektheit sowie auf die Sprachreflexion und die Lesekompetenz gelegt.

Im Fragebogen für Eltern werden neben Informationen zur motorischen Entwicklung und zu domänenspezifischen Interessen auch Informationen zur Sprachentwicklung erfragt. Beispiele von Fragen zur sprachlichen Entwicklung sind:

8. Welchen Unterschied stellen Sie zwischen mathematischen und sprachlichen Fähigkeiten fest?

14. Konnte ihr Kind schon vor der Einschulung lesen und rechnen? Wie hat es das gelernt?

(ebd., S. 8)

Sicher sind diese Fragen eine gute Grundlage für den Austausch zwischen Lehrperson und Eltern. Als sprachliches Diagnoseinstrument sind sie eher weniger geeignet.

Abschliessend kann man festhalten: Zwar spielt Sprachkompetenz bei verschiedenen Diagnoseverfahren eine Rolle. Für die Identifikation besonderer sprachlicher Leistungen durch Lehrpersonen – insbesondere auch im Anfangsunterricht – gibt es jedoch noch wenig praktikable Analyseverfahren und nicht ausreichend differenzierte Instrumente.

Zur Diagnose der Tiefenstruktur und der Qualität der Texte braucht es ein breites Wissen zu textlinguistischen Kriterien. Dieses Wissen zeigt bei der Beobachtung und Analyse differenziert auf, was das Kind kann. Eine gezielte Förderung der Sprachkompetenz insgesamt ist nur aufgrund einer solchen Analyse möglich. Mit dem differenzierten Feedback zu sprachlichen Kompetenzen sowohl in der Oberflächen- als auch in der Tiefenstruktur lassen sich Kinder (besser) motivieren, neue Lernfortschritte zu machen.

Die Fachdidaktik Deutsch könnte passende Analyseinstrumente generieren und damit einen wichtigen Beitrag zur Diagnose hoher sprachlicher Begabungen leisten.

4. Forschungsvorhaben – methodisches Vorgehen

Nachfolgend wird zuerst beschrieben, wie eine Gruppe von sprachlich besonders bzw. hochbegabten Kindern gewonnen werden konnte. Dann folgt die Darstellung der Textkorpusgewinnung. Anschliessend wird aufgezeigt, wie linguistische Kriterien bei der Beobachtung der Produkte der Kinder so eingesetzt werden können, dass hohe sprachliche Begabungen wahrgenommen werden können.

4.1 Die Untersuchungsgruppe

Um die Kompetenzen von Kindern in den Bereichen mündlicher und schriftlicher Textproduktion messen zu können, nahmen im Herbst 2009 insgesamt 22 Vorschulkinder an einer Kinderhochschule teil. Diese fand an der PHZ Zug statt. Um sicherzugehen, dass es sich dabei um Kinder handelte, die im sprachlichen Bereich überdurchschnittliche Fähigkeiten haben, wurde folgende Vorgehensweise gewählt: Studierende der PHZ Zug besuchten im Mai 2009 21 Kindergärten im Kanton Zug und luden alle anwesenden Kinder ein, an einer Schreibwerkstatt teilzunehmen. Sie sollten ausgewählte Wörter schreiben und kurze Texte verfassen. Die Kinder bekamen ein Blatt mit Bildern von Gegenständen, die sie mit einem Begriff anschreiben sollten. Danach wurden sie aufgefordert, einen Brief an irgendjemanden zu schreiben. Von den insgesamt 358 Kindern aus den verschiedenen Kindergärten beteiligten sich 224 Kinder an dieser Schreibwerkstatt, die für die Kinder freiwillig war. 123 Kinder, die Wörter verständlich notieren und einen kurzen Brief verfassen konnten, wurden anschliessend an die Kinderhochschule eingeladen. Diejenigen Kinder, die noch keine oder nur ganz wenige Buchstaben notierten, wurden nicht eingeladen.

Von den 123 eingeladenen Kindern nahmen 22 an der Kinderhochschule teil. 20 dieser Kinder waren zum Zeitpunkt der ersten Untersuchung im zweiten Kindergartenjahr, zwei im ersten. Als die Kinderhochschule begann, waren 20 Kinder in der ersten Klasse und zwei Kinder im zweiten Kindergartenjahr.

Von den 22 Kindern wurden einerseits verschiedene Texte verfasst (s. u.), andererseits wurden Beobachtungen von Lehrpersonen und Eltern zu diesen Kindern erfragt. Von Intelligenztests haben wir in unserem Setting aus verschiedenen inhaltlichen, pragmatischen und ökonomischen Gründen abgesehen. Stamm (2005) weist darauf hin, dass Kinder, die bereits anfangs der ersten Klasse den Schulstoff in beiden Bereichen, nämlich im Lesen und in Mathematik, der gesamten ersten Klasse beherrschen, über eine hohe Intelligenz verfügen. Es ist von hoher Bedeutung, dass die Kinder beides aus eigener Motivation erworben haben. «Anders verhält es sich im Falle eines *kombinierten und eigeninitiierten* vorschulischen Erwerbs von Lese- und Mathematikkompetenzen. Manifestieren sich solche Kompetenzen bei Schuleintritt auf deutlich akzeleriertem Niveau, so sind sie mit grosser Wahrscheinlichkeit mit überdurchschnittlichen kognitiven Fähigkeiten verbunden» (ebd., 89).

Aus der Befragung von Eltern und Lehrpersonen zur sprachlichen und mathematischen Kompetenz der Kinder entnehmen wir daher Rückschlüsse auf die spezifische Begabung. Lehrpersonen und Eltern gaben bereitwillig Auskunft zu den Kompetenzen der Kinder in jenen Domänen[9], die Stamm in ihrer Untersuchung mit über 2000 Kindern analysierte. In der Regel waren die Aussagen der Lehrpersonen und der Eltern übereinstimmend, jene der Lehrpersonen waren erwartungsgemäss etwas differenzierter. Den Aussagen von Eltern und Lehrpersonen über die Kinder, die an der Kinderhochschule teilgenommen haben, entnehmen wir, dass es darunter eine Vielzahl von Kindern gab, die in Mathematik und Lesen den Stoff der 1. Klasse bereits kurz nach Eintritt in die erste Klasse beherrschten. Es handelt sich bei diesen Kindern mit hoher Wahrscheinlichkeit um Kinder mit besonderen kognitiven Fähigkeiten.

4.2 Vorgehensweise bei der Datengewinnung: Die Kinderhochschule

Die Kinder begegneten an der Kinderhochschule sehr offenen Aufgabenstellungen, damit sie, wie oben beschrieben, ihr Potenzial möglichst gut entfalten konnten. Gleichzeitig konnten sie in der «Forschungsarbeit» ihren eigenen Interessen nachgehen. Damit wurde sichergestellt, dass sie sich für das lange Arbeiten am gleichen Thema motivieren konnten. Das Risiko, dass wegen der Themenvielfalt die Produkte sehr unterschiedlich sein würden, wurde bewusst in Kauf genommen.

Die Kinderhochschule fand an vier Nachmittagen statt, die jeweils gleich abliefen: Am Anfang des Nachmittags wurde den Kindern eine Geschichte aus einem Kinderroman von Kirsten Boie (2004) erzählt, in dem ein Meerschweinchen namens Kingkong und dessen achtjährigen Besitzer Jan Arne vorkommen[10]. Diese beiden Figuren dienten den Kindern als Ausgangspunkt für eigene Geschichten. Als Anregung bekamen die Kinder Ideen, wo ihre eigene Kingkong-Geschichte spielen könnte, zum Beispiel im Kino oder auf der Skipiste.

---

9   Stamm (2005) untersucht das Lesen und die mathematischen Fertigkeiten von Erstklässlerinnen und Erstklässler 6 Wochen nach Eintritt in die 1. Klasse.

10   Das Alter der Hauptfigur stimmt ungefähr mit dem Alter der Kinder der Kinderhochschule überein. Das macht eine Identifikation der Kinder mit der Lebens- und Erfahrungswelt von Jan Arne einfacher.

Weil die Kinder im Umgang mit den Kulturtechniken Lesen und Schreiben im Alter von 6 bis 8 Jahren noch nicht sehr weit fortgeschritten sind, stand jedem Kind über vier Nachmittage hinweg die immer gleiche Studentin zur Seite. Diese konnten die Kinder als Schreibkraft und als Vorleserin von eigenen und fremden Texten nutzen.

Die Kinder setzten sich nach dem Zuhören mit «ihren» Studentinnen zusammen und diktierten ihnen ihre selbst erfundenen Geschichten. Nach diesem ersten Teil, der 90 Minuten dauerte, gab es eine Pause, damit sich die Kinder erholen und verpflegen konnten.

In einem zweiten Teil setzten sich die Kinder mit einem selbst gewählten Sachthema auseinander. Die Kinder hatten die Aufgabe, von zu Hause Bücher zu einem Thema mitzubringen, das sie besonders interessiert. Themen waren zum Beispiel Delfine, Vulkane oder Tunnelbau. Zu diesen Themen, zu denen sie bereits erstaunlich viel Vorwissen mitbrachten, mussten die Kinder «Forscherfragen» formulieren. Der Begriff «Forscherfrage» sollte den Kindern die Sachbezogenheit, aber auch die Ernsthaftigkeit verdeutlichen. Die selbst formulierten Fragen bezogen sich auf Aspekte des Sachthemas, die die Kinder noch nicht kannten, über die sie aber Genaueres wissen wollten. Um einen Adressatenbezug herzustellen, wurde den Kindern gesagt, sie müssten Plakate zu ihrem Thema gestalten, die zum Schluss ausgestellt und den Eltern der Gruppe präsentiert würden. Die Kinder setzten sich aufgrund ihrer Fragen intensiv mit den Sachbüchern auseinander und hielten Informationen zu den Sachthemen in schriftlicher Form fest.

Am Schlussabend wurden die Ergebnisse den Eltern und den anderen Gästen vorgestellt: Jeweils vier Kinder präsentierten in einem Schulzimmer ihre Poster, wobei nach jeder Posterpräsentation eine Studentin den Anwesenden eine «Kingkong-Geschichte» vorlas, welche das Kind aus den vielen Geschichten, die es während der Kinderhochschule erfunden hatte, für diesen speziellen Moment ausgewählt hatte.

4.3 Kindertexte zwischen Mündlichkeit und Schriftlichkeit

Für die vorliegende Forschungsarbeit liegen fiktionale und nonfiktionale Texte zur Analyse vor, die Kinder studentischen «Schreibkräften» diktiert haben. Beim Diktieren schaute das Kind zusammen mit der Studentin, die den Text tippte, auf den Bildschirm eines Laptops und sah also dem Entstehen seines schriftlichen Textes zu. Die Studentinnen hatten die Vorgabe, den Kindern jene Texte vorzulesen, die diese sich wünschten, und das zu notieren, was die Kinder ihnen diktierten. Das Untersuchungsarrangement sah zudem vor, dass die Kinder sich das, was sie bereits diktiert hatten, jederzeit wieder vorlesen lassen konnten, bevor sie weiter diktierten. Zusätzlich notierten die Studentinnen auf einem separaten Blatt handschriftlich Beobachtungen, die ihnen bei der Arbeit auffielen und die Hinweise auf die Planungsprozesse bei der Textproduktion der Kinder liefern könnten.

Um den Unterschied zu traditionell im Unterricht entstehenden Schreibprodukten der Kinder dieser Altersgruppe zu zeigen, gab es im Rahmen der Kinderhochschule auch Texte, die die Kinder selbst notierten. Sie mussten zum Beispiel eine Einladung an die Eltern zur Präsentation der Ergebnisse verfassen. Der Vergleich der diktierten mit den selbst notierten Texten macht deutlich, dass sich die Kinder motorisch in der Schuleingangsphase noch mit einigen Schwierigkeiten konfrontiert sehen. So sind die selbst verfassten Texte sehr viel kürzer als die diktierten und zeigen somit auch weniger über die sprachlichen Fähigkeiten des einzelnen Kindes.

Uns ging es beim Diktieren jedoch nicht nur um die Länge der Texte, sondern auch um das Erfassen der konzeptionellen Schriftlichkeit. Merklinger (2011) hat in ihrer Dissertation «Frühe Zugänge zur Schriftlichkeit» den Fokus auf die konzeptionelle Schriftlichkeit gelegt, die Kinder durch das Diktieren von Texten erwerben. Sie erläutert, dass Kinder durch das Hören von verschiedenen Texten, insbesondere durch vorgelesene Texte, implizites Wissen über Textformen erwerben. Dieses setzen sie anschliessend um. «Beim Diktieren haben Kinder die Möglichkeit, das beim Zuhören gewonnene implizite Wissen über Schriftlichkeit auch aktiv zu erproben. Sie können dabei nicht nur mit der medialen, sondern auch mit der konzeptionellen Seite des Schreibens vielfältige Erfahrungen machen. Der Transformationsprozess von der inneren zur geschrieben Sprache dürfte ihnen dabei umso leichter fallen, je mehr sprachliche und auch literarische Muster als Material für Transformationen sie sich als (Zu-)Hörer von Geschichten angeeignet haben» (ebd., 57). Merklingers Untersuchung zeigt, dass schriftferne Kinder durch das Diktieren von Texten einen einfacheren Bezug zu Schriftlichkeit erhalten und dadurch leichter den Einstieg ins Schreiben von Texten finden. Merklinger nennt dies «<Sprungbrett> in die Schriftlichkeit» (ebd., 52). Wir gehen davon aus, dass auch Kinder von dieser Methode profitieren, die bereits viel implizites Wissen über Texte vorschulisch erworben, dies aber noch kaum explizit angewendet haben, was für die meisten Kinder der Kinderhochschule zutreffen könnte.

Das Geschichtendiktieren sowie das Forschen erfordert ein ständiges Fluktuieren zwischen mündlichem und schriftlichem Sprachgebrauch. Dieser Wechsel von Mündlichkeit und Schriftlichkeit regt zu Überlegungen und zum Erproben von verschiedenen Formulierungen an. Es begünstigt das Erlernen der schriftlichen Textproduktion. Beide Sprachmodalitäten waren an der Kinderhochschule stets präsent: Die diktierenden Kinder sahen die schriftliche Form ihres Textes immer am Bildschirm. Die fertigen Texte wurden ausgedruckt und in verschiedenen Formen präsentiert, z. B. auf Plakaten zwecks späterer Präsentation oder in Form von Minibooks (vgl. www.minibook.ch), damit sie später (vor-) gelesen werden konnten. Das entstandene Textkorpus steht an der Schnittstelle zwischen Mündlichkeit und Schriftlichkeit und zeigt die aktuell herausgebildeten, unterschiedlich weit entwickelten schriftlichen Textkompetenzen der Kinder.

5. Weiteres Vorgehen: Erstellung eines Analyserasters

Das Textkorpus besteht aus einer Vielfalt von Texten, die die Kinder im Rahmen der Kinderhochschule verfasst bzw. diktiert haben. Es soll als Grundlage dazu dienen, sprachliche Kompetenzen hoch motivierter und hoch kompetenter Kinder im sprachlichen Anfangsunterricht in Texten zu identifizieren. Es sollen also Merkmale herausgearbeitet werden, die es ermöglichen, Aussagen über die Qualität der sprachlichen Produkte zu machen. Ein zentraler Punkt der Arbeit ist es, die Bezüge zwischen textlinguistischen Kriterien und Merkmalen der Hochbegabung herzustellen.

In der Literatur werden im Zusammenhang mit Hochbegabung meist die Kriterien Intelligenz, Aufgabenengagement und Kreativität genannt. Diese überfachlichen Kompetenzen sind in ihrer Gesamtheit nur mit grossem zeitlichem und ökonomischem Aufwand zu messen. Darum wird in unserer Untersuchung auf deren isolierte Erhebung verzichtet. Es ist aber naheliegend, dass sich diese überfachlichen Kompetenzen auch in sprachlichen Leistungen manifestieren. So kann beispielsweise die Länge von Texten Ausdruck des Arbeitsengagements oder die Originalität des Textes Ausdruck der Kreativität sein. Die Analyse der Kindertexte wird also in einem ersten Schritt entlang folgender linguistischer Kriterien erfolgen[11]:

- Types und Tokens (Schmidlin 1999)
- Textsortenkenntnis (Fix 2008; Augst et al. 2007; Feilke & Schmidlin 2005)
- Sachtexte verfassen (Berkemeier 2010)

---

11 In Klammern wird pro Kriterium auf wichtige Referenzliteratur verwiesen.

- Epistemische Dimension (Pohl 2010)
- Textlänge (Eriksson 2006; Landert 2007; beide auf Mündlichkeit bezogen)
- Anzahl Texte und Bilder
- Kohärenz und Kohäsion (Merz-Grötsch 2010)
- Textmuster (Dehn 2006; Feilke & Schmidlin 2005; Feilke 2003)
- Originalität, Eigenständigkeit (Fix 2008; Olhus & Quasthoff 2005)
- Weiterentwicklung des Themas (Pohl 2005)

Die Bestimmung und die Quantifizierung der linguistischen Merkmale wird Teil der weiteren Forschungsarbeit sein. Ebenso muss der Zusammenhang zwischen diesen Kriterien und den drei Merkmalen von Hochbegabung, Intelligenz, Kreativität und Aufgabenengagement, geklärt werden. Nicht alle von den Kindern verfassten Texte können nach den gleichen Merkmalen untersucht werden. Die fiktionalen Texte zeigen beispielsweise meist andere Sprachhandlungsmuster auf als die nonfiktionalen Texte. Diktierte Texte können nicht gleich behandelt werden wie Texte, die die Kinder selbst von Hand geschrieben haben.

Die folgende Tabelle zeigt auf, welche Merkmale in welchen Texten untersucht werden sollen.

Merkmal / Textsorte	fiktionale Texte	nonfiktionale Texte	von den Kindern selbst notierte Texte
Wortschatz	Ja	Ja	Ja
Types und Tokens	Ja	Ja	Ja
Textsortenkenntnis	Ja	Ja	Ja
Sachtexte verfassen	Nein	Ja	Nein
Epistemische Dimension	Nein	Ja	Nein
Kohärenz & Kohäsion	Ja	Ja	Ja
Textmuster	Ja	Ja	Ja
Originalität, Eigenständigkeit	Ja	Ja	Ja
Weiterentwicklung des Themas	Ja	Nein	Nein
Selbststeuerung	Ja	Ja	Ja
Textlänge	Ja	Ja	Ja
Anzahl Bilder	Nein	Ja	Nein
Genderaspekte beim Texteschaffen	Ja	Ja	Ja

Tabelle 1: Textsorte und Untersuchungskriterien

Die Resultate der Analyse der einzelnen Texte sollen miteinander in Beziehung gesetzt und Unterschiede und Gemeinsamkeiten herausgearbeitet werden. Interessant wird es beispielsweise sein, ob einzelne Kinder beim Verfassen von fiktionalen und nonfiktionalen Texten unterschiedliche Kompetenzen zeigen oder wie unterschiedlich die individuellen Kompetenzprofile ausgestaltet sind.

Die Ergebnisse der Textauswertungen dienen dazu, einen Beobachtungsbogen für Lehrpersonen und weitere Fachleute zu entwickeln, der es ihnen ermöglicht, in Texten der Schuleingangsphase besondere sprachliche Begabungen wahrzunehmen. Die mit einem solchen Beobachtungsbogen gewonnenen Informationen können als Grundlage für die gezielte Förderung einzelner Kinder oder Gruppen von Kindern dienen[12], wie dies u. a. in der Expertiseforschung gefordert wird (Ziegler 2008).

6. Ausblick und Überlegungen für die Praxis

Jenseits dieser geplanten Auswertung geben schon jetzt die Erfahrungen mit der «Kinderhochschule» Hinweise auf Möglichkeiten einer anregenden und anspruchsvollen Unterrichtsgestaltung. Alle entstandenen Produkte zeigen auf beeindruckende Art und Weise, wozu hoch motivierte Kinder bereits im Anfangsunterricht in der Lage sind. Im Folgenden sollen abschließend einige dieser Hinweise für den Unterricht formuliert werden.

Aufgrund erster Einblicke in die Kindertexte wäre für die Praxis zu wünschen, dass in der Schuleingangsphase vermehrt auch Sachtexte verfasst würden. Unsere Untersuchung liefert Hinweise, dass Jungen möglicherweise motivierter sind, Sachtexte zu verfassen als Geschichten zu schreiben. Das vermehrte Verfassen von Sachtexten könnte eine geschlechtsspezifische Fördermassnahme sein, die übrigens nicht nur der Förderung von hochbegabten Kindern Rechnung trägt.

Weiter ist zu empfehlen, dass sich Kinder intensiv mit selbst gewählten Themen auseinandersetzen können und die Ergebnisse anschliessend grafisch und textlich darstellen lernen. Eine offene Fragestellung eröffnet besonders günstige Wege der

---

12 Es liegen Texte von Kindern im Alter von 6 bis 8 Jahren vor. Da die Kinder in der Basisstufe in der Schweiz in Gruppen von 4 bis 8 Jahren zusammengefasst sind, sollen die Instrumente zur Erhebung so gestaltet sein, dass sie für alle Kinder in der Basisstufe zur Anwendung kommen können.

Potenzialentfaltung und -entwicklung. Wichtig ist die Begleitung dieses Prozesses durch die Lehrperson: Eine gut durchdachte Anleitung und eine regelmässige Unterstützung der Kinder auch während dem Verfassen des Textes sind unabdingbar.

Konkret könnte das im Unterricht so aussehen: Die Kinder aus der 1. Klasse sollen ein Thema auswählen, über das sie mehr wissen möchten. Es soll ein Thema sein, bei dem die Kinder bereits über einiges Vorwissen verfügen. Wie bei Erwachsenen werden auch die Forschungsresultate der Kinder interessanter, wenn sie über Vorwissen in einem Thema verfügen. Zu jedem Thema sollte mindestens ein bebildertes Sachbuch zur Verfügung stehen[13]. In Buchhandlungen und Bibliotheken gibt es verschiedene Sachbuchreihen, die sich dafür sehr gut eignen. Eine Serie mit wenig Text ist die Reihe *Benny Blue* (z. B. Wienbreyer, 2010, Das Gehirn – so denken wir), eine Serie mit komplexeren Texten ist zum Beispiel die Reihe *Sehen Staunen Wissen* (z. B. Bridgman, 2001, Elektronik – Wie sich der Fluss der Elektronen steuern lässt). Die Texte sind je nach Reihe unterschiedlich schwierig. Damit besteht die Möglichkeit, innerhalb der Klasse zu differenzieren. Die Lehrperson kann zu ein und demselben Thema verschiedene Sachbücher mit unterschiedlich schwierigen Texten zur Verfügung stellen. In einem ersten Schritt machen sich die Kinder Gedanken, was sie zu dem von ihnen ausgewählten Thema genau wissen wollen. Sie notieren diese «Forscherfragen». Es ist sinnvoll, die Unterrichtseinheit so zu planen, dass man sich zuerst ausführlich mit den Kindern darüber unterhält, was interessante Fragen sind. Dies kann mehrmals wiederholt werden, da es ein Teil des Forscherprozesses ist, gute Fragen stellen zu lernen. Durch diese Reflexion auf der Metaebene werden die Fragen der Kinder später interessanter und vielfältiger.

An der Kinderhochschule hatte jedes Kind eine Studentin als «Schreibkraft» bzw. «Vorleserin» zur Verfügung. In einer Regelklasse ist eine solche Unterstützung meist nicht möglich. Für manche Sachbuchreihen stehen aber Hörbücher zur Verfügung, die das «Vorlesen» übernehmen können. Die Kinder studieren die Bilder, während sie die Texte dazu hören. Statt alle Texte selbst aufzuschreiben, gäbe es die Möglichkeit, die Texte auf ein Diktafon zu sprechen. Eine erwachsene Person – es muss nicht zwingend die Lehrperson sein – hält diese Texte dann später auf dem PC fest. Oft finden sich aber auch andere Personen, die sich gerne zum Vorlesen und zum direkten Notieren zur Verfügung stellen, z. B. Personen im Rentenalter, Eltern,

---

13 Die Nutzung des Internets durch die Kinder ist auch möglich und sinnvoll, braucht aber eine gute Einführung durch die Lehrperson und die notwendige Hard- und Software. In diesem Artikel wird nicht weiter darauf eingegangen, weil es den Rahmen sprengen würde, auch auf mediendidaktische Fragen einzugehen.

Studierende, ältere Schülerinnen und Schüler sowie weitere Interessierte, die diesen Einsatz gut leisten können.

Wichtig ist, dass die Kinder sich über mehrere Lektionen in ein Thema vertiefen können. Jede «Forscherfrage» wird auf einem separaten Blatt beantwortet. Die Zeit zwischen den Lektionen können die Kinder nutzen, um sich noch weiter mit ihrem Forscherthema zu beschäftigen, Bücher zu suchen, nachzudenken. In der letzten Lektion sollten die Kinder keine neuen Texte mehr verfassen müssen, sondern sich ganz mit der Gestaltung des Plakats beschäftigen. Sie setzen Überschriften, arrangieren Texte und Bilder und holen sich das Feedback der Lehrperson ein, bevor sie alles endgültig fixieren. Dadurch werden die Plakate interessanter und gestalterisch anspruchsvoller.

Ganz zum Schluss üben die Kinder, vor ihrem Plakat zu stehen und über ihr Thema Auskunft zu geben – auch hier wiederum eine gelungene Form des Nebeneinanders von mündlichem und schriftlichem Sprachgebrauch. Es ist für die Präsentation anregender, wenn sie in einem grösseren Rahmen stattfindet, zum Beispiel, wenn andere Klassen oder die eigenen Familien eingeladen werden. Für die Gäste reichen drei bis vier Präsentationen. Wenn verschiedene Klassenzimmer oder andere Räume zur Verfügung stehen, ist das für den zeitlichen Ablauf sehr hilfreich.

Diese «Forscherarbeit» mit der Unterstützung von Erwachsenen hat die Kinder der Kinderhochschule wahrhaft beflügelt und – wie bereits erwähnt – auch die sonst eher schreibunmotivierten Jungen zu textlichen Hochleistungen motiviert. Es ist wünschenswert, diese Erfahrungen in den Anfangsunterricht der Regelschule miteinzubeziehen.

Internet

http://www.minibooks.ch/minibook_a4.cfm [24.6.2011].

Literatur

Augst, Gerhard/Disselhoff, Katrin/Henrich, Alexandra/Pohl, Thorsten & Völzing, Paul Ludwig (2007): Text-Sorten-Kompetenz. Eine echte Longitudinalstudie zur Entwicklung der Textkompetenz im Grundschulalter. Frankfurt: Peter Lang.

Berkemeier, Anne (2010): Das Sachtextschreiben als Lernmedium und -gegenstand. In: Pohl, Thorsten & Steinhoff, Torsten (Hrsg.) (2010): Textformen als Lernformen. Kölner Beiträge zur Sprachdidaktik. Duisburg: Gilles & Franke Verlag, S. 5–26.

Boie, Kirsten (2004): Kingkong – Allerhand und mehr. Hamburg: Oetinger.

Bridgman Roger (2001): Elektronik – Wie sich der Fluss der Elektronen steuern lässt. Serie «Sehen Staunen Wissen». Hildesheim: Gerstenberg.

Brunner, Esther/Gyseler, Dominik & Lienhard, Peter (2005): Hochbegabung – kein Problem? Handbuch zur interdisziplinären Begabungs- und Begabtenförderung. Zug: Klett und Balmer.

Dehn, Mechthild (2006): Zeit für die Schrift. Berlin: Cornelsen Scriptor.

Eriksson, Brigit (2006): Bildungsstandards im Bereich der gesprochenen Sprache: Eine Untersuchung der 3., 6. und der 9. Klasse. Tübingen: A. Francke.

Feilke, Helmuth (2003): Entwicklung schriftlich-konzeptualer Fähigkeiten. In: Bredel, Ursula/Gunther, Hartmut/Klotz, Peter/Ossner, Jakob & Siebert-Ott, Gesa (Hrsg.) (2003): Didaktik der Deutschen Sprache. Ein Handbuch. Band 1. Paderborn: Schönigh, 178–192.

Feilke, Helmuth & Schmidlin, Regula (2005): Forschung zu literaler Textkompetenz – Theorie und Methodenentwicklung. In: Feilke, Helmuth & Schmidlin, Regula (Hrsg.) (2005) Literale Textentwicklung. Frankfurt/M. u. a.: Lang, S. 7–18.

Fischer, Christian (1999): Hochbegabung und Lese-Rechtschreibschwierigkeiten. Eine Untersuchung zum Zusammenhang von Hochbegabung und Lese-Rechtschreibschwierigkeiten sowie zur Förderung von besonders begabten Kindern mit LRS. Dissertation. Münster.

Fix, Martin (2008): Lernen durch Schreiben. In: Praxis Deutsch 35/210, S. 6–15.

Fuchs, Mandy & Käpnick, Friedhelm (Hrsg.) (2008): Mathematisch begabte Kinder: Eine Herausforderung für Schule und Wissenschaft. Berlin: LIT.

Heller, Kurt (2008). Von der Aktivierung der Begabungsreserven zur Hochbegabtenförderung. Forschungsergebnisse aus vier Dekaden. Berlin: LIT.

Heinze, Astrid (2005): Lösungsverhalten mathematisch begabter Grundschulkinder – aufgezeigt an ausgewählten Problemstellungen. Münster: LIT.

Holling, Heinz & Kanning, Uwe Peter (1999): Hochbegabung. Forschungsergebnisse und Fördermöglichkeiten. Göttingen: Hogrefe.

Huser, Joelle (2007): Lichtblick für helle Köpfe. Ein Wegweiser zur Erkennung und Förderung von hohen Fähigkeiten bei Kindern und Jugendlichen auf allen Schulstufen. 5. Aufl. Kopiervorlagen. Zürich: Lehrmittelverlag.

Landert, Karin (2007): Hochdeutsch im Kindergarten? Eine empirische Studie zum frühen Hochdeutscherwerb in der Deutschschweiz. Bern: Lang.

Merklinger, Daniela (2011): Frühe Zugänge zur Schriftlichkeit. Eine explorative Studie zum Diktieren. Freiburg i.Br.: Fillibach.

Merz-Grötsch, Jasmin (2010): Texte schreiben lernen. Grundlagen, Methoden, Unterrichtsvorschläge. Seelze: Kallmeyer.

Olhus, Sören & Quasthoff, Uta M. (2005): Genredifferenzen beim mündlichen und schriftlichen Erzählen im Grundschulalter. In: Wieler, Petra (Hrsg.): Narratives Lernen in medialen und anderen Kontexten. Freiburg i. Br.: Fillibach, S. 49–68.

Pohl, Thorsten (2005): Die wörtliche Rede als präferierte Realisierungsform der Figurenrede im frühen schriftlichen Erzählen. In: Feilke, Helmuth & Schmidlin, Regula (Hrsg.) (2005): Literale Textentwicklung. Frankfurt/M. u. a.: Lang, S. 93–112.

Pohl, Thorsten (2010): Das epistemische Relief wissenschaftlicher Texte – systematisch und ontogenetisch. In: Pohl, Thorsten & Steinhoff, Torsten (Hrsg.) (2010): Textformen als Lernformen. Kölner Beiträge zur Sprachdidaktik. Duisburg: Gilles & Franke Verlag, S. 97–116.

Pohl, Thorsten & Steinhoff, Torsten (2010): Textformen als Lernformen. In: Pohl, Thorsten & Steinhoff, Torsten (Hrsg.) (2010): Textformen als Lernformen. Kölner Beiträge zur Sprachdidaktik. Duisburg: Gilles & Franke Verlag, S. 5–26.

Preckel, Franzis/Schneider, Wolfgang & Holling, Heinz (Hrsg.) (2010): Diagnostik von Hochbegabung. Jahrbuch der pädagogisch-psychologischen Diagnostik Band 8. Göttingen: Hogrefe.

Schmidlin, Regula (1999): Wie Deutschschweizer Kinder schreiben und erzählen lernen. Textstruktur und Lexik von Kindertexten aus der Deutschschweiz und aus Deutschland. Tübingen, Basel: Francke.

Stamm, Margrit (2005): Zwischen Exzellenz und Versagen. Frühleser und Frührechnerinnen werden erwachsen. Zürich, Chur: Rüegger.

Wienbreyer Renate (2010): Das Gehirn – so denken wir. Reihe «Benny Blue». Regensburg: Verlag Kinderleicht Wissen.

Ziegler, Albert (2008): Hochbegabung. München: E. Reinhardt.

Spuren mündlicher Organisationsformen in schriftlichen Spielinstruktionen

Anna Komor

1. Einleitung

Bereits in den ersten beiden Jahren der Primarstufe bildet das Schreiben von Texten zusammen mit der Ausbildung basaler Schreibfähigkeiten und Fähigkeiten des Rechtschreibens den Kernbereich dessen, was schulisches Schreiben-Lernen ausmacht. Insbesondere in den ersten Schuljahren haben Kinder noch ein fragmentarisches Wissen über die Produktion schriftlicher Texte und greifen deshalb auf ihre Spracherfahrungen aus mündlichen Diskursen zurück. Im Beitrag wird untersucht, wie Schülerinnen und Schüler der Jahrgangsstufe 2 und 3 für die Organisation schriftlicher Texte Strukturierungsmöglichkeiten des mündlichen Diskurses nutzen und erste schriftliche Textorganisationsmittel «ausprobieren»[1].

2. Vom Mündlichen zum Schriftlichen – Welche Vorerfahrungen bringen Schülerinnen und Schüler mit?

Der Prozess, den Schülerinnen und Schüler in der Schule vom Mündlichen zum Schriftlichen hin durchschreiten, wird in der Forschung überwiegend aus zwei Per-

---

1 Redder (1987) entwickelte das Konzept des «Ausprobierens» im Spracherwerb systematisch anhand von Modalverbverwendungen; Garlin (2000) nutzte das Konzept zur Analyse des frühen Erwerbs sprachlichen Handelns.

spektiven betrachtet: aus der Perspektive des Schrifterwerbs, der die Umsetzung von Lauten in schriftliche Zeichen betrifft, sowie aus der Perspektive der Literacy-Forschung, die – sehr viel globaler – die Konzeptbildung von Schrift und Text bei Kindern im Kindergartenalter betrachtet. Beide Forschungsrichtungen sind für die Erforschung von Prozessen des Schrift- und Schreiberwerbs zentral. In diesem Beitrag wird der Versuch unternommen, einen Prozess exemplarisch darzustellen, den Bereiter & Scardamalia als «from conversation to composition» (1987, S. 53 ff.) beschreiben: den Übergang vom mündlichen Diskurs zum schriftlichen Text.

Für die folgende Analyse mündlicher und schriftlicher Spielinstruktionen möchte ich mit den Kategorien der Funktionalen Pragmatik nach Ehlich und Rehbein (1986) folgende Unterscheidungen treffen:

- Mündlichkeit versus Schriftlichkeit
- Diskurs versus Text
- Sprechhandlungssequenz versus Sprechhandlungsverkettung

2.1 Begriffsklärung

Mündlichkeit zeichnet sich nach der systematischen Bestimmung von Ehlich (1994a) zunächst einmal durch das Medium des Schalls aus. Der Schall transportiert in Form von Lautfolgen die Sprache. Ein wesentliches Merkmal ist seine zeitliche Flüchtigkeit. Der Faktor Zeit determiniert auch die Möglichkeiten der Lautproduktion, da mündliches sprachliches Handeln in eine zeitliche Abfolge, ein Hintereinander der einzelnen Laute und Äußerungen gebracht werden muss. Die Zeit und ihre determinierende Wirkung spielt für die Mündlichkeit eine wesentliche Rolle. Hinsichtlich der Sprechsituation zeichnet sich mündliche Kommunikation gemäß Ehlich (1994a) durch die Kopräsenz von Sprecherin oder Sprecher (S) und Hörer oder Hörerin (H) aus. H muss zum Zeitpunkt der Äußerung in Reichweite des Schalls sein, um diesen überhaupt perzipieren zu können. S und H müssen sich also zur selben Zeit am selben Ort befinden. Befinden sie sich nicht im gleichen Sprechzeitraum, verflüchtigt sich das Gesagte, ohne eine Rezipientin oder einen Rezipienten erreicht zu haben. Die Sprache verliert ihre Handlungsqualität.

Der Mündlichkeit stellt Ehlich (1994a) Schrift bzw. Schriftlichkeit gegenüber. Sie zeichnet sich durch visuelle Zeichen aus, deren besonderes Merkmal in der «Verdauerung» (1994a, S. 19) von Sprache liegt. Die mündlichen Lautfolgen werden materiell im Medium der Schrift festgehalten. Dies hat zur Folge, dass das sprachliche Produkt aus der Sprechsituation entbunden wird und somit unabhängig von der

Kopräsenz von S und H rezipiert werden kann. Dadurch verselbständigt sich das schriftliche Produkt gegenüber den Aktanten. Es kann sehr viel länger existieren als die ursprünglich an der Interaktion Beteiligten. Andererseits können neue Rezipientinnen oder Rezipienten – ob ursprünglich gewünscht oder nicht – hinzukommen. Die Verfasserin oder der Verfasser (V) hat also nicht mehr in der Hand, wie und von wem das schriftliche Produkt rezipiert wird.

Die Unterteilung von Sprache in Mündlichkeit und Schriftlichkeit ist aus handlungstheoretischer Perspektive allerdings nicht die für Formen und Einheiten sprachlichen Handelns ausschlaggebende. Vielmehr ist die Unterscheidung von Diskurs und Text in der Funktionalen Pragmatik wesentlich. Als entscheidendes Kriterium wird dabei gegenüber anderen forschungstheoretischen Ansätzen die Überlieferungsqualität sprachlichen Handelns aufgefasst, die dem Text, nicht aber dem Diskurs, zu eigen ist. Unter Diskurs versteht Ehlich «[…] über den Zusammenhang von Zwecken konstituierte Musterfolgen, die sich an der sprachlichen Oberfläche als Abfolge sprachlicher Handlungen darstellen» (1996, S. 192). In der Regel befinden sich S und H in einer unmittelbaren Sprechsituation, d. h. sie sind in einem gemeinsamen Wahrnehmungsraum kopräsent (face-to-face-Kommunikation). Als Medium wird in der Regel der Schall (also die Mündlichkeit) genutzt. Die Flüchtigkeit von Äußerungen sowie die damit einhergehenden Kapazitätsgrenzen des Kurzzeitgedächtnisses sind für den Diskurs typisch. Beispiele für einen Diskurs sind u. a. die Unterhaltung, der Unterrichtsdiskurs, die Beratung mit ihren jeweils charakteristischen Handlungsmustern (wie Frage-Antwort) und verständnissichernden Prozessen (wie Nachfragen, Erläuterungen etc.).

Im Gegensatz zum Diskurs ist beim Text in der Regel keine physische Kopräsenz von S und H gegeben. Entsprechend fällt der gemeinsame Wahrnehmungsraum «als Bezugsfeld sinnlicher Gewissheit» (Ehlich 1983, S. 29) weg. Die Sprechhandlung wird aus der primären Sprechsituation herausgelöst und für eine zweite Sprechsituation gespeichert. So entsteht eine systematisch durch Diatopie oder Diachronie «zerdehnte Sprechsituation» (1983, S. 32). Damit eine solche Zerdehnung gelingt, muss die sprachliche Äußerung gespeichert werden. Ehlich erinnert an die historische Arbeitsteilung durch das «Institut des Boten» (1983, S. 130): Ein anderer als S selbst speichert zunächst die Äußerung in seinem Gedächtnis und wird so Träger des sprachlichen Produkts, das er dann an H übermittelt. So erlangt die Äußerung menschlich vermittelt eine sprechsituationsüberdauernde Stabilität. Neben wichtigen Nachrichten, die ein Bote von einem Herrscher zum anderen überbrachte, wurde auch gesellschaftlich relevantes Wissen über «Boten» von einer Generation an die nächste weitergegeben. Ein wesentliches historisch-gesellschaftliches

Merkmal des Textes ist also seine Überlieferungsqualität, indem «essenzielle Kenntnisse für die Existenz und Kontinuität der Sprechergruppe niedergelegt werden» (1983, S. 34). Um die physischen Einschränkungen des Gedächtnisses zu überbrücken, wurden die sprachlichen Äußerungen mittels mnemotechnischer Hilfsmittel wie Versmaße oder Listen «merkbar» gemacht. Solche oralen Textformen finden sich noch heute in schriftlosen Kulturen; wir kennen sie zum Beispiel aus Epen und Balladen. Der Bote[2], der den Text tradiert, begibt sich also in einen gemeinsamen Sprechzeitraum mit H und vermittelt mündlich den Text. Bei Verständnisschwierigkeiten kann die Rezipientin oder der Rezipient eine Bearbeitung verlangt werden.

Mit der Entwicklung der Schrift konnte auf die mühsamen Memorierungsleistungen verzichtet werden. Sie setzte sich im Laufe der Zeit gegen die mündliche Tradierung durch. Das hat auch die Form von Texten beeinflusst. So muss eine Schreiberin oder ein Schreiber durch die der Schrift inhärente zerdehnte Sprechsituation immer antizipierend das Rezipientenwissen möglichst genau abschätzen und bei der Textstrukturierung und -formulierung mitbedenken. Typische schriftliche Texte sind beispielsweise Romane, literarische Erzählungen oder Briefe.

Die Unterscheidung von Sprechhandlungssequenzen und Sprechhandlungsverkettungen betrifft den Turn-Apparat des sprachlichen Handelns. Unter Sprechhandlungssequenzen werden Abfolgen von Äußerungen gefasst, die durch einen systematischen Sprecherwechsel (Turn-Taking) gekennzeichnet sind (Ehlich & Rehbein 1986). Die Aktanten wechseln sich also in der Besetzung der Sprecher- und Hörerposition systematisch ab. Vor allem im mündlichen Diskurs (z. B. bei der Unterhaltung) ist diese Form des Sprecherwechsels zu finden.

Bei der Sprechhandlungsverkettung hingegen fehlt der systematische Sprecherwechsel. S reiht mehrere Äußerungen aneinander, ohne dass ein anderer Aktant den Turn für sich beansprucht (vgl. Rehbein, 1996). Im mündlichen Diskurs findet man diese Form der Turn-Verteilung beispielsweise beim Vortrag oder beim Erzählen. Vor allem aber bei schriftlichen Texten unterschiedlichster Art findet sich diese Turn-Organisation. Denn das Medium der Schrift schließt in vielen Fällen einen Sprecherwechsel durch einen anderen Aktanten aus[3]. Im Medium des Mündlichen hingegen hat H durchaus Möglichkeiten des verständnissichernden und reparierenden Eingreifens, indem er Hörerrückmeldungen gibt, nachfragt, ergänzt, kommentiert etc. In diesen Fällen erhebt H jedoch nicht zwangsläufig Anspruch auf den Turn.

2　In der Regel handelt(e) es sich um auf diesen Zweck hin spezialisierte Personen wie Schamanen, Priester, Barden, Druiden etc.

3　Ausnahmen bilden einige Formen der neuen Medien wie Chatten, Twittern etc.

Solche hörerseitigen Handlungen finden sich auch beim mündlichen Erzählen. Bei besonders häufigem hörerseitigem Eingreifen erlangen manche ursprünglich als Sprechhandlungsverkettung angelegte Erzählungen den Charakter einer Sprechhandlungssequenz. Es entstehen gewissermaßen «Mischformen». Hat S solch umfangreiche Hilfestellungen nicht, spreche ich im Folgenden von «reinen» Sprechhandlungsverkettungen. Sie stellen für Kinder eine besondere Herausforderung dar.

2.2 Die Spracherfahrungen von Kindern

Der Spracherwerb erfolgt in den ersten Lebensjahren allein mündlich. Noch bevor das Kind sprechen kann, lernt es in der Interaktion mit den Bezugspersonen, auf die Handlung des Gegenübers zu reagieren und selbst durch Handlungen Reaktionen hervorzurufen (Garlin 2000). Es erwirbt so das Prinzip des Turn-Taking (Bruner, 1979). Beginnt das Kind zu sprechen, nutzt es diese Möglichkeit in ersten Handlungsmustern wie Aufforderung-Durchführung oder Frage-Antwort bald routiniert. Diskurse in Form von Sprechhandlungssequenzen sind beim kleinen Kind die überwiegende Form sprachlicher Interaktion. Mit ca. drei Jahren beginnt das Kind mit ersten Vorformen des Erzählens (Meng/Kraft & Nitsche 1991). Dieses Erzählen ist jedoch noch stark sequenziert und auf unterstützende Nachfragen und Ergänzungen des erwachsenen Gesprächspartners angewiesen (Andresen, 2005; Kuczaj & McClain 1984). Solche Erzählversuche haben dadurch noch immer den Charakter von Sprechhandlungssequenzen. Mit zunehmendem Alter ist das Kind immer weniger auf unterstützende Handlungen des Gesprächspartners angewiesen; die Sprechhandlungssequenzen werden langsam von Sprechhandlungsverkettungen abgelöst. Dieser Prozess zieht sich bis weit in die Schulzeit hinein. Am Anfang der Primarstufe hat das Kind also Erfahrung mit dem produktiven Umgang mit Sprache im mündlichen Diskurs mit seinen typischen Sprechhandlungssequenzen. Hinzu kommen erste Erfahrungen mit mündlichen Sprechhandlungsverkettungen wie dem alltäglichen Erzählen, deren «Verkettung» jedoch noch nicht immer aufrechterhalten werden kann.

Die vorschulischen Spracherfahrungen beschränken sich jedoch nicht auf Diskurse. Bereits vor der Einschulung macht das Kind erste Erfahrung mit Texten[4], die

---

4   Solche Erfahrungen mit ihren möglichen positiven Effekten für die Schulzeit werden von der Literacy-Forschung (vgl. u. a. Andresen, 2005) in den letzten Jahren vermehrt untersucht.

zunächst mündlich tradiert sind (wie Reime, Lieder oder Märchen) beziehungsweise in mündlicher Form wiedergegeben werden (z. B. Vorlesen). Die Erfahrungen mit längeren Texten sind in der Regel rezeptiv. Reime und Lieder können Kinder mit zunehmendem Alter selbst vielfältig wiedergeben. Erfahrungen mit dem Medium Schrift machen sie mit (Kinder-)Büchern, aber auch Zeitungen, indem sie Erwachsene beim Lesen beobachten. Auch die produktive Nutzung von Schrift in unterschiedlichsten Handlungszusammenhängen (Schreiben von Einkaufszetteln, Ausfüllen von Formularen, Schreiben von E-Mails etc.) beobachten Kinder und bekommen so ein erstes Gefühl für den Zweck von Schrift (Füssenich 2011). Abgesehen von ersten Buchstabenversuchen sammeln Kinder jedoch vor der Einschulung kaum eigene produktive Erfahrungen.[5] Auch zu Beginn der Grundschule geht es überwiegend noch um die basalen Fertigkeiten, Lauten Buchstaben zuzuordnen und Letztere motorisch in Schriftzeichen umzusetzen.

Betrachtet man also die Spracherfahrungen von Schülerinnen und Schülern der Jahrgangsstufe 2 (und 3), lässt sich eine gewisse «Schieflage» feststellen: In den Bereichen *Mündlichkeit, Sprechhandlungssequenzen* und *Diskurs* haben sie bereits einen breiten Erfahrungsschatz – produktiv wie rezeptiv. Für die Bereiche *Schriftlichkeit, Sprechhandlungsverkettungen* und *Text* sind die Erfahrungen sehr viel geringer und beschränken sich zum großen Teil auf rezeptive Erfahrungen. Diese Voraussetzungen sind bei der Untersuchung erster schriftlicher Textproduktionen immer mitzubedenken.

---

5   Die individuellen Erfahrungen und Fähigkeiten können hier von Kind zu Kind stark variieren.

3. Die Spielinstruktion – ein Versuch der Umsetzung mündlicher Spracherfahrung in schriftlichen Text

3.1 Datengrundlage der Untersuchung

Die Datengrundlage der Untersuchung bilden 20 mündliche und 42 schriftliche Spielinstruktionen von Schülerinnen und Schülern der Jahrgangsstufe 2 und 3. Die Daten wurden im Rahmen des BMBF-Projekts «Erhebung und Analyse der kommunikativen Anforderungen und der sprachlichen Praxis in der 2. Klasse der Primarstufe» (KAdS) unter der Leitung von Angelika Redder (Universität Hamburg) an Hamburger Grundschulen erhoben.

Die Form der Spielinstruktion[6] wurde herangezogen, weil das Instruieren von Spielenden und das Erklären von Spielen im kommunikativen Handeln unter Kindern im Grundschulalter eine alltagspraktische Rolle spielt und den Kindern entsprechend vertraut ist. Kinder dieses Alters haben also bereits Erfahrungen mit mündlichen Spielinstruktionen zum Zweck des gemeinsamen Spiels (vgl. u. a. Klann-Delius et al. 1985). In der Regel sind solche Instruktionen von aktionalen Handlungen (z. B. zeigen, wohin die Spielfigur gehen muss) begleitet und weisen neben kurzen Passagen von Sprechhandlungsverkettungen überwiegend Sprechhandlungssequenzen auf, die beispielsweise durch Nachfragen der Mitspielenden entstehen (Bereiter & Scardamalia 1987).

Die Aufgabenstellung der Spielinstruktion wurde in den Unterricht integriert. In einem ersten Schritt wurden im Stuhlkreis die Schülerinnen und Schüler von der Lehrperson aufgefordert, ihr Lieblingsspiel zu erklären (Aufgabe (1)). Das zu erklärende Spiel durfte jedes Kind selbst wählen. In einem zweiten Schritt sollten die Kinder in Einzel- oder Partnerarbeit ihre Spielinstruktion aufschreiben (Aufgabe (2)). Die Aufgabenstellung lautete wörtlich: «Was ist dein Lieblingsspiel? Kannst du mir erklären, was man für das Spiel braucht und wie man es spielt?»

Für die konkrete Umsetzung der mündlichen Spielinstruktionen in schriftliche Texte war es den Lehrpersonen freigestellt, Hinweise zum Verfassen von Texten zu

---

6 In Anlehnung an Becker-Mrotzek (1997) und Pohl (2007) wird der Begriff «Instruktion» genutzt, wobei das Instruieren immer auch beschreibende und erklärende Anteile aufweist (Feilke 2003).

geben. In der Regel wurde kurz angesprochen, dass ein Nachspielen des Spiels mit dem Spiel unvertrauten Personen möglich sein sollte. Damit wurde vergleichsweise abstrakt auf den Zweck einer Spielinstruktion Rücksicht genommen. In einer Klasse empfahl die Lehrperson, die fertigen Texte einem anderen Kind vorzulesen und dessen Verbesserungsvorschläge in den Text einzuarbeiten. In einer anderen Klasse ging die Lehrperson auf die abgesetzte Überschrift als relevante Strukturierungsmöglichkeit von Text sowie auf die Spielregel als textsortenspezifische Organisationshilfe ein.

3.2 Anforderungen an die Schülerinnen und Schüler

Die an die Schülerinnen und Schüler gestellten Anforderungen liegen zum einen in der Notwendigkeit, das Spiel außerhalb des aktionalen Spielhandelns zu erklären. Es entfällt also die Möglichkeit des sprachlichen und nicht sprachlichen Zeigens auf (Spiel-) Objekte im gemeinsamen Wahrnehmungsraum. Das gilt für die mündlichen Spielinstruktionen ebenso wie für die schriftlichen. Zum anderen haben die Kinder noch keine Erfahrung mit der Verschriftung und Verschriftlichung, d. h. konzeptionellen Adaptierung, von Instruktionen. Bei Aufgabe (2) stehen die Schülerinnen und Schüler vor der Aufgabe, ihre produktiven mündlichen Spracherfahrungen, die sie mit dem Erzählen (überwiegend in Form von Sprechhandlungsverkettungen) und mit dem Anleiten von Spielen (überwiegend in Form von Sprechhandlungssequenzen) besitzen, aufzugreifen und mittels Schrift in einen schriftlichen Text der Art «Instruktion» zu überführen.

Mündlichkeit		Schriftlichkeit
Diskurs(art)	→	Text(art)
Sprechhandlungssequenzen		«reine» Sprechhandlungsverkettungen

Die Anforderung liegt also darin, die Veränderungen, die bei der Übertragung von Mündlichkeit auf Schriftlichkeit, von Diskurs auf Text und von Sprechhandlungssequenzen auf «reine» Verkettungen notwendig werden, zu erkennen und sprachlich umzusetzen. Hinzu kommt der Transfer des rezeptiven Wissens über Schriftlichkeit im Sinne des Handelns in geschriebener Sprache und Text sowie, in eingeschränktem Maße, über Sprechhandlungsverkettungen in eine produktive Leistung. Eine besondere Herausforderung stellt dieser Transfer für Kinder dar, deren rezeptiv schriftliche Erfahrungen bislang nur fragmentarisch sind. Ihnen bleibt einzig der Rückgriff auf ihre mündlichen Erfahrungen.

Das folgende Beispiel zeigt, wie ein Schüler seine diskursive Spracherfahrung in einen schriftlichen Text umsetzt.

Beispiel (1):[7]
Mein Lieblingsspiel ist Fußball **und** / wir spielen **so** erstmal machenwir zwei / manschften **wenn eine fault Freisstoß** / wo diese Junge mich ge fault hat und schieße / ich **so** Spieltman Fußball. (Murat, 3. Kl., 9 Jahre, schriftlich)

Murat übernimmt offensichtlich seine Spracherfahrungen aus dem Mündlichen in den schriftlichen Text. So finden sich ein im Schriftlichen «überflüssiger» Konnektor (*und*), aus dem mündlichen Diskurs entliehene Verweise (*so*) sowie eine für das Mündliche typische lexikalische Auslassung anstelle prosodischer Juxtaposition[8] (*wenn eine fault # Freisstoß*). Die Spielinstruktion ist zudem sachlich unvollständig und bei der Erläuterung der Freistoßregel wird das herangezogene Beispiel nicht als solches gekennzeichnet. So wird das Spiel nur schlecht nachvollziehbar. Um zu verstehen, weshalb Schülerinnen und Schüler einen so «mündlichen Duktus», nach Koch & Oesterreicher (1985) eine «konzeptionelle Mündlichkeit», in ihren Schreibprodukten verwenden, werde ich auf einzelne sprachliche Mittel und ihre Funktion im Mündlichen genauer eingehen.

Im Folgenden werden frequente Ausdrucksmittel des Mündlichen (*so* und *also*) auf ihre Verwendungsbedingungen im Schriftlichen hin untersucht. Zudem wird ein Blick auf verständnissicherndes Handeln und seine Funktion im Diskurs geworfen. Zuletzt wird die Verwendung zweier text(sorten-)spezifischer Mittel (die Überschrift und die Gliederung mittels Regeln) genauer betrachtet.

3.3 Der Ausdruck *so*

Der Ausdruck *so* wird von Ehlich 1987 als Aspektdeixis bestimmt. *So* dient H allgemein – wie alle deiktischen (zeigenden) Mittel – als Orientierung. S verweist innerhalb eines Verweisraums und fokussiert die Aufmerksamkeit von H auf das dort befindliche Verweisobjekt (z. B.: S zeigt im gemeinsamen Wahrnehmungsraum auf

---

7 Absätze in den Originaltexten werden hier durch « / » gekennzeichnet.
8 Auslassungen – auch «Ellipsen» genannt – sind neben Anakoluthen (Abbrüchen) und Parenthesen (Einschübe) bekannte Charakteristika der gesprochenen Sprache (vgl. u. a. Ehlich 1986, Hoffmann 1997, Fiehler 2005).

einen Baum und sagt: «*Dieser* Baum.»). Unter dem Begriff «Objekt» werden neben Entitäten (wie z. B. Gegenständen oder Personen) auch Handlungen und Ereignisse gefasst. Die Aspektdeixis *so* verweist jedoch nicht auf das Objekt an sich, sondern auf einzelne Eigenschaften (Aspekte) des Objekts. Der Hörerin oder dem Hörer werden dabei verschiedene mentale Prozesse abverlangt: Er muss zunächst das Bezugsobjekt im Verweisraum auffinden, um anschließend den spezifischen Aspekt (wie z. B. die Farbigkeit) am Objekt auszumachen und mit einer abstrakten, verallgemeinerten Ausprägung eben dieses Aspektes zu vergleichen. Dieser zusätzliche Vergleichsprozess macht die Aspektdeixis *so* komplex.

Im **mündlichen Diskurs** wird *so* häufig wie von Leo eingesetzt:

Beispiel (2)[9]:

[1]	L [v]	Bitte Leo. Was möchtest du denn erklären?	
	Leo [v]		Was spielen wir am meisten bei Fußball?
	Leo [nv]		*zu Jan*

| [2] | Leo [v] | ·‚Einen auf Hoch', ne? | ((1,5s)) Also daa/ das ist **soo**: da muss einer ins <u>Toor</u> · · · und |
| | S? [v] | · Ja. | |

| [3] | Leo [v] | die anderen sind draußen. Ähm | Ja, der im Tor hat <u>sechs</u> |
| | Jan [v] | | ((2s)) Der im Tor hat sechs Leben. |

| [4] | Leo [v] | Leben und die draußen haben fünf. Und wenn man dann da/ daneben schießt, · dann ähm |

| [5] | Leo [v] | · · muss man rein. ‿ Aber man kann den Ball noch retten, also ein anderer muss eigentlich, |
| | S? [v] | Muss man ins Tor. |

| [6] | Leo [v] | das ist Pflicht, d/ den Ball zu retten/ äh denjenigen zu retten, der daneben schießt. Und/ |

| [7] | Leo [v] | aber wenn man ein Tor schießen möchte, muss man schon ähm · hoch schießen. |

2. Klasse, Leo: 8;2 Jahre, m; Jan: 8;6 Jahre, m

---

9   Die mündlichen Daten wurden gemäß den Konventionen der Halbinterpretativen Arbeitstranskription (HIAT) nach Ehlich & Rehbein 1976 transkribiert.
Transkriptionslegende:

/	Abbruch	<u>sechs</u>	besondere Betonung
•	kurze Pause (½ Sekunde)	(Affe)	Vermutung über das Gesagte
• •	Pause (1 Sekunde)	Toor	Verlängerung des Lauts o
((2s))	Pause von 2 Sekunden	á	steigende Intonation
‿	direkter Äußerungsanschluss	à	fallende Intonation

Das *so* in Fläche 2 verweist katadeiktisch (vorauszeigend) auf Aspekte von Spiel X, Leos Lieblingsspiel. Die einzelnen Eigenschaften, also die Bedingungen und Regeln des Spiels X sowie das zu erreichende Ziel, werden im Anschluss verbalisiert.

Die Verwendung von *so* in äußerungsfinaler Position («Also daa/das ist *soo:*») ist in der mündlichen Kommunikation bei Erwachsenen ebenso wie bei Kindern häufig anzutreffen. Es nimmt eine Art «Doppelpunkt»-Position ein, durch die die Höreraufmerksamkeit katadeiktisch auf eine größere Folgesprechhandlung gelenkt wird. S spannt einen Erwartungshorizont bei H auf, der über die Dimension einer Einzeläußerung hinausgeht. Die Aspektdeixis *so* verweist auf ein ganzes Bündel von propositionalen Akten und entsprechenden Illokutionen, die als Sprechhandlungsverkettung geäußert werden. H weiß so, dass nicht nur eine einzelne Äußerung gemacht wird, sondern – trotz eventueller Planungspausen – eine Reihe von Äußerungen geplant ist. Entsprechend kann sich H darauf einrichten. Die Aufmerksamkeit von H wird also nicht nur deiktisch neufokussiert, H wird auch auf die eventuelle zeitliche Erstreckung der Folgeäußerungen sensibilisiert. Einer frühzeitigen Turn-Übernahme durch einen anderen – die im mündlichen Diskurs leicht geschehen kann – wirkt S im Voraus entgegen.

Im vorliegenden Beispiel ist der Einsatz von *so* vor Beginn der eigentlichen Instruktion besonders relevant, da der Sprecher weiß, dass mehrere Hörerinnen und Hörer über das Spielwissen *Einen auf Hoch* verfügen. Der Sprecher rechnet also mit einem möglichen Turn-Anspruch seitens dieser. Die Pause in Fläche 2 zeigt jedoch, dass die Orientierung der Höreraufmerksamkeit durch den Einsatz von *so* geglückt ist. Denn trotz längerer Sprechpause behält der Sprecher das Rederecht. Erst nach der Planungsexothese[10] *Ähm* in Fläche 3 und der darauf folgenden zweisekündigen Pause übernimmt Jan den Turn. Er lässt Leo also noch Zeit, seinen Planungsprozess in eine weitere Sprechhandlungsverkettung münden zu lassen, Letzterer setzt seinen Turn jedoch nicht fort.

In den schriftlichen Spielinstruktionen findet sich die Aspektdeixis *so* überwiegend in der Überschrift oder im einleitenden ersten Satz. Dabei sind die unterschiedlichen Positionen im Satz interessant:

---

10 Eine Exothese bezeichnet das unmittelbare Nach-Außen-Setzen mentaler Vorgänge (Ehlich & Rehbein 1986). Sie ist an der Schnittstelle zwischen mentalem und interaktionalem Bereich angesiedelt und richtet sich nicht primär an eine Hörerin oder einen Hörer, «sondern dient der Bearbeitung sprecherseitiger mentaler Prozesse durch die Sprecherin/den Sprecher selbst» (Hohenstein 1999, S. 266).

Variante a)

Beispiele: (3)   (Spiel X) das geht **so** […]

(4)   Mein Lieblingsspiel geht **so** […]

(5)   Also Das Spill get **soo**. […]

(6)   Basketball Get **so** […]

(7)   (Spiel X) und wir spielen **so** […]

Hier grenzt die Aspektdeixis *so* direkt an die folgenden Propositionen. Der Fokus der Leserin oder des Lesers (L) wird also in einer sehr direkten Weise – ohne den Einschub anderer sprachlicher Elemente – auf die relevanten Einzelpropositionen hin orientiert. Der Schreiber nutzt die Aspektdeixis in katadeiktischer Funktion mit nachfolgender Entfaltung der Einzelpropositionen. Diese Variante der *so*-Stellung wird von den meisten Kindern eingesetzt. Sie übertragen also die für das Mündliche typische und geeignete Variante direkt auf ihren schriftlichen Text.

Variante b)

Beispiel (8):   (…) **so** Spieltman Fußball

Auch bei dieser Variante grenzt die Aspektdeixis *so* direkt an die Verbalisierung der Einzelpropositionen an. L wird wiederum in einer direkten Weise orientiert. Hier liegt eine anadeiktische (zurückweisende) Verwendung von *so* nach vorangegangener Entfaltung der Einzelpropositionen vor. V nimmt also eine zusammenfassende Refokussierung von L auf die Gesamtheit der Einzelpropositionen vor. L wird dadurch abermals auf alle zuvor benannten für das Spiel relevanten Propositionen refokussiert, sodass er alle Propositionen zusammengenommen mit dem erklärten Spiel – das ein zweites Mal vom Sprecher erwähnt wird – in Verbindung bringen kann. In den Daten tritt diese Variante nur einmal auf.

Die Varianten a) und b) sind im schriftlichen Text nicht mehr nötig. L ist durch die zeitlich-räumliche Zerdehnung nicht mehr direkt anwesend und kann V dadurch nicht den Turn streitig machen. Das sprachliche Mittel ist hier also nicht mehr vonnöten – im Gegenteil, eine Transponierung dieses Mittels in den Textraum mutet eher eigentümlich an. Die folgende Variante hat hingegen bereits Anzeichen von Schriftlichkeit.

Variante c)

Beispiele: (9)   **So** spielt man Fußball (…)

             (10) **So** spielt man Schach (…)

| **SO** | funktioniert | Spiel X | Summe aller Propositionen |

Einschub

In diesem Fall ist die Fokussierung von L durch die zwischen der Aspektdeixis und der Entfaltung der Einzelpropositionen eingeschobenen Elemente erschwert. Die in den anderen Beispielen gegebene Direktheit zwischen Deixis und Verweisobjekt ist hier nicht mehr in gleichem Maße gegeben. Diese syntaktische Konstruktion an genau dieser Stelle des Textes ist in den mündlichen Spielinstruktionen nicht zu finden. Die in den Varianten a) und b) noch gegebene «Doppelpunkt»-Position von *so* wird hier aufgehoben. Es handelt sich hier um eine genuin schriftliche Variante. Sie tritt in den Daten nur zweimal auf.

3.4 Das sprachliche Mittel also

Das sprachliche Mittel *also* hat eine ähnliche Funktion wie *so*. Aufgrund «seiner ihm noch inhärenten kata- und anadeiktischen Kraft» (Bührig 1996, S. 239) hat *also* den Zweck, die geäußerten Inhalte (propositionale Gehalte) unter einem bestimmten Vergleichsaspekt für H neu zu fokussieren.

«Der Sprecher bündelt die noch im Aufmerksamkeitsbereich des Hörers befindlichen propositionalen Teile und lenkt die Aufmerksamkeit auf propositionale Teile katadeiktisch neu unter einem Vergleichsaspekt, der zugleich verbal explizit ausgeführt wird – anders, als bei rein deiktischem Verweis. Auf diese Weise wird der Hörer zu einer propositionalen Verarbeitung geführt, die das bereits vorhandene Wissen so umformt, dass genau die nunmehr neufokussierten und ausgeführten Aspekte als die wesentlichen präsentiert sind» (Redder 1989[11], S. 402 f.).

Diese Bestimmung trifft dann zu, wenn propositionale Gehalte H bereits zuvor zugänglich gemacht wurden. In den vorliegenden Beispielen tritt *also* jedoch generell turn-initial auf: S beginnt seine Sprechhandlungsverkettung mit einem *also*. Eine Verbalisierung propositionaler Gehalte hat noch nicht stattgefunden. Nach Redder kann *also* auch am Übergang von mentalen Aktivitäten, bei denen S eine aspektuelle Veränderung seines Wissens vornimmt, zum Verbalisierungsprozess stehen.[12] Eben das findet sich in den mündlichen Spielinstruktionen im Unterrichtsdiskurs.

Beispiel (11):

| [1] | L [v] | so, jetzt Sevgi, und bitte seid jetzt leise. (Nur einer.) | |
| | Sevgi [v] | | Am gernsten spiel ich 'Abbacken'. · **Also**, es gibt |

[2]	Sevgi [v]	jetzt zwei Mannschaften, einer ist in der Mitte und die anderen, die sind außen, also hier
	Sevgi [nv]		*legt beide*
	S? [v]		Hm̄

[3]	Sevgi [v]	sind so zwei und hier.	Und da ham die, die · ähm außen sind, ham 'n
	Sevgi [nv]	*Hände auf den Boden*	
	S? [v]		Das weiß doch jeder.

| [4] | Sevgi [v] | <u>Ball</u> und mussen die in der Mitte sind, abbacken. Und wenn jetzt dort <u>zwei</u> sind, und der |

| [5] | Sevgi [v] | er/ · und der andere abgebackt ist, dann muss man fragen, wieviel Jahre als der is. |

| [6] | Sevgi [v] | Und wenn er zehn is, · dann mussen wir · ähm zehnmal · werfen und wir mussen |

| [7] | Sevgi [v] | versuchen, den da abzubacken. | Dann kommen dic, die draußen alle sind, wieder rein. |
| | S? [v] | | Kommen alle wieder rein. |

| [8] | L [v] | Mensch, das hast du super erklärt. | |

3. Klasse, Sevgi: 9;3 Jahre, w

---

11 Der Ausdruck lässt sich auf das althochdeutsche *als* zurückführen, das sich aus dem adverbialen Quantor *al* und der Aspektdeixis *so* zusammensetzt (Redder 1989, Konerding 2004).
12 Die turn-initiale Verwendung von *also* dient nach Dittmar (2002) auch der Anmeldung des Rederechts. Dies spielt sicherlich in die folgende Verwendung mit hinein.

Die Sprecherin muss für die Aufgabe «Erklärung des Lieblingsspiels» zunächst alle hierfür nötigen Wissenselemente mental ermitteln, mental sortieren und mental in eine sinnvolle Reihenfolge bringen. Dabei erfährt das Wissen der Sprecherin bezüglich der Spielinstruktion und des Spiels selbst eine aspektuelle Veränderung: Das zunächst diffuse Handlungswissen, das noch aus einzelnen unzusammenhängenden Elementen besteht, wird strukturiert, miteinander in Beziehung gesetzt und gebündelt. Die Sprecherin plant zunächst mental ihre Verbalisierung. An der Pause in Fläche 1 lässt sich der Prozess der Planbildung ablesen. Je nach Länge der Verbalisierung ist die vorausgehende mentale Vorstrukturierung unterschiedlich komplex. Den bevorstehenden Abschluss ihres mentalen Planbildungsprozesses setzt die Sprecherin mittels *also* (Fläche 1) nach außen. So fokussiert sie die Hörerinnen und Hörer katadeiktisch auf die Verbalisierung ihres – nun umstrukturierten – Wissens. Bei der darauf folgenden Verbalisierung handelt es sich nicht nur um eine einzelne Äußerung, sondern um die gesamte Spielerklärung in Form einer Sprechhandlungsverkettung. In text- bzw. äußerungsinitialer Verwendung dient das sprachliche Mittel *also* zu einem Großteil der Fokussierung der Höreraufmerksamkeit auf eine längere Verbalisierungsphase. Damit ist *also* in dieser Funktion ein genuin mündliches und diskursives Mittel (vgl. auch Konerding 2004)[13], das dann genutzt wird, wenn S eine längere Sprechhandlungsverkettung plant und sich der Aufmerksamkeit von H über einen längeren Zeitraum hinweg versichern möchte. So kann S sicherstellen, dass keine vorzeitige und unbeabsichtigte Turn-Übernahme durch H geschieht.

Betrachtet man die schriftlichen Spielinstruktionen, erkennt man an den Beispielen eine Übertragung dieses genuin mündlichen Mittels auf den schriftlichen Text.

Beispiele: (12) **Also** mann muss so tun als ob man Schlittschuh fahrt.

(13) **Also** Das Spill get soo.

(14) **Also** beim Einmal beüen mus man den Ball nur einmal berüren

(15) [Burgenticken] **also** so geht's

Hier verliert *also* – wie zuvor auch *so* – seine Funktion, da die Gefahr einer vorzeitigen Turn-Übernahme durch L dank der zerdehnten Sprechsituation nicht mehr besteht. V hat jetzt für Planung und Verbalisierung genug Zeit. Entsprechend muss V seine Planbildungsprozesse L nicht mehr deutlich machen. Diese «gewonnene Zeit»

---

13 Auch Konerding (2004) verortet diese Form von *also* allein im Bereich konzeptioneller Mündlichkeit. Es ist allerdings nahe liegend, diesen Verwendungszweck von *also* – von Konerding als «Verzögerungspartikel» bezeichnet – der tatsächlichen Mündlichkeit zuzuschreiben.

beim Planen und Schreiben muss den Schülerinnen und Schülern jedoch noch bewusst werden. Denn dieser Aspekt ist für sie eine neue Spracherfahrung, der sie im mündlichen Diskurs noch nicht begegnet sind. Erst im Laufe des Schreib- und Textkompetenzerwerbs werden solche genuin mündlichen Aspekte von Sprache langsam abnehmen und durch schriftliche Mittel wie das Setzen von Überschriften und Interpunktion (z. B. Doppelpunkt) ersetzt.

3.5 Verständnissicherndes Handeln

«Das verständnissichernde Handeln setzt da an, wo die hörerseitige mentale Verarbeitung einer vorausgegangenen sprachlichen Handlung blockiert ist. Die Störung wird mittels einer sprachlichen Handlung des Hörers gegenüber dem Sprecher versprachlicht und vom Sprecher (u. U. mit Unterstützung des Hörers) mittels geeigneter sprachlicher Handlungen bearbeitet» (Kameyama 2004, S. 37).

Verständnissicherndes Handeln ist ein wichtiges Mittel des Diskurses, durch das Verständnisschwierigkeiten schnell und effizient behoben werden können. Kameyama (2004) fasst darunter u. a. Bestätigungen (wie *Ja. Stimmt.*), Planstörungsexothesen (wie *Hä? Wie?*), Sich-Vergewissern (wie *Meintest du X?*), Verstehensexothesen (wie *Ach so. Ach ja.*) und Bearbeitungsanforderungen (wie *Wie bitte? Wie meinst du das jetzt?*). Solche Verfahren finden sich auch bei den mündlichen Spielinstruktionen im Unterrichtsdiskurs:

Beispiel (16):

| [1] | Lea [v] | ‚Eierhüpfen' ist so: Man hat'n Baall · und dann muss man · da versuchen, |

[2]	Lea [v]	rüberzuspringen, über den Ball/ Nein. Ja, die Wand
	Lea [nv]	zu Büsra
	Büsra [v]	Hmhm, erstmal an die Wand (...) schmeißen.
	Büsra [nv]	zu Lea
[3]	Lea [v]	schmeißen und dann rüberspringen, wenn man das nicht schafft, dann ist man drinnee,

| [4] | Lea [v] | und dann, wenn einer drinne ist, dann muss man klatschen. Wenn man nicht geklatscht |
| | Finn [v] | Wo drinne? |

| [5] | Lea [v] | hat, ist der eine auch drinne. Man muss rüberspringen und klatschen. |
| | Finn [v] | Lea, wer is' denn |

[6]	Lea [v]	Ja, irgendeiner. Ist doch egal. Ja, an der Wand.
	Büsra [v]	Oh, dann bin ich eben drinne.
	Finn [v]	«drinne»? Aber wo (ist denn) «drinne»?

| [7] | Lea [v] | Der steht an der Wand. Und wenn/ wenn der eine dann/ ähm · dann fertig ist, dann gibt |

| [8] | Lea [v] | der eine den Ball diesem · da, Finn jetzt oder eben Büsra. ((lacht kurz)) Und der muss |

| [9] | Lea [v] | den Ball dann an die Wand werfen und dann muss ich versuchen, ihn zu fangen. |
| | L [v] | Okay. |

3. Klasse, Lea: 9;8 Jahre, w; Büsra: 8;9 Jahre, w; Finn: 9;2 Jahre, m

In diesem Ausschnitt finden sich verschiedene verständnissichernde Handlungen. Bereits in Fläche 2 ergänzt die Hörerin Büsra die Erklärung des Spiels «Eierhüpfen» ihrer Freundin Lea um ein wichtiges Element (*erstmal an die Wand ( ) schmeißen.*), das die Sprecherin direkt übernimmt (Flächen 2–3), bevor sie mit ihrer Erklärung fortfährt. In Fläche 4 fordert dann Finn eine Bearbeitung zu dem genauen Ort, den Lea als «drinne» bezeichnet, an (*Wo drinne?*). Die Sprecherin beachtet die Zwischenfrage jedoch zunächst nicht. Erst als Finn in den Flächen 5–6 insistiert, indem er die Sprecherin direkt anspricht (*Lea, wer ist denn «drinne»?*), geht sie auf ihn ein. Nach einer erneuten, präzisierten Bearbeitungsanforderung (*Aber wo ist denn «drinne»?*) antwortet Lea zufriedenstellend (*Ja, an der Wand. Der steht an der Wand.*).

Im Diskurs hat H bei Rezeptionsschwierigkeiten die Möglichkeit, direkt einzugreifen und S zur Bearbeitung der Verstehenslücke aufzufordern. Das geht so weit, dass H – sollte S nicht darauf eingehen wie in diesem Fall – mehrmals insistiert, damit sein Rezeptionsdefizit von S bearbeitet wird. In diesem Beispiel sieht man schließlich auch eine für die Hörerinnen und Hörer zufriedenstellende Bearbeitung durch die Sprecherin. Zudem erkennt man hier eine im Diskurs typische Vorgehensweise: die Ko-Konstruktion der Sprechhandlungsverkettung (vgl. u. a. Hoffmann 1984) durch eine – ebenso wissende – Hörerin, hier Büsra. Die aufmerksame Hörerin, deren Lieblingsspiel dasselbe Spiel ist, fügt ein ihrer Ansicht nach wichtiges Wissenselement hinzu, das die Sprecherin ausgelassen hat, um ein mögliches Rezeptionsdefizit bei den anderen Hörerinnen und Hörern zu vermeiden. Die Sprecherin greift das Element auf und bestätigt es. Der Ausschnitt zeigt, wie im mündlichen Diskurs H in die Verbalisierungen von S ergänzend und lenkend eingreifen und so das Verstehen sichern kann. Es handelt sich um echte Verständnissicherungsprozesse, deren Wichtigkeit im flüchtigen mündlichen Diskurs schnell übersehen wird.

Zuletzt sei noch ein Punkt erwähnt: Die Rückfragen kommen in diesem Beispiel nicht von der Lehrperson, sondern von einem Mitschüler, der offensichtlich gut zugehört hat und eine relevante Lücke in der Spielerklärung erkannt hat. Der Mitschüler zeigt also bereits ausgeprägte Zuhörfähigkeiten. Er ist in der Lage, zeitgleich zur Spielinstruktion einen Hörerplan auszubilden und Verständnislücken sofort und insistierend anzusprechen. Es ist zu vermuten, dass solche Formen des Zuhörens bei Schülerinnen und Schülern der 1. Klasse noch nicht regelmäßig zu finden sind, da sich elaborierte, aktive Zuhörfähigkeiten bei Kindern erst ca. ab dem 8. Lebensjahr entwickeln (vgl. Komor 2010).

Büsra, die im Plenum als Hörerin und Freundin der Sprecherin aktiv an der Spielinstruktion beteiligt war, hat für ihre schriftliche Spielinstruktion eben dieses Spiel «Eierhüpfen» ausgewählt.

Beispiel (17):
Eierhüpfen / Mann braucht ein ball. / Um Eierhüpfen su spilen. / unt man Mus den Ball gegen die Want.- / werfen dan mus man über den ball. / hüpfen unt Wen Jemant **drine** ist dan / Mus ein mal klatschen. (Büsra, 3. Kl., 8;9 Jahre)

Interessanterweise hat Büsra das Wissenselement, nach dem Finn im mündlichen Diskurs wiederholt fragte (Wo ist «drinnen»), nicht in ihren Text mit aufgenommen. Entsprechend bleibt dieser Punkt auch für die Leserin oder den Leser unklar. Die Verständnissicherung, die zuvor H übernommen hat, muss also beim schriftlichen Text V antizipierend übernehmen. D.h. V muss mögliche Rezeptionsdefizite, die L haben könnte, im eigenen Text ausfindig machen und sie vorausschauend bearbeiten. Diese antizipative Adressatenorientierung ist besonders für Kinder ungewohnt und hoch komplex, da sie solche Verfahren noch nicht verinnerlicht haben. Sie müssen hier also etwas leisten, das für sie neu ist, da selbst bei Grundschulkindern im mündlichen Diskurs scaffolding[14] durch ältere Personen durchaus noch üblich ist.

3.6 Die Überschrift

Im Gegensatz zu den oben besprochenen sprachlichen Mitteln ist die Überschrift ein genuin schriftliches Phänomen. Sie ist geradezu charakteristisch für schriftliche Texte. Ihre Funktion besteht darin, den schriftlichen Text nach außen hin abzugrenzen und L eine erste Orientierung bezüglich des folgenden Inhalts zu geben (Grießhaber 2009). Insgesamt haben 12 von 26 Schülerinnen und Schülern der zweiten Klasse ihre Überschrift optisch durch einen Absatz vom Text getrennt. Die Kinder der 3. Klasse setzen fast ausnahmslos (15 von 16 Schülerinnen und Schülern) Überschriften optisch ab, obwohl die Überschrift nicht im Plenum angesprochen wurde. In den 2. Klassen finden sich unterschiedliche Herangehensweisen. So wird in einer Klasse das Setzen einer Überschrift, ihr möglicher Inhalt und ihre mögliche sprachliche Realisierung plenar diskutiert. Die Wortmeldungen der Kinder lassen darauf schließen, dass der Einsatz von Überschriften bereits als gängige Vorgehensweise beim Verfassen von Texten thematisiert wurde. In einer anderen Klasse hingegen wird diese Strukturierungsmöglichkeit im Plenum nicht angesprochen und von den Kindern entsprechend kaum genutzt. Auch bei den Texten ohne abgesetzte Überschrift finden sich bei manchen Spielerklärungen zu Beginn des Textes Sätze, die die syntaktische Struktur von Überschriften aufweisen. Sie wurden in die Analyse miteinbezogen.

Die Schülerinnen und Schüler nutzen folgende Möglichkeiten als Überschrift:

a)   Gleichsetzungsnominativ
Beispiele: (18)   mein Lieblingsspiel ist Inleinerfahren.
(19)   Mein Lieblingsspiel heist eis hoki
(20)   Billard ist mei Lieblinsspiel!

---

14   Unter «scaffolding» versteht Bruner (1974/75;1979) das unterstützende Sprachhandeln älterer Gesprächspartner.

Hier wird die Überschrift mittels Gleichsetzungsnominativ und dem Kopulaverb *sein* oder dem kopulaähnlichen Verb *heißen* gebildet. Die Formulierung tritt in den Texten der 2. Klassen dreimal, in der 3. Klasse nur einmal auf. Während in den Beispielen (18) und (19) die Satzstellung Subjekt – Prädikat – Objekt realisiert wird, sind in Beispiel (20) Subjekt und Objekt umgestellt. Die dadurch entstehende Hervorhebung des Spielnamens wird durch die Exklamation am Ende noch verstärkt. Insgesamt ähnelt diese Form der Überschrift einer «Antwort» auf die Frage «Was ist dein Lieblingsspiel?» aus der Aufgabenstellung. Der Überschrift wird also das für den mündlichen Diskurs typische Frage-Antwort-Muster zugrunde gelegt.

b) mit Aspektdeixis *so*
Beispiele: (21) Basketball Get so
            (22) So spielt man Schach
            (23) So spielt man Fußball

In diesen Beispielen nutzen die Kinder die Aspektdeixis *so* in ihrer katadeiktischen Funktion. Diese Form der Überschrift tritt in der Jahrgangsstufe 2 nur einmal, in der Jahrgangsstufe 3 zweimal auf. Der Einsatz der Aspektdeixis *so* ist – wie oben bereits ausführlich beschrieben – ein im mündlichen Diskurs übliches sprachliches Mittel, um H auf die folgenden Propositionen neuzufokussieren. H soll sich auf eine längere Sprechhandlungsverkettung einstellen. Die Schülerinnen und Schüler nutzen das diskursive Mittel *so* für ihre Überschriften, ohne zu bemerken, dass das Setzen einer Überschrift im Schriftlichen diese Funktion übernimmt. Diese Beispiele machen deutlich, dass sie den Zweck der Überschrift noch nicht vollständig verstanden haben. Sie setzen die ihnen diffus bekannten schriftsprachlichen Mittel ein, verzichten aber noch nicht auf die ihnen vertrauteren mündlich-diskursiven Mittel. So kommt diese Doppelung zustande.

Ein weiteres dem Mündlichen zuzuschreibendes Merkmal ist in Beispiel (21) die Verwendung des generalisierenden Verbs *gehen* statt des spezifischeren Ausdrucks *spielen*. Der Ausdruck *gehen* umfasst Funktionsweisen verschiedenster Sachverhalte und Objekte. Hingegen spezifiziert der Ausdruck *spielen* die möglichen Tätigkeitsbereiche auf genau eine Handlungsoption. Zudem wird in den Beispielen (22) und (23) statt einer Personaldeixis die entpersonalisierte Form *man* gewählt, wodurch eine Abstraktionsleistung durch die Abgrenzung vom partikularen Erlebniswissen der Schülerinnen und Schüler erkennbar wird. Nach den Ergebnissen Pohls (2007) hängt dies vermutlich auch mit der Textart *Instruktion* zusammen. Er hat festgestellt, dass gerade bei dieser Textart Kinder nur sehr selten auf die Personaldeixis zurückgreifen. Die Verwendung von *man* ist allerdings kein Mittel des Schriftlichen. Beim Blick auf die Daten (vgl. die Beispiele (2), (11) und (16)) lässt sich auch bei den mündlichen Spielinstruktionen eine hochfrequente und durchgängige Nutzung dieses generalisierenden Mittels ausmachen.

c) Nominalphrase (Nominalsyntagma)

Beispiele: (25)   einmal Bürüran
         (26)   Ein auf hoch
         (27)   ferstecken

Als dritte Möglichkeit für die Überschrift wählen die Schülerinnen und Schüler das verblose Nominalsyntagma, mit dem sie einfach das zu erklärende Spiel benennen. Diese Variante wurde am häufigsten gewählt; siebenmal in der Jahrgangsstufe 2 und sogar zwölfmal in der Jahrgangsstufe 3. Während die Schülerinnen und Schüler der zweiten Klasse solche Überschriften häufig mittels Interpunktion kenntlich machten, wählten jene der dritten Klasse zumeist eine optische Absetzung durch einen Absatz. Hier zeigt sich mit dem Fehlen des Verbs bereits eine syntaktisch typische Struktur von Überschriften, deren Zweck es wiederum ist, eine propositionale Bündelung des nachfolgenden Textes vorzunehmen.

3.7 Die Spielregel als Strukturierungshilfe

Die Spielregel wird in den schriftlichen Texten als Hilfsmittel zur Textstrukturierung genutzt. Durch Nummerierung eröffnet sie den Kindern Möglichkeiten, die ihnen für die Schriftsprache ansonsten noch fehlen. Die Spielregel dient in diesem Fall der für die Instruktion notwendigen *Gliederungsmarkierung* oder *formalen Folgerichtigkeit* (Ehlich 1994b). Ein Blick auf die Spielforschung zeigt, dass sich Kinder erst ab dem Alter von 6 bis 7 Jahren das durch ein komplexes Regelwerk gekennzeichnete Regelspiel langsam aneignen (vgl. Elkonin 1980, Piaget 1983). Besonders das Konzept der Regel ist über längere Zeit noch nicht vollständig angeeignet (vgl. Rehbock & Rehbock 1983). Schwierigkeiten bereitet Kindern im Alter von 8 bis 9 Jahren vor allem die Funktion von Regeln. Die Spielregel bestimmt die Voraussetzungen für das Spiel sowie den Ablauf des Spiels. Sie bestimmt also die Spielbedingungen, nicht jedoch das Ziel des Spiels. Dieses wird erst durch die Kombination von Regeln deutlich.

Im folgenden Beispiel erkennt man an der Nutzung des Begriffs «Regel», dass die Schülerin das Konzept noch nicht vollständig erworben hat.

Beispiel (27):

Chaly Chempin: Klatschspiel Regeln / **Regel Nr: 1** es gipt verschidene versionen. / fon dem spiel. **Regel Nr: 2** gewonen hat man wen / man am lengste Spagat machen kan (Nora, 2. Kl., 7;10 Jahre)

Unter «Regel Nr: 1» formuliert Nora keine echte Spielregel, sondern gibt einen Hinweis auf mögliche Spielvarianten. Unter der zweiten Regel wird hingegen das Ziel des Spiels formuliert, das auch nicht im engen Sinne zum Regelwerk eines Spiels zählt, sondern vielmehr – bei geschickter Anwendung der Regeln – das gewünschte Spielprodukt ist. Ein Teil einer Regel wird verbalisiert, indem der Weg zum Ziel dargestellt wird (*wen man am lengste Spagat machen kan*). Die zweite Regel ist also eine Kombination aus einer Regel und dem Ziel des Spiels. Auch wenn man bei diesem Beispiel davon ausgehen kann, dass das Konzept der Spielregel noch nicht gänzlich erfasst ist, nutzt die Schülerin die «typisch schriftliche» Schreibung der Regeln (mittels dem Ausdruck *Regel* + abgekürzte Variante des Ausdrucks *Nummer*, also *Nr* + Interpunktionszeichen: + Ziffer), um ihre Sätze zu gliedern. Auf diese Weise umgeht sie die Schwierigkeit, andere Gliederungsmittel wie Konnektoren wählen zu müssen. Die Schülerin greift also auf eine außerordentlich schriftsprachliche Gliederungsmöglichkeit von Instruktionen zurück und kommt damit nicht in die Verlegenheit, zwischen «mündlicheren» Gliederungsmitteln (wie *also*) und «schriftlicheren» Gliederungsmitteln (wie Spiegelstriche, Absätze, Ausdrücke *wie folgt*) wählen zu müssen.

Auch im folgenden Beispiel wird das Konzept der Regel als Gliederungsmittel eingesetzt.

Beispiel (28):

Ein auf hoch / **Regel. Nr(1)** einer geht ins Tor / **Regel. Nr(2)** den Ball hochspielen / Zu einem anderen Spieler spielen und der kann / dann drauf schießen man kann / aber auch rauf Köpfen Oder / ein Fallrückzieher machen **Regel. Nr(3)** / wenn mann ins Tor Köpfst / zählt 2 Leben abzug und / bei Fallrückzieher zählt 3 Leben / abzug **Regel. Nr(4)** der Torwart / hat 6 Leben und Alle anderen spieler / habe 5 Leben **Regel (5)** Das ziel des Spieles der / erste der Null Leben hat Verloren (Jan & Kai, 2. Kl., 8;6 & 8;7 Jahre)

In diesem Beispiel ist das Konzept der Spielregel genauer erfasst als in der Instruktion von Nora, die ein Jahr jünger ist. Dennoch finden sich auch hier als «Regel» bezeichnete Äußerungen (wie bspw. Regel 5), die bei genauerer Betrachtung keinen Regelcharakter haben. So wird in «Regel (5)» das Ziel des Spiels verbalisiert, indem die Bedingungen zur Feststellung des Verlierers beschrieben werden. Zudem sind in Regel 1 nur einzelne propositionale Elemente als eigene Regel gefasst, in Regel 2 werden hingegen mehrere Propositionen unter einer Regel zusammengefasst. Eine einheitliche Verwendung des Konzepts *Regel* ist also auch hier noch nicht gegeben. Gleichwohl zeigt dieses Beispiel eine bereits sehr elaborierte Spielinstruktion, die besonders durch eine gut nachvollziehbare Reihenfolge der einzelnen Spielschritte zum Ziel des Spiels führt. Bezüglich der Interpunktion ist dieses Beispiel interessant, weil eine Vielzahl interpunktorischer Mittel genutzt wird, um die Strukturierung des Textes mittels nummerierter Regeln deutlich zu machen. Es ist zu vermuten, dass die Strukturierungsplanung der Verfasser sogar so weit ging, die einzelnen Regeln jeweils auf einer neuen Zeile beginnen zu lassen (s. Regeln 1 und 2), diese Planung wegen Platzmangels im Verlauf der Textproduktion allerdings revidiert werden musste.

Der Bezug auf Spielregeln ist interessanterweise nur in der Klasse zu beobachten, in der die Lehrperson im Plenum das Konzept der Regel bereits ausführlicher besprochen hat. Die Schülerinnen und Schüler haben dieses Konzept als Gliederungsmöglichkeit aufgegriffen und versuchsweise umgesetzt. Anstatt auf ihre bereits erworbenen Gliederungsmöglichkeiten des mündlichen Diskurses zurückzugreifen, nutzen die Kinder das genuin schriftliche Gliederungsmittel für ihren Text.

4. Ergebnisse und ihre Umsetzung in die Praxis

Die Analyse zeigt, dass Schülerinnen und Schüler der Jahrgangsstufe 2 und 3 im mündlichen Diskurs bereits über elaborierte sprachliche Fähigkeiten verfügen, um in Spielinstruktionen Hörerorientierung herzustellen und aufrechtzuerhalten sowie komplexe Sprecher- und Hörerpläne auszubilden. Diese diskursiven Fähigkeiten transferieren sie z. T. in ihre schriftlichen Texte. So entsteht an mancher Stelle ein «mündlicher Duktus». Die Daten zeigen aber auch, dass die Schülerinnen und Schüler die von der Lehrperson angebotenen schriftlichen Strukturierungshilfen aufnehmen und umzusetzen versuchen. Dabei probieren sie diverse Mittel der Sprache aus (wie z. B. Mittel der Interpunktion). Schwierigkeiten bereitet besonders die zerdehnte Sprechsituation beim Schreibprozess. Auch der Planungsprozess wird in vielen Fällen direkt aus dem mündlichen Diskurs in den schriftlichen Text übertragen. Offensichtlich orientieren sich die Schülerinnen und Schüler bei der Textplanung noch an den Voraussetzungen mündlicher Sprachproduktion mit ihren zeitlichen Restriktionen. Unter Umständen haben sie die Möglichkeiten der umfangreichen und zeitlich intensiveren Planungsphase beim schriftlichen Text noch nicht erkannt[15]. Vielleicht erfordert auch der Schreibprozess selbst noch die gesamten Kapazitäten der Kinder. Entsprechend findet in der Regel keine Textüberarbeitung statt. Dass Leserorientierung und Leserplanbildungen beim Schreiben von Texten antizipierend vorgenommen werden müssen, ist noch nicht allen Schülerinnen und Schülern bewusst. Sie können ihre bereits elaborierten produktiven und rezeptiven Fähigkeiten der diskursiven Verständnissicherung und deren dortige Funktion noch nicht auf ihre schriftliche Textproduktion übertragen.

Für Kinder, die am Übergang vom mündlichen Diskurs zum schriftlichen Text stehen, ist es wichtig, ihre diskursiven Fähigkeiten für die schriftliche Textproduktion nutzbar zu machen. So haben sie für die Produktion von schriftlichen Texten einen ersten Anhaltspunkt. Ein mögliches Unterrichtsthema (über mehrere Unterrichtseinheiten) könnte wie folgt aussehen:

1. Instruktionen im Plenum anregen:
   ▪ bereits erworbene Diskursart auswählen (wie Instruktion oder Beschreibung) und im Stuhlkreis von mehreren Kindern erfragen,
   ▪ darauf achten, dass Verständnissicherung gegeben ist (z. B.: Erklärt einem anderen Kind, wie das Spiel geht.),
   ▪ notwendiges Vokabular aktivieren: Kinder, die viele nonverbale Mittel einsetzen, dazu auffordern, alles zu versprachlichen (z. B.: Kannst du uns mal sagen, wie man diese Bewegung nennen könnte?) und unterstützend eingreifen.
2. Hinweise zum Verfassen von Texten:
   ▪ Welche Gliederungsmittel gibt es im Schriftlichen? Überschriften, Listungen, bestimmte Reihenfolgen etc.
   ▪ Was war bei der mündlichen Instruktion unklar? Wo gab es Verständnisschwierigkeiten?
   ▪ Planungsprozess ansprechen: Erst überlegen, was und in welcher Reihenfolge man schreiben will (evtl. Notizen machen).
3. Schreiben der Texte:
   ▪ allein oder in Partnerarbeit,
   ▪ individuelle Hilfe.

---

15 «Im Mündlichen ist die Planung eines Sprechaktes wegen der Beschränktheit der Gedächtniskapazität und der Unkalkulierbarkeit der Reaktionen des Gesprächspartners prinzipiell eingeschränkt. Im Schriftlichen kann ein Sprechakt prinzipiell beliebig lange geplant werden, bevor er geäußert wird. Die Planung des Sprechaktes wird zu einer eigenen Handlung.» (Becker-Mrotzek 1997, S. 66)

4. Überarbeitung[16] der Texte im Plenum:

▪ Was klingt mündlich? Warum? Kann man es weglassen oder ersetzen?

▪ Kann man die Instruktion verstehen (z. B. nachspielen)? Wenn ja: Was ist gut? Wenn nein: Was kann man besser machen?

5. Einzelüberarbeitung der Texte:

▪ Jede Schülerin/jeder Schüler überarbeitet ihren/seinen Text,

▪ individuelle Hilfe.

Literatur

Andresen, Helga (2005): Vom Sprechen zum Schreiben. Sprachentwicklung zwischen dem vierten und siebten Lebensjahr. Stuttgart: Klett-Cotta.

Becker-Mrotzek, Michael (1997): Schreibentwicklung und Textproduktion: Der Erwerb der Schreibfertigkeit am Beispiel der Bedienungsanleitung. Opladen: Westdeutscher Verlag.

Bereiter, Carl & Scardamalia, Marlene (1987): The psychology of written composition. Hillsdale N.J. u. a.: Erlbaum.

Bruner, Jerome (1979): Von der Kommunikation zur Sprache. Überlegungen aus psychologischer Sicht. In: Martens, Karin (Hrsg.): Kindliche Kommunikation. Theoretische Perspektiven, empirische Analysen, methodologische Grundlagen. Frankfurt/Main: Suhrkamp, S. 9–60.

Bührig, Kristin (1996): Reformulierende Handlungen. Zur Analyse sprachlicher Adaptierungsprozesse in institutioneller Kommunikation. Tübingen: Narr.

Dittmar, Norbert (2002): Lackmustest für funktionale Beschreibungen am Beispiel von *auch* (Fokuspartikel, FP), *eigentlich* (Modalpartikel, MP) und *also* (Diskursmarker, DM). In: Fabricius-Hansen, Cathrine/Leirbukt, Oddleif & Letnes, Ole (Hrsg.): Modus, Modalverben, Modalpartikeln. Trier: Wissenschaftlicher Verlag Trier, S. 142–177.

Ehlich, Konrad (1983): Text und sprachliches Handeln. In: Assmann, Aleida/Assmann, Jan & Hardmeier, Christof (Hrsg.): Schrift und Gedächtnis. Beiträge zur Archäologie der literarischen Kommunikation. München: Fink, S. 24–43.

Ehlich, Konrad (1986): Der Normverstoß im Regelwerk. Über den Solözismus. In: Klein, Wolfgang (Hrsg.): Sprachverfall? Göttingen: Vandenhoeck & Ruprecht, S. 74–91.

Ehlich, Konrad (1987): *so* – Überlegungen zum Verhältnis sprachlicher Formen und sprachlichen Handelns, allgemein und an einem widerspenstigen Beispiel. In: Rosengren, Inger (Hrsg.): Sprache und Pragmatik. Lunder Symposium 1986. Malmö: Almqvist & Wiksell International, S. 279–298.

Ehlich, Konrad (1994a): Funktion und Struktur schriftlicher Kommunikation. In: Günther, Hartmut & Ludwig, Otto u. a. (Hrsg.): Schrift und Schriftlichkeit/Writing and Its Use. (HSK 10.1). Berlin/New York: de Gruyter, S. 18–41.

Ehlich, Konrad (1994b): Verweisungen und Kohärenz in Bedienungsanleitungen. Einige Aspekte der Verständlichkeit von Texten. In: Ehlich, Konrad/Noack, Claus & Scheiter, Susanne (Hrsg.): Instruktion durch Text und Diskurs. Zur Linguistik «Technischer Diskurse». Opladen: Westdeutscher Verlag, S. 116–149.

Ehlich, Konrad (1996): Funktional-Pragmatische Kommunikationsanalyse: Ziele und Verfahren.

---

16 Zu Textüberarbeitungen mit möglichen Vorgehensweisen vgl. Held 2006.

In: Hoffmann, Ludger (Hrsg.): Sprachwissenschaft. Ein Reader. Berlin/New York: de Gruyter, S. 183–201.

Ehlich, Konrad & Rehbein, Jochen (1976): Halbinterpretative Arbeitstranskriptionen (HIAT). In: Linguistische Berichte 45, S. 21–46.

Ehlich, Konrad & Rehbein, Jochen (1986): Muster und Institution. Untersuchungen zur schulischen Kommunikation. Tübingen: Narr.

Elkonin, Daniil B. (1980): Psychologie des Spiels. Köln: Pahl-Rugenstein.

Feilke, Helmut (2003): Textroutine, Textsemantik und sprachliches Wissen. In: Linke, Angelika u. a. (Hrsg.): Sprache und mehr. Ansichten einer Linguistik der sprachlichen Praxis. Tübingen: Niemeyer, S. 209–229.

Fiehler, Reinhard (2005): Gesprochene Sprache. In: Duden. Die Grammatik. 7. Auflage. Mannheim: Dudenverlag, 2005, S. 1175–1256.

Füssenich, Iris (2011): Vom Sprechen zur Schrift. Was Erwachsene über den Erwerb der Schrift im Elementarbereich wissen sollten. Eine Expertise der Weiterbildungsinitiative Frühpädagogische Fachkräfte (WiFF). München: Deutsches Jugendinstitut e.V..

Garlin, Edgardis (2000): Bilingualer Erstspracherwerb. Sprachlich handeln, Sprachprobieren, Sprachreflexion. München: Verlag für Sprache und Sprachen.

Grießhaber, Wilhelm (2009): L2-Kenntnisse und Literalität in frühen Lerntexten. In: Ahrenholz, Bernt (Hrsg.): Empirische Befunde zu DaZ-Erwerb und Sprachförderung. Freiburg i.Br.: Fillibach, S. 115–135.

Held, Ursula (2006): Textüberarbeitung in der Grundschule. Frankfurt/Main: Peter Lang.

Hoffmann, Ludger (1984): Zur Ausbildung der Erzählkompetenz: eine methodische Perspektive. In: Ehlich, Konrad (Hrsg.): Erzählen in der Schule. Tübingen: Narr, S. 202–222.

Hoffmann, Ludger (1997): C4 3. Ellipse. In: Zifonun, Gisela/Hoffmann, Ludger & Strecker, Bruno (Hrsg.): Grammatik der deutschen Sprache. Berlin/New York: de Gruyter, S. 409–443.

Hohenstein, Christiane (1999): Sprecherexothesen im Japanischen (I): Vokallängung und «ano». In: Bührig, Kristin & Matras, Yaron (Hrsg.): Sprachtheorie und sprachliches Handeln. Festschrift für Jochen Rehbein zum 60. Geburtstag. Tübingen: Stauffenburg, S. 265–279.

Kameyama, Shinichi (2004): Verständnissicherndes Handeln. Zur reparativen Bearbeitung von Rezeptionsdefiziten in deutschen und japanischen Diskursen. Münster u. a.: Waxmann.

Klann-Delius, Gisela/Blaschko, Klaus/Hausendorf, Heiko/Kock, Horst/Richter-Johanningmeier, Jürgen & Salzmann, Gerlinde (1985): Untersuchungen zur Entwicklung von Diskursfähigkeit am Beispiel von Spielerklärungen. Berlin: Freie Universität Berlin.

Koch, Peter & Oesterreicher, Wulf (1985): Sprache der Nähe – Sprache der Distanz. Mündlichkeit und Schriftlichkeit im Spannungsfeld von Sprachtheorie und Sprachgeschichte. In: Deutschmann, O.: Romanistisches Jahrbuch, Nr. 36,, S. 15–43.

Komor, Anna (2010): Miteinander kommunizieren – Kinder unter sich. Eine empirische diskursanalytische Untersuchung zur Ausbildung kindlicher Kommunikationsfähigkeit. Münster: Waxmann.

Konerding, Klaus-Peter (2004): Semantische Variation, Diskurspragmatik, historische Entwicklung und Grammatikalisierung. Das Phänomenspektrum der Partikel *also*. In: Pohl, Inge & Konerding, Klaus-Peter (Hrsg.): Stabilität und Flexibilität in der Semantik. Strukturelle, kognitive, pragmatische und historische Perspektiven. Frankfurt/Main u. a.: Peter Lang, S. 199–237.

Kuczaj, Stan A. & McClain, Leslie (1984): Of Hawks and Moozes: The fantasy narratives produced by a young child. In: Kuczaj, Stan A. (Hrsg.): Discourse Development. Progress in cognitive development research. New York: Springer, S. 125–147.

Meng, Katharina/Kraft, Barbara & Nitsche, Ulla (1991): Kommunikation im Kindergarten. Berlin: Akademie-Verlag.

Piaget, Jean (1983): Das moralische Urteil beim Kinde. Stuttgart: Klett-Cotta, Orig. 1932.

Pohl, Thorsten (2007): Einzelanalyse der Textsorte Instruktion. In: Augst, Gerhard et al. (Hrsg.): Text – Sorten – Kompetenz. Eine echte Longitudinalstudie zur Entwicklung der Textsortenkompetenz im Grundschulalter. Frankfurt/Main u. a.: Lang, S. 121–166.

Redder, Angelika (1987): Modalverben im kindlichen Diskurs. Überlegungen zu ihrer Aneignung. In: Wagner, Klaus R. (Hrsg.): Wortschatz-Erwerb. Frankfurt/Main: Lang, S. 30–58.

Redder, Angelika (1989): Konjunktionen, Partikeln und Modalverben als Sequenzierungsmittel im Unterrichtsdiskurs. In: Weigand, Edda & Hundsnurscher, Franz (Hrsg.): Dialoganalyse II, Bd. 2. Tübingen: Niemeyer, S. 395–407.

Rehbein, Jochen (1996): Ausgewählte Aspekte der Pragmatik. In: Hoffmann, Ludger (Hrsg.): Sprachwissenschaft. Ein Reader. Berlin/New York: de Gruyter, S. 106–131.

Rehbock, Helmut & Rehbock, Roswitha (1983): Regelfindung und Konfliktaustragung in Spielinteraktionen von Grundschulkindern. In: Boueke, Dietrich & Klein, Wolfgang (Hrsg.): Untersuchungen zur Dialogfähigkeit von Kindern. Tübingen: Narr, S. 97–138.

Mündliche und schriftliche Texte verstehen: Hör- und Leseverstehen in der Primarschule im Vergleich

Nora Knechtel

Der folgende Beitrag präsentiert erste Ergebnisse eines Dissertationsprojekts, das in Form einer Längsschnittstudie Hör- und Leseverstehensleistungen von Primarschülerinnen und -schülern vergleichend untersucht. Das Projekt schliesst sich an ein Nationalfondsprojekt des Zentrums Lesen (Pädagogische Hochschule der FHNW) an, welches in einem zweijährigen Längsschnitt die Literalitätsentwicklung in altersgemischten Eingangsstufenklassen und deren Förderung im Unterricht untersucht (zu dem SNF-Projekt «Literalitätsentwicklung in der Schuleingangsstufe» vgl. Schneider et al. 2010). Die teilnehmenden Schülerinnen und Schüler der Promotionsstudie wurden aus der Projektstichprobe gewählt. 32 Kinder nahmen zu drei Messzeitpunkten jeweils an einem Hör- und einem Leseverstehenstest teil.

Es ist noch wenig bekannt, inwieweit Leistungen im Bereich des Zuhörens die Leistungen im Bereich des Leseverstehens beeinflussen. Im Rahmen der Grundfrage nach dem Anteil und Zusammenspiel von Fähigkeiten des Hör- und Leseverstehens für den Schriftspracherwerb ist das Projekt angesiedelt. Konkret widmet es sich der Frage, inwieweit sich Zusammenhänge von Hör- und Leseverstehen beobachten lassen und welcher Art diese Zusammenhänge sind. Hinsichtlich der Förderung in der Praxis ist noch ungeklärt, inwiefern frühe Lesekompetenzen mit frühen Hörverstehenskompetenzen in Verbindung stehen. Es wird deshalb gefragt, ob und wie sich Lesende, die über ein gutes Textverstehen bei schriftlichen Texten verfügen, von schwächeren Leserinnen und Lesern im Verstehen von Hörtexten unterscheiden. Zwei Verständnisdimensionen werden dabei in die Analyse einbezogen: das Nachvollziehen der propositionalen Struktur von Texten – auch lokale Kohärenzherstellung – sowie Aspekte hierarchiehoher Verstehensprozesse – mentales Modell oder Situationsmodell (van Dijk & Kintsch 1983, Johnson-Laird 1983).

Der Zusammenhang von Hör- und Leseverstehen bei Kindern wurde bisher vor allem anhand lokaler Kohärenzherstellungsprozesse untersucht und beschrieben (Marx & Jungmann 2000), jedoch ist über die Verstehensprozesse auf der Textebene gerade in dieser Altersstufe noch wenig bekannt (Behrens 2010; Behrens, Böhme & Krelle 2009). Entwicklungs- und lerngeschichtlich ist das Leseverstehen dem Hörverstehen nachgeordnet. Die Ausbildung von Hörverstehensfähigkeiten setzt bereits lange vor dem Eintritt in den Kindergarten oder die Schule ein, wohingegen sich Lesefähigkeiten erst später und ebenfalls zu individuell verschiedenen Zeitpunkten entwickeln. Während zur Entwicklung der Lesekompetenz empirisch breit abgestützte Erkenntnisse vorliegen, ist die Entwicklung des Hörverstehens unter schulischen Bedingungen noch wenig untersucht. Einzelne Ergebnisse weisen darauf hin, dass sich Zuhörkompetenzen weit vor Kindergarten- und Primarschulzeit ausbilden, sich jedoch im Laufe der Grundschule noch weiter entwickeln und daher gezielt gefördert werden können.

Die Studie soll zur Klärung der Zusammenhänge von Hör- und Leseverstehensleistung beitragen, insbesondere, was Verstehensprozesse auf hierarchiehöheren Ebenen (mentale Modellbildung) betrifft. Für diese Verstehensebenen wird im Allgemeinen von einer Gleichheit oder zumindest starken Überlappung der Leistungen beim Zuhören und Lesen ausgegangen (Behrens, Böhme & Krelle 2009, S. 358). Für jüngere Schülerinnen und Schüler lässt sich annehmen, dass sich hierarchiehöhere Leistungen in den rezeptiven Domänen aufgrund mangelnder Lesefähigkeiten noch deutlicher unterscheiden.

Der vorliegende Beitrag setzt hierzu mit Hinweisen zu den beiden Kompetenzdimensionen Leseverstehen und Hörverstehen ein. Grundlegende Gemeinsamkeiten und Unterschiede der beiden Verstehensprozesse werden skizziert (Kapitel 1). Anschliessend wird die Modellvorstellung des Simple-View-of-Reading-Ansatzes referiert, einer Theorie aus dem angloamerikanischen Raum, die einen Vergleich von Lese- und Hörverstehensfähigkeiten in der Primarschule für die Erklärung von Leseverstehensschwächen eingesetzt hat (Kapitel 2). Im Weiteren werden das Design der Studie und in Skizzen die Testmaterialien vorgestellt (Kapitel 3) sowie erste Zwischenergebnisse dargelegt (Kapitel 4). Bezugnehmend auf die der Studie zugrundeliegende These, dass Hör- und Leseverstehen von der Didaktik mit Blick auf Fördersituationen im Unterricht in einem viel stärkeren Zusammenhang wahrgenommen werden können als dies bisher der Fall ist, wird der Beitrag mit Hinweisen abschliessen, die von einer engeren Verzahnung von Hör- und Leseangeboten in Fördersituationen im Unterricht ausgehen und aufzeigen, welche Formen eine solche Verzahnung annehmen kann (Kapitel 5).

1. Differenzen und Kongruenzen beim Hör- und Leseverstehen

Zum Hör- und Leseverstehen gehören verschiedene Teilfähigkeiten und -fertigkeiten, auch Wissensbestände und Leistungen, die sich über die Erfahrung mit bestimmten Textformaten aufbauen (vgl. u. a. Wieler 1997). Im Folgenden interessieren solche Ansätze, auf deren Grundlage unterschiedliche und gemeinsame Kompetenzdimensionen benennbar sind.

In der Regel werden Lesen und Zuhören bzw. Hörverstehen in der Deutschdidaktik verschiedenen Kompetenzdomänen zugeordnet. Die Domänen sind bislang unabhängig voneinander in verschiedenen Forschungszusammenhängen empirisch untersucht worden. Erst in jüngerer Zeit wird vermehrt die Schnittstelle Hörverstehen/Leseverstehen in den Blick genommen (vgl. etwa verschiedene Beiträge in Bernius & Imhof 2010).

Hör- und Leseverstehen sind aktiv-konstruktive Prozesse: Aus gelesener oder gehörter Information wird unter Einbezug von Welt- bzw. Vorwissen Bedeutung generiert. *Verstehen* entsteht also durch das Zusammenwirken zweier Verarbeitungsrichtungen: vom Text (bottom up) und vom Rezipienten oder von der Rezipientin ausgehend (top down; Christmann 2010, S. 148). Dabei werden hierarchisch strukturierte Teilprozesse angenommen. Von hierarchietiefen zu hierarchiehohen Ebenen lassen sich verschiedene Prozessebenen unterscheiden. Diese sind jedoch nicht als sequenziell, sondern vielmehr als interagierend zu denken:

- Lese- und Hörverstehen setzen mit der Identifikation von Buchstaben und Lauten ein. Beim Zuhören werden dazu zunächst auditive, beim Lesen visuelle Reize aufgenommen und verarbeitet. Den Wörtern wird mithilfe des inneren Lexikons Bedeutung zugeschrieben.
- Benachbarte Wörter und Sätze werden entsprechend ihrer semantischen und syntaktischen Aspekte miteinander in Beziehung gesetzt.
- Inhaltselemente aus der hierarchieniedrigeren Verarbeitungsebene (Propositionen) werden miteinander verknüpft (lokale Kohärenzherstellung). Informationen ganzer Textteile werden – unter Einfluss von Vor- und Weltwissen sowie von Rezeptionsinteressen und -zielen (für das Lesen: Christmann 2010, S. 167) – aufeinander bezogen. Dieser Ablauf wird von schlussfolgernden Prozessen (Inferenzen, Elaborationen) begleitet. Das Ergebnis ist ein sogenanntes Situationsmodell bzw. mentales Modell (Johnson-Laird 1983; van Dijk & Kintsch 1983) vom Text. Diese hierarchiehöheren Verstehensergebnisse erweisen sich

als besonders resistent gegenüber dem Vergessen (Christmann 2010, S. 169 ff.), d. h. die repräsentierten Inhalte werden am besten erinnert (vgl. z. B. Zwaan & Singer 2003).

Lese- und Hörverstehen sind Informationsverarbeitungsprozesse, für die Rezipierende demnach verschiedene Dimensionen ihres Sprachverstehens aktivieren (semantisches und syntaktisches Wissen u. a.m., vgl. Imhof 2010, S. 21). Um Sinn (re-) konstruieren zu können, müssen sich noch weitere Leistungen des Hör- und Leseverstehens anschliessen, wie zum Beispiel der Einsatz von Verstehensstrategien oder die Überwachung und Kontrolle des Verstehensergebnisses (u. a. Imhof 2010, S. 25 f.).

Bei hierarchieniedrigeren Prozessen bestehen Differenzen zwischen Hör- und Leseverstehen, die unter anderem durch die Merkmale des rezipierten (Text-)Materials bedingt sind:

- Hörverstehen ist im Gegensatz zum Leseverstehen multimodal (vgl. Imhof 2010, S. 18), neben sprachlichem Material im engeren Sinn müssen auch para- und nonverbale Merkmale in den Verstehensprozess einbezogen werden. Wichtig für das Hörverstehen ist dabei beispielsweise das Dekodieren prosodischer Merkmale (zusätzliche verständnisrelevante Charakteristika: Betonung, Pausen; vgl. dazu auch Behrens, Böhme & Krelle 2009, S. 370).

- Zentrale Unterschiede in der Informationsverarbeitung beim Zuhören und Lesen ergeben sich aufgrund der Flüchtigkeit der mündlichen Sprache. Damit hat die Arbeitsgedächtniskapazität auf das Hörverstehen stärkeren Einfluss als auf das Lesen, weil bei Letzterem auf die Information wiederholt zugegriffen werden kann. Andrerseits können sich Rezipientinnen und Rezipienten beim Zuhören auf Informationsquellen beziehen, welche beim Leseverstehen wegfallen (para- und nonverbale Informationen: Mimik, Gestik).

- Beim Hörverstehen besteht im Unterschied zur schriftlichen Kommunikationssituation – und in Abhängigkeit von der jeweiligen Hörsituation – die Möglichkeit zur Intervention, zum Einsatz unterschiedlicher Strategien, z. B. Unterbrechen, Nachfragen u. a.

Mit Blick auf hierarchiehöhere Verstehensprozesse wird konstatiert, dass Verarbeitungsprozesse beim verstehenden Zuhören und Lesen zu vergleichbaren mentalen Modellen bzw. Situationsmodellen führen (vgl. Kürschner & Schnotz 2008).

2. Der Ansatz der «Simple View of Reading» (Gough & Tunmer 1986)

Seit längerem schon wird das Hörverstehen zur Erklärung eines Teils der Varianz in der Leseleistung herangezogen (Perfetti 1987; Oakhill & Garnham 1988). Besonders von den Vertreterinnen und Vertretern der sog. «Simple View of Reading Theory» (SVR-Theorie; Gough & Tunmer 1986) wird ein Zusammenhang von Hörverstehen und Entwicklung des Leseverstehens konstatiert (Chen & Vellutino 1997, Dreyer & Katz 1992, Gough & Tunmer 1986, Hoover & Gough 1990, Kendeou, Savage & van den Broek 2009, Marx & Jungmann 2000). Die SVR-Theorie gehört zu den monistischen Ansätzen, d. h. sie geht davon aus, dass Lese- und Hörverstehen weitgehend auf denselben Sprachverarbeitungsprozessen aufbauen bzw. durch gleiche Abläufe prozessiert werden, sodass sich beim Lesen und Hören gleiche Verstehensprozesse und gleiche Verständnisergebnisse einstellen[1]. Als zentrale vermittelnde Variable (Moderatorvariable) zwischen Hör- und Leseverstehen gilt der SVR-Theorie das Dekodieren auf Wortebene. Die Theorie geht demnach davon aus, dass sich das Leseverstehen aus einer allgemeinen Sprachverstehensleistung sowie aus der Fähigkeit, Wörter zu dekodieren (Graphem-Phonem-Korrespondenzen herzustellen), ergibt. Das allgemeine Sprachverstehen kann über das Hörverstehen operationalisiert werden. Je mehr das Dekodieren in automatisierten Prozessen abläuft, desto stärker nähert sich das Leseverstehen der allgemeinen Sprachverstehensfähigkeit an, d. h. desto kleiner wird der Varianz-Aufklärungsanteil der Dekodierfähigkeit und desto grösser derjenige des Sprachverstehens (Gough, Hoover & Peterson, 1996). Gestützt wird diese Annahme auch von empirischen Ergebnissen, die zeigen, dass die Korrelation zwischen Hör- und Leseverstehensleistungen mit dem Alter wächst; bei Erwachsenen nimmt die Korrelation einen Wert von r= .9 an (Gernsbacher, Varner & Faust, 1990).

Gough und Tunmer (1986) gehen davon aus, dass Leseverstehen sich aus Sprachverstehen (linguistic comprehension) und Dekodierfähigkeit (decoding) ergibt: «Reading Comprehension = Decoding x Linguistic Comprehension». Beide Fähigkeiten müssen in einem Mindestmass vorhanden sein, um Leseverstehen zu er-

---

1   Modelle und Theorien, welche eine Differenz von Prozessen beim Hören und Lesen auf mehreren oder allen Verstehensebenen konstatieren, werden als dualistische Theorien bezeichnet, diese werden hier nicht diskutiert (für einen Überblick s. z. B. Kürschner, Schnotz & Eid 2006).

reichen, daher werden sie multiplikativ verknüpft[2]. Leseverstehen wird dabei als ein Gesamtkonstrukt angesehen, innerhalb dessen nicht zwischen hierarchieniedrigen oder -höheren Teilleistungen unterschieden wird.

Die Bedeutsamkeit der konstituierenden Teilkompetenzen des Modells konnte empirisch nachgewiesen werden (Chen & Vellutino 1997, Johnston & Kirby 2006, Oakhill, Cain & Bryant 2003). Je nach Ausprägung von allgemeinem Sprachverstehen und Dekodierleistung ergibt sich gemäss den Modellannahmen ein Vier-Felder-Schema zum Leseverstehen:

Dekodierleistung	Sprachverstehen schwach	Sprachverstehen gut
schwach	«garden variety»	Dyslexie
gut	Hyperlexie	gute Leserinnen und Leser

Abb. 1: Leseschwächen (Quelle: Darstellung in Anlehnung an Hoover & Gough 1990)

Nach Hoover und Gough (1990) sind bei den guten Lesenden Sprachverstehen und Dekodierleistung gut ausgeprägt. Gemäss ihrem Modell gibt es drei Arten von Leseschwäche: Die erste Art von Leseschwäche entsteht trotz guter Dekodierfähigkeit aufgrund von schwach ausgeprägtem Sprachverstehen (Hyperlexie). Daneben kann Leseschwäche aufgrund von schwach ausgeprägtem Sprachverstehen bei gleichzeitig schwacher Dekodierleistung entstehen. Dieser Typ von schwachen Lesenden wird als «garden variety»-Typ im Modell aufgeführt. Die dritte Art von Leseschwäche ist die sogenannte «Dyslexie». Sie liegt laut Modell dann vor, wenn bei gutem Sprachverstehen die Dekodierleistung schwach ausgeprägt ist.

Im deutschen Sprachraum konnte die SVR-Theorie in Teilen repliziert bzw. bestätigt werden (Rost & Hartmann 1992, Marx & Jungmann 2000). Der Simple-View-of-Reading-Ansatz wird allerdings in der aktuellen Literatur als vereinfachend charakterisiert (Christmann 2010, S. 175): Das Modell differenziert beispielsweise nicht zwischen verschiedenen Verstehensebenen und verzichtet auf die Ausdifferenzierung weiterer Faktoren, die mit der Leseleistung zusammenhängen (z. B. Dekodiergeschwindigkeit, Wortschatzumfang u. a.). Daher wird in der folgenden Studie eine erweiterte bzw. modifizierte Form der SVR-Theorie zugrunde gelegt: Das Modell

---

2   Bezüglich der Frage, ob die Verknüpfung eher multiplikativ oder additiv (vgl. Chen & Vellutino 1997) erfolgen sollte, gibt es unter den Vertretern keine Einigkeit, unterschiedliche empirische Ergebnisse weisen auf Erklärungsmöglichkeiten beider Ansätze hin (vgl. Joshi & Aaron 2000).

wird dabei um zwei Einflussvariablen – die Dekodiergeschwindigkeit und einen Wert zur nonverbalen Intelligenz – erweitert (ähnlich auch bei Joshi & Aaron 2000). Im Unterschied zum SVR-Ansatz differenziert die Studie zudem zwischen hierarchieniedrigen und komplexeren Verstehensleistungen, da für die Entwicklung von Verstehensleistungen auch deren Zusammenwirken interessiert.

3. Hör- und Leseverstehen im Vergleich: Studie

In der Studie wird analysiert, welche Zusammenhänge von Hör- und Leseverstehensleistungen sich beobachten lassen und welcher Art diese Zusammenhänge sind. Im Folgenden werden ausgewählte erste Ergebnisse mit Fokus auf hierarchiehohe Verstehensprozesse (Aspekte mentaler Modellbildung) vorgestellt.

3.1 Fragestellung und Stichprobenwahl

Aus der gesamten Projektstichprobe (N=154) des eingangs erläuterten Forschungsprojekts zum Literalitätserwerb in den ersten Bildungsjahren wurden in einem ersten Schritt Kinder aus dem 3. Bildungsjahr[3] (dies entspricht der ersten Klasse Grund- bzw. Primarschule) ausgewählt, welche in einem ersten Lesetest (Salzburger Lesescreening 1–4; Mayringer & Wimmer 2005) mindestens einen Satz gelesen hatten (n=83). Von diesen Kindern wurden wiederum 30 herausgesucht, und zwar je 15 Lesende mit unterdurchschnittlichen und überdurchschnittlichen Ergebnissen im Lesetest, wobei die Gruppe noch von zwei weiteren Kindern aus der mittleren Leistungsgruppe ergänzt wurde. Die schwächsten Lesenden wurden nicht einbezogen, da ihre Lesefähigkeiten für das Lesen eines ganzen Textes noch zu schwach ausgeprägt waren.

Mit den ausgewählten 32 Kindern wurden zu drei Zeitpunkten im Abstand von jeweils sechs Monaten ein Hör- und ein Leseverstehenstest durchgeführt (Anfang der zweiten Klasse, Mitte der zweiten Klasse sowie Anfang der dritten Klasse). Ähn-

---

3   In der Schweiz wurde 2004/05 bis 2009/10 in elf Kantonen ein Schulversuch mit altersgemischten Eingangsstufenklassen durchgeführt. In den Klassen werden drei oder vier Jahrgänge zusammen in einer Klasse (Grund- oder Basisstufenklasse) unterrichtet. Näheres zum Pilotprojekt und zum Projekt des Zentrums Lesen ist nachzulesen in Schneider et al. 2010.

lichkeiten und Differenzen zwischen Hör- und Leseverstehen im Längs- und Querschnitt werden analysiert. Dabei wird geprüft, ob Schülerinnen und Schüler, deren Leseverstehensleistungen schwächer ausgeprägt sind, auch im Hörverstehen schwächere Verstehensleistungen zeigen und ob sich bestimmte charakteristische Merkmale in ihrem Verstehen in beiden Domänen zeigen.

3.2 Eingesetzte Erhebungsinstrumente

Für die Erhebungen der Leseverstehensleistung wurden mehrere Instrumente eingesetzt:

Mithilfe des ELFE-Leseverständnistests (ELFE 1–6, Lenhard & Schneider 2006) werden Wort- und Textlesefähigkeiten ermittelt (hierarchiehohe und hierarchieniedrige Lesekompetenzen). Ergänzt werden diese Daten durch solche, die mithilfe des Salzburger Lesescreenings im Projekt «Literalitätsentwicklung» erhoben wurden. Damit liegen standardisierte Testdaten zu hierarchieniedrigen Lesefähigkeiten (Automatisierung der Dekodierleistung) sowie zu hierarchiehöheren Leseverstehensleistungen (ELFE, Textleseteil) vor. Die Schülerinnen und Schüler absolvierten zudem einen nonverbalen Intelligenztest (Cultural Fair Test, Intelligenztest; Cattell, Weiss & Osterland 1997). Zur Beantwortung der eingangs geschilderten Forschungsfragen werden vor allem Ergebnisse aus einem eigens entwickelten Textverstehenstest eingesetzt. Dieser misst Lese- und Hörfähigkeiten anhand von strukturell und lexikalisch ähnlichen Texten mithilfe gleicher Items. Der Hörverstehenstest wurde aufgrund der Ähnlichkeit zum Leseverstehenstest jeweils *nach* diesem mit einem Abstand von vier bis sieben Tagen durchgeführt. Ergänzend wurden die Kinder zu ihrer literalen Motivation und ihrem literalen Verhalten und Selbstkonzept befragt.

Die folgende Übersicht zeigt die verschiedenen Erhebungszeitpunkte sowie die verwendeten Instrumente:

Zeitpunkt		Erhebungsinstrumente	Stichprobe
t0	02/09	Salzburger Lesescreening 1–4	Projektstichprobe (N=154)
		mündl. Fragebogen zu literalen Motivationen, literalem Verhalten	
t1	10/09	ELFE-Lesetest (Wort, Text)	
		Salzburger Lesescreening 1–4	
		Textverstehenstest (Lese-, Hörverstehen) A	
		mündl. Fragebogen zu literalen Motivationen, literalem Verhalten	
	02/10	CFT	
t2	05/10	ELFE-Lesetest (Wort, Text)	$n=32$ [4]
		Salzburger Lesescreening 1–4	
		Textverstehenstest (Lese-, Hörverstehen) B	
		mündl. Fragebogen zu literalen Motivationen, literalem Verhalten	
t3	09/10	ELFE-Lesetest (Wort, Text)	
		Salzburger Lesescreening 1–4	
		Textverstehenstest (Lesen-, Hörverstehen) A	
		mündl. Fragebogen zu literalen Motivationen, literalem Verhalten	

Abb. 2: Design und Erhebungsinstrumente

3.3 Lese- und Hörverstehenstests in der Studie

Zur vergleichenden Testung von Hör- und Lesekompetenz ist noch wenig bekannt.

Da entsprechendes Testmaterial zum Vergleich von rezeptiven Kompetenzen in der Altersstufe nicht vorliegt, bildet ein eigens konstruierter Textverstehenstest die Basis für den Vergleich der Hör- und Leseleistung. Inhaltlich parallel strukturierte Texte mit ähnlicher Lexik und parallele Items werden verwendet, um einen

---

4   Schülerinnen und Schüler aus dem 3. Bildungsjahr (entspricht 1. Klasse), daraus 15 über- und 15 unterdurchschnittlich Lesende, sowie 2 Schülerinnen und Schüler aus der mittleren Leistungsgruppe.

möglichst direkten Vergleich der beiden rezeptiven Fähigkeiten erreichen zu können. Die in den Tests eingesetzten Texte sind kurze Rahmenerzählungen (ca. 800 Wörter) mit beschreibenden Elementen. Sie werden entweder als Lese- oder als Hörtext angeboten.

Hörverstehen in der Erstsprache wird häufig in Form von schriftlichen Items (offene Fragen, Multiple-Choice-Aufgaben) getestet. Damit kommt es zu einer Vermischung von Hör- und Lesekompetenzen. Im vorliegenden Fall wird der Hör- und Lesetest jeweils mündlich durchgeführt. So kann davon ausgegangen werden, dass der Hörtest vor allem Hörverstehensleistungen abruft. Beim Lesetest kann es allenfalls zu einer Konfundierung von Hör- und Leseleistungen kommen, da die Fragen ebenfalls mündlich gestellt werden. Die mündliche Durchführung verhindert jedoch, dass eventuell mangelnde Kompetenzen bzw. Automatisierungen im Schreiben das Testergebnis beeinflussen bzw. verfälschen, was gerade bei der anvisierten Altersstufe wichtig ist. Durch die Testanlage konnte jedoch nicht vollständig vermieden werden, von sprachproduktiven Prozessen auf deren rezeptive Grundlage zurückzuschliessen.

Lese- und Hörtest werden in der vorliegenden Untersuchung in Form eines Einzelgesprächs durchgeführt. Die Schülerinnen und Schüler lesen bzw. hören den jeweiligen Text einmal. Anschliessend folgt ein dreiteiliger Textverstehenstest, welcher mündlich durchgeführt wird:

(a) Nacherzählung: Die Schülerinnen und Schüler erzählen die Geschichte der Versuchsleiterin nach.

(b) Standardisierter Fragenkatalog zum Text (Teil I): Die ersten Fragen beziehen sich vor allem auf hierarchieniedrige, eher textbasierte Verstehensergebnisse, wie zum Beispiel auf das Worterkennen und das Verstehen von Sätzen.

(c) Standardisierter Fragenkatalog zum Text (Teil II): An die Fragen, die sich vor allem auf explizite Textinformationen beziehen, schliessen solche an, die auf hierarchiehöhere Verstehensprozesse abzielen: Aus einzelnen Textelementen (z. B. Sätzen) wird dabei unter Einbezug von Vorwissen eine Bedeutung des Gesamttexts konstruiert (globale Kohärenzherstellung) – beispielsweise durch Anwendung von Textsortenwissen und/oder durch inferentielle Prozesse (Beispiele vgl. 4.1 und 4.2). Zu Ausschnitten aus diesem Testteil werden im Folgenden einzelne Schülerergebnisse vorgestellt.

Die Tondateien werden transkribiert und anschließend mithilfe qualitativer Inhaltsanalysen ausgewertet.

Die Hör- und Lesesituation sind einander angenähert: Für den Hörtest und den Lesetest werden Texte eingesetzt, die eher dem konzeptionell schriftlichen Register entsprechen. Gleichzeitig liegt der Lesetext den Probandinnen und Probanden nach einmaligem Lesen bei der Beantwortung der Fragen nicht mehr vor. Damit ist die schriftliche Textgrundlage im Merkmal «Flüchtigkeit» der mündlichen Situation angenähert: Die Belastungen des Kurzzeitgedächtnisses in punkto «Behaltensleistung» sollen dadurch in beiden Tests ähnlich gross sein. Die Abweichungen, die sich aufgrund dieses Settings für die Ergebnisse in der Leseleistung ergeben, werden insofern als weniger problematisch eingestuft, da der Test (Testteil II) schwerpunktmässig auf die mentale Modellbildung bzw. hierarchiehöhere Verstehensergebnisse abzielt, die am besten erinnert werden (s. o., aufgrund ihrer Verarbeitungstiefe), so zum Beispiel die Vorstellung über den zeitlichen Ablauf des Geschehens, welche bildgestützt erfragt wird (vgl. Bildbeispiele Abb. 4).

Anhand eines Musters soll im Folgenden der Textverstehenstest dargestellt werden.

Die Textgrundlage wird für die Lese- bzw. Hörsituation jeweils variiert (Namen der Protagonisten, Elemente der Raumgestaltung, Gegenstände u. a.). Die Grundstruktur der Texte (Rahmenhandlung, Binnentext mit mehreren Bezügen zur Rahmenhandlung, Märchenelement im Binnentext u. a.) bleibt dabei jedoch erhalten. Zum zweiten Zeitpunkt (t2) werden zwei andere Texte eingesetzt als zu den Zeitpunkten t1 und t3, um Erinnerungseffekte zu vermeiden.

Tina und Jan haben einen freien Nachmittag. Sie machen mit den Velos einen Ausflug. Wie immer ist Jan zuerst da. Er läuft voraus zum See. Das Wasser ist aber noch zu kalt zum Baden. Darum bauen sie Sandburgen an ihrer Lieblingsstelle, nicht weit von einer alten Hütte. Der See ist dort nicht tief und es ist ganz viel Sand zum Spielen da. Beim Graben stösst Jan auf etwas Hartes. Es ist eine Kiste mit einem Brief. Jan liest vor:

«Lieber Finder. Es lebte einmal ein Zauberer. Er hatte eine goldene Kette. Wer sie trug, konnte sich etwas wünschen. Damit die Kette nicht verloren geht, habe ich sie versteckt. Sie ist in der Nähe von meinem Holzhaus vergraben. Dort ist das Wasser nicht tief und der Sand ist weich.»

Jan wird aufgeregt. Er läuft los und will die Kette suchen. Tina folgt ihm.

Abb. 3: Textbeispiel aus dem Textverstehenstest A «Lesetest 1» (Einsatz zu t1 und t3)

Operationalisiert werden einzelne Elemente des mentalen Modells in Anlehnung an das Event-Indexing-Modell von Zwaan et al. (1995; Zwaan 1999), welches folgende fünf Elemente unterscheidet: Raum, Zeit, Kausalität, Person und Ziele.

Da Situationsmodelle stets durch Interaktion verschiedener Verstehensebenen entstehen, werden auch einzelne Propositionen und Verstehensergebnisse lokaler Kohärenzbildungsprozesse erfragt. Im Folgenden werden zwei Elemente des Situationsmodells betrachtet: die Vorstellung über den Ort des Geschehens («Wo ist die Kette versteckt?») und die Vorstellung von der Zeit, in der erzählt wird bzw. von der Zeit, in welcher die Handlung abläuft («In welcher Reihenfolge geschehen die Ereignisse, in welcher Reihenfolge wird davon erzählt?»). Die letztgenannte Testfrage wird bildgestützt umgesetzt: Die Kinder erhalten Bilder zur Geschichte, legen sie in die entsprechende Reihenfolge und begleiten diese Aufgabe mit Beschreibungen und Erklärungen zu den Bildern.

Abb. 4: Bildunterstützung zum Item «Zeitnachvollzug» (Reihenfolge der Ereignisse in der Geschichte), Illustration: Corinne Bromundt.

4. Erste Ergebnisse

Im Folgenden wird über erste ausgewählte Ergebnisse der Studie berichtet. Zunächst werden Merkmale des bisher bestehenden Datenmaterials beschrieben, die Hinweise auf die Funktionsfähigkeit des entwickelten Tests und damit Hinweise auf den Wert der gewonnenen Daten geben können. Anschliessend werden zwei Kinder der Stichprobe beispielhaft herausgegriffen, die bezüglich ihrer Lesekompetenzen und ihres literalen Verhaltens verortet werden. Zum Schluss werden solche Ergebnisse aus ihren Lese- und Hörtests skizziert, die beispielhaft eine Tendenz in den Daten anzeigen.

4.1 Zwischenergebnisse für die gesamte Stichprobe

Bisher sind für 24 Probandinnen und Probanden die beiden Frageteile des Lese- und Hörtests von t1 und t3 ausgewertet (codiert und geratet), für 10 Schülerinnen und Schüler auch die entsprechenden Teile aus t2. Da die Daten der Stichprobe noch nicht vollständig ausgewertet sind, werden hier lediglich Tendenzen der Ergebnisse angedeutet. Die Daten weisen darauf hin, dass für die fortgeschrittenen Leserinnen und Leser der Leseverstehenstest tendenziell einfach war: Diejenigen Schülerinnen und Schüler, welche bereits zu t1 gute Ergebnisse erzielt hatten (mehr als zwei Drittel der erreichbaren Gesamtpunktzahl von 22 Punkten, ohne Berücksichtigung der Nacherzählung), erzielten zum zweiten Zeitpunkt im Vergleich zu den schwächeren Schülerinnen und Schüler weniger gute Fortschritte in der Leseleistung, was auf einen «Deckeneffekt» des Texts hindeuten kann. Vergleichbare Tendenzen lassen sich auch beim Hörverstehenstest erkennen.

Es konnten bisher keine Korrelationen zwischen dem ELFE-Textlesetest und einzelnen Items des Textverstehenstest nachgewiesen werden. Dies ist jedoch insofern einleuchtend, als der hier entwickelte Test Textverstehensergebnisse erfragt, die im ELFE-Test, obwohl dieser in Teilen auf Inferenzen zielt, nicht thematisiert werden (v. a. Nachvollziehen von Zeit- und Raumstrukturen in narrativ-beschreibenden Texten).

4.2 Elemente mentaler Modellbildung: Ausschnitte zu zwei Fallbeispielen

Für die kurze Ergebnispräsentation werden zwei Schülerinnen und Schüler der Stichprobe herausgegriffen, die im CFT-Test (Cultural Fair Test; Cattell, Weiss, Osterland 1997) denselben Wert erreicht haben (115), jedoch bezogen auf ihre Ergebnisse im Salzburger Lesescreening 1–4 (Indikator für die Dekodierleistung) zu Beginn eine unterdurchschnittliche Leseleistung (Jenni, t0=4 Sätze) bzw. überdurchschnittliche Leseleistung (Sophie, t0=20 Sätze) gezeigt haben. Während Jenni Lesen eher als schwierig einschätzt, sich selbst nicht als gute Leserin qualifiziert und auch nicht gern in ihrer Freizeit liest oder Geschichten anhört, stuft sich Sophie als sehr gute Leserin ein. Sie liest nach eigenen Angaben auch gern und viel.

Für die beiden Probandinnen werden die zwei Items aus dem Textverstehenstest herausgegriffen, welche sich auf die Raum- und Zeitvorstellung beziehen: «Wo ist die Kette versteckt?» bzw. «In welcher Reihenfolge passierten die abgebildeten Ereignisse? (vgl. Abbildung 4)». Das erstgenannte Item (Ort) zielt auf die Fähigkeit, beim Zuhören oder Lesen Angaben zum Ort, an dem die Handlung spielt (See, seichtes Wasser, Sand, Holzhütte) in der Rahmenhandlung *und* im Binnentext wahrzunehmen und die Informationen für die Konstruktion einer Vorstellung vom Ort nutzen zu können.

Das zweite Item steht für die Zeit als zweite Dimension des mentalen Modells: Die Erzählung, die dem Test zugrunde gelegt wird, verfügt über eine Rahmenhandlung im Präsens. Der enthaltene Binnentext (Brief-Text) bezieht sich auf eine Begebenheit in der Vergangenheit. Das im Folgenden beschriebene Item bezieht sich auf zwei Möglichkeiten, das Gehörte bzw. Gelesene zeitlich zu verorten.

(a) Raumvorstellung

Jenni gibt im Lese- und Hörtest zu t1 und t2 auf die Frage nach einem möglichen Ort für das Kettenversteck nur vage Antworten (Lesetest 1: «Ist das Schatzversteck eher weit oder eher nah?» – «Beides ein bisschen.»). Sie begründet ihre Aussage weder Hör- noch beim Leseverstehenstest genauer (Hörtest 2: «Warum glaubst du, dass die Kette dort versteckt ist?» – «Ich weiss auch nicht.») Zwar bezieht sie sich mit ihrer Antwort im Lesetest 2 auf den Text (Lesetest 2: Das Schatzversteck sei «zwischen dem Fluss und bei einem Baum»), aber sie kann ihre Beobachtung am Text nicht für ihr Verständnis nutzen (Lesetest 2: «Meinst du, das Schatzversteck ist weit von den Kindern entfernt?» – «Das weiss ich nicht.»).

Die Situation stellt sich zu t3 anders dar, und zwar beim Lese- und Hörverstehen gleichermassen: Jenni beschreibt Elemente des Kettenverstecks (Fluss, Holzhütte) und bezieht sich mit ihrer Antwort explizit auf den gelesenen Text. Ihre Vorstellung vom Schatzversteck drückt sie im dritten Hörtest folgendermassen aus: Hörtest 3 S: «Also – es ist neben einem grossen Baum und neben einem grossen Stein.» I: «Wie stellst du dir das noch so vor.» S: «Es ist nahe. Weil, sie sind ja an einem grossen Baum, und wenn es das gleiche ist [der gleiche Baum, d. Verf.], dann sind sie schon dort. » I: «Warum glaubst du, dass der Schatz da vergraben ist?» S. «Weil das [im Brief, d. Verf.] gestanden ist irgendwie».

Sophie dagegen kann bereits beim ersten Testzeitpunkt differenziert ihre Vorstellung beschreiben und bezieht in ihre Erklärungen Elemente des Textes mit ein (Lesetest 1; S: Der Schatz ist «vergraben […] irgendwo beim Haus vom Zauberer» – «I: Warum meinst du, dass es nicht so weit weg ist?» – S: «Weil das wurde ja zuerst beschrieben, dass da irgendwo noch eine Holzhütte steht […]»; vergleichbar für den Hörtest 1, S: «Weil, das steht ja auf dem Brief, dass es in der Nähe von dem Baum ist, und genau dort waren die Kinder.»).

(b) Vorstellung zu Zeit und Handlungsablauf

Jenni kann zu allen Zeitpunkten anhand der Bilder die Zeitabläufe genau entlang der Geschichtenstruktur nachvollziehen (Lesetest 1: «Sie waren Sandburgen bauen, weil das Wasser zu kalt war. Dann stiess Jan gegen eine Kiste. Sie machten die Kiste auf. — Und dort war etwas drauf geschrieben. Die von der Kette. Dass ein Zauberer die Kette hat. Und dann vergrub er sie dort, wo nur ein bisschen Wasser ist»). Sie baut jedoch bis zum dritten Erhebungszeitpunkt keine Vorstellung darüber auf, dass die Ereignisse in der Geschichte auch in einer anderen Reihenfolge beschrieben werden können. Diese Beobachtung gilt sowohl für das Hörverstehen als auch für das Leseverstehen.

Bei Sophie zeigt sich ein anderes Bild. Auf Nachfragen gelingt es ihr, beim Hörtest 1 die Reihenfolge unter logischen Gesichtspunkten neu zu ordnen («Ja, also in Wirklichkeit wäre es einfach so – so – so» [Kommentar: S. ordnet die Karten um: Drache – Schatz vergraben – Kinder spielen – Kinder mit dem Brief in der Hand]). Beim zweiten Erhebungszeitpunkt wiederholt sich dasselbe Muster: Beim Zuhören gelingt die Anordnung der Ereignisse nach zwei verschiedenen Mustern, beim Lesen gelingt das noch nicht. Zum Zeitpunkt t3 konstruiert sie in beiden Testsettings die beiden zeitlichen Varianten (Lesetest 3: S. «Ich denke, zuerst ist das da – weil sie als erstes ins Baumhaus gehen. Dann denke ich ist es das da, weil sie den Brief da finden. Dann denke ich, das da weil er klaut das dem Drachen und vergräbt es dann.

Und hier ist der Felsen hinten und hier ist der Baum noch ganz klein. [...] Aber *eigentlich* wäre es so: Weil er hätte zuerst den Schatz geholt, vergraben, sie gehen ins Baumhaus und finden die Truhe.»).

4.3 Interpretationen der ersten Ergebnisse

Die vorläufigen Ergebnisse der Studie verweisen darauf, dass hierarchiehöhere Verstehensleistungen beim Zuhören und Lesen auch bei jüngeren Probandinnen und Probanden recht nahe beieinander liegen. Dies mag überraschen und entspricht nicht Ergebnissen, wie sie z. B. von Marx & Jungmann (2000) gezeigt wurden oder wie sie aus Erhebungen zur Entwicklung von Bildungsstandards in der Schweiz resultierten (Eriksson 2009): Die Hörverstehensfähigkeiten war den Leseleistungen in der jeweils betrachteten Altersstufe überlegen. Für die hier festgestellte Vergleichbarkeit von Hörverstehen und Leseleistung können verschiedene Gründe ausschlaggebend sein:

- Die Annahme, dass Hör- und Leseverstehenskompetenzen bei hierarchiehöheren Prozessen eher kongruent sind, gilt nicht nur für erwachsene Leserinnen und Leser, sondern in bestimmten Verstehensbereichen auch für die untersuchte Altersstufe.
- Das Dekodieren von Schrift ist nicht die eigentliche Hürde beim Textverstehen, sondern gerade mit Blick auf hierarchiehöhere Kompetenzen kommen sprachliche Teilkompetenzen dazu, die in anderen Zusammenhängen angeeignet werden, z. B. Elemente des literarischen Verstehens.
- Die Stichprobe umfasst Schülerinnen und Schüler des «garden-variety»-Typs und des Typs «gute Leserin/guter Leser», nicht aber Schülerinnen und Schüler, welche über gutes Sprachverstehen und schwache Dekodierleistung verfügen (Dyslexie, vgl. Abb. 1).
- Das Ergebnis ist ein Artefakt aufgrund der beschriebenen Ähnlichkeit von Lese- und Hörtestsituation, in der viele der Faktoren, die für eine mündliche oder schriftliche Rezeptionssituation typisch sind, zugunsten der Vergleichbarkeit «ausgeschaltet» wurden. So ist eventuell nur *eine* Fähigkeit über die zwei verschiedenen Kanäle von Auge und Ohr getestet worden.

5. Folgerungen für die Praxis: Aufgabe zum Bereich «Hör- und Leseverstehen»

Wenn Dekodieren nicht die zentrale Schwierigkeit beim Textverstehen darstellt und es darüber hinaus einen grösseren Anteil kognitiver Prozesse gibt, die am Zuhören wie auch am Lesen beteiligt sind, erscheint es sinnvoll, Hör- und Leseverstehen parallel zu fördern. Dass Fördersituationen, in welchen das Hörverstehen einbezogen ist, in verschiedenen Lernbereichen positive Effekte erzielen können, hat Gailberger (2010) für das Lesen bereits gezeigt.

Angebote, die eine parallele Förderung von Hör- und Leseverstehen fokussieren, lassen sich im Unterricht auf verschiedene Weise einbetten. Für eine parallele Förderung von Lese- und Hörleistungen im Unterricht bieten sich Vorlesesituationen an, aber auch Möglichkeiten einer Kombination von Hörbuch und Buch. Ein vermehrter Einbezug von Hörmedien in den Deutschunterricht wurde verschiedentlich bereits beschrieben (Müller 2010) bzw. in seiner Wirksamkeit für die Förderung verschiedener Bereiche der Lesekompetenz untersucht (Gailberger 2010). Einen Überblick über Möglichkeiten für den Einsatz von Hörmedien im Literaturunterricht gibt Müller (2004): beispielsweise einen Teil einer Ganzschrift zunächst anzuhören (ein spannendes Teilstück daraus, die Einführung des Protagonisten, den Anfang o.ä.) und das Lesen anschliessen; oder zu einem Hörtext produktiv tätig werden in Form von Malen, Basteln oder Schreiben.

Hörbücher lassen sich in Form einer Hörstation im Klassenzimmer fest einrichten, sodass sie beispielsweise als Werkstattposten dienen können oder als Angebote, die – auch von mehreren Kindern – in freien Lesezeiten genutzt werden können. Dies bietet Schülerinnen und Schülern mit schwächeren Lesekompetenzen erweiterte Zugangsmöglichkeiten zu literarischen Erfahrungen und regt Imagination an (u.a. Abraham 1999). Freie Angebote zum Lesen und Zuhören sind – wie herkömmliche freie Leseangebote – vorzugsweise stets mithilfe von Aufgaben rückzubinden (Aufgaben zum Text entwickeln, Lesetagebucheinträge gestalten u.a.). Möglich ist es inzwischen auch, Sachtextlektüre abschnittsweise als Hörbuch anzubieten. Da es Hinweise darauf gibt, dass bestimmte Textelemente (beispielsweise räumliche Angaben) beim Hören von Texten besser verarbeitet werden (vgl. Kelter 2003) können Hörbücher also als Ergänzung für den Unterricht bis in die Sachfächer hinein mitgedacht werden. Unterrichtliche Situationen, die Buch *und* Hörbuch einbeziehen, können gerade für Schülerinnen und Schüler, die im rezeptiven Bereich Schwächen zeigen, Förderpotenzial entfalten.

Literatur

Abraham, Ulf (1999): Vorstellungs-Bildung und Deutschunterricht. In: Praxis *Deutsch* (154), S. 14–22.

Behrens, Ulrike (2010): Aspekte eines Kompetenzmodells zum Zuhören und Möglichkeiten ihrer Testung. In: Bernius, Volker & Imhof, Margarethe (Hrsg.): Zuhörkompetenz in Unterricht und Schule. Beiträge aus Wissenschaft und Praxis. Göttingen: Vandenhoeck & Ruprecht (Edition Zuhören, 8), S. 31–50.

Behrens, Ulrike; Böhme, Katrin; Krelle, Michael (2009): Zuhören – Operationalisierung und fachdidaktische Implikationen. In: Granzer, Dietlinde/Köller, Olaf & Bremerich-Vos, Albert (Hrsg.): Bildungsstandards Deutsch und Mathematik. Leistungsmessung in der Grundschule. Weinheim: Beltz, S. 357–376.

Bernius, Volker & Imhof, Margarethe (Hrsg.) (2010): Zuhörkompetenz in Unterricht und Schule. Beiträge aus Wissenschaft und Praxis. Göttingen: Vandenhoeck & Ruprecht (Edition Zuhören, 8).

Cattell, Raymond B./Weiss, Rudolf H. & Osterland, Jürgen (1997): Grundintelligenztest Skala 1. CFT 1. 5. Auflage. Göttingen: Hogrefe Verlag für Psychologie (Westermann-Test).

Chen, RuSan/Vellutino, Frank R. (1997): Prediction of Reading Ability. A Cross-Validation of the simple view of reading. In: Journal of Literacy Research 29(1), S. 1–24.

Christmann, Ursula (2010): Lesepsychologie. In: Kämper-van den Boogaart, Michael & Spinner, Kaspar H. (Hrsg.): Lese- und Literaturunterricht. (Deutschunterricht in Theorie und Praxis, 11/1), S. 148–200.

Dijk, Teun van Adrianus & Kintsch, Walter (1983): Strategies of discourse comprehension. New York: Academic Press.

Dreyer, L. G./Katz, Leonard (1992): An examination of «the simple view of reading». In: K. Kinzer, Charles & Leu, Donald J. (Hrsg.): Literacy Research, Theory and Practice: Views from Many Perspectives. Chicago: National Reading Conference, S. 169–176.

Eriksson, Brigit (2009): Bildungsstandards für die Grundschule. In: Becker-Mrotzeck, Michael (Hrsg.): Mündliche Kommunikation und Gesprächsdidaktik. Baltmannsweiler: Schneider Verlag Hohengehren (Deutschunterricht in Theorie und Praxis, 3), S. 144–159.

Gailberger, Steffen (2010): Hörbücher und das simultane Lesen und Hören im Deutschunterricht. Befunde zu einer mehrdimensionalen Förderung von literarischen und Lesekompetenzen schwacher Schüler an der Schnittstelle von Schriftlichkeit und Mündlichkeit. In: Bernius, Volker & Imhof, Margarethe (Hrsg.): Zuhörkompetenz in Unterricht und Schule. Beiträge aus Wissenschaft und Praxis. Göttingen: Vandenhoeck & Ruprecht (Edition Zuhören, 8), S. 105–134.

Gernsbacher, Morton Ann/Varner, Kathy & Faust, Mark (1990): Investigating differences general comprehension skill. In: Journal of Experimental Psychology: Learning Memory & Cognition 16 (33), S. 430–445.

Gough, Philipp B. & Tunmer, W. (1986): Decoding, reading and reading disability. Remedial and Special Education, *7*, S. 6–10.

Gough, Philipp B./Hoover, Wesley A. & Peterson, Cynthia L. (1996): Some observations on a simple view of reading. In: Cornoldi, C. & Oakhill, J. (Hrsg.): Reading comprehension difficulties. Mahwah N.J.: Erlbaum, S. 1–13.

Hoover, Wesley A./Gough, Philipp B. (1990): The simple view of reading. In: Reading and Writing 2(2), S. 127–160.

Imhof, Margarete (2010): Zuhören lernen und lehren. Psychologische Grundlagen zur Beschreibung und Förderung von Zuhörkompetenzen in Schule und Unterricht. In: Bernius, Volker & Imhof, Margarethe (Hrsg.): Zuhörkompetenz in Unterricht und Schule. Beiträge aus Wissenschaft und Praxis. Göttingen: Vandenhoeck & Ruprecht (Edition Zuhören, 8), S. 15–30.

Johnson-Laird, Philip N. (1983): Mental models. Towards a cognitive science of language, inference, and consciousness. Cambridge: Cambridge Univ. Press.

Johnston, Timothy C. & Kirby, John R. (2006): The Contribution of Naming Speed to the Simple View of Reading. In: Reading and Writing (19(4)), S. 339–361.

Joshi, R. Malatesha & Aaron, P. G. (2000): The Component model of Reading: Simple view of Reading made a little more complex. In: Reading Psychology 21(2), S. 85–97.

Kelter, Stefanie (2003): Mentale Modelle. In: Rickheit, Gert/ Herrmann, Theo & Deutsch, Werner: Psycholinguistik – Ein internationales Handbuch. Berlin: Walter de Gruyter. S. 505–517.

Kendeou van, Panayiota/Savage, Robert & van den Broek, Paul (2009): Revisiting the simple view of reading. In: British Journal of Educational *Psychology* (79), S. 353–370.

Kürschner, Christian/Schnotz, Wolfgang & Eid, Michael (2006): Konstruktion mentaler Repräsentationen beim Hör- und Leseverstehen. In: Zeitschrift für Medienpsychologie 6 (18), S. 48–59.

Kürschner, Christian & Schnotz, Wolfgang (2008): Das Verhältnis gesprochener und geschriebener Sprache bei der Konstruktion mentaler Repräsentationen. In: Psychologische Rundschau 59 (3), S. 139–149.

Lenhard, Wolfgang & Schneider, Wolfgang (2006): ELFE 1–6. Ein Leseverständnistest für Erst- bis Sechstklässler. Göttingen: Hogrefe.

Marx, Harald & Jungmann, Tanja (2000): Abhängigkeit der Entwicklung des Leseverstehens von Hörverstehen und grundlegenden Lesefertigkeiten im Grundschulalter: Eine Prüfung des Simple View of Reading-Ansatzes. In: Zeitschrift für Entwicklungspsychologie und Pädagogische Psychologie, 32(2), S. 81–93.

Mayringer, Heinz & Wimmer, Heinz (2005): Salzburger Lese-Screening für die Klassenstufen 1–4. Bern: Verlag Hans Huber.

Müller, Karla (2004): Literatur hören und hörbar machen. In: Praxis Deutsch (185), S. 6–13.

Müller, Karla (2010): Literarisches Lernen mit Buch oder Hörbuch? Unterschiede und Gemeinsamkeiten der Literaturrezeption beim Lesen und Zuhören – und deren didaktisch-methodische Konsequenzen. In: Bernius, Volker & Imhof, Margarethe (Hrsg.): Zuhörkompetenz in Unterricht und Schule. Beiträge aus Wissenschaft und Praxis. Göttingen: Vandenhoeck & Ruprecht (Edition Zuhören, 8), S. 135–149.

Oakhill, Jane/Cain, Kate & Bryant, Peter E. (2003): The dissociation of word reading and text comprehension: Evidence from component skills. In: Language and Cognitive Processes 18(4), S. 443–468.

Oakhill, Jane & Garnham, Alan (1988): Becoming a skilled reader. Oxford: Blackwell.

Perfetti, Charles A. (1987): Some asymmetries in the acquisition of literacy. In: Horowitz, R. & Samuels, S. J. (Hrsg.): Comprehending oral and written language. New York: Academic Press, S. 355–369.

Rost, Detlef H. & Hartmann, Annette (1992): Lesen, Hören, Verstehen. Zeitschrift für Psychologie, 200, 345–361.

Schneider, Hansjakob/Bertschi-Kaufmann, Andrea/Juska-Bacher, Britta & Knechtel, Nora (2010): Literale Förderung und Entwicklung von Kindern in der Schuleingangsstufe. (Leseforum Schweiz. Literalität in Forschung und Praxis; Fokusartikel 1). Online: http://www.leseforum.ch/myUploadData/files/Schneider_et_al_LF_2010_1.pdf [22.05.2011].

Wieler, Petra (1997): Vorlesen in der Familie. Fallstudien zur literarisch-kulturellen Sozialisation von Vierjährigen. Univ., Habil.-Schr. Köln, Weinheim: Juventa-Verl. (Lesesozialisation und Medien).

Zwaan, Rolf (1999): Five dimensions of situation-model construction. In: Goldman, Susan/Graesser, Arthur & van den Broek, Paul (Hrsg.): Narrative comprehension causality and coherence. Essays in honour of Tom Trabasso. Mahwah N.J.: Erlbaum, S. 93–110.

Zwaan, Rolf/Langston, Mark & Graesser, Arthur (1995): The construction of situation models narrative comprehension. An event-indexing model. In: Psychological Science (6), S. 292–297.

Zwaan, Rolf & Singer, M. (2003). Text comprehension. In: Graesser, Arthur C./ Gernsbacher, Morton A. & Goldman, S. R. (Hrsg.): Handbook of discourse processes. Mahwah, NJ: Erlbaum, S. 83–121.

Leseförderung durch Vorlesen: Ergebnisse und Möglichkeiten eines Konzepts zur basalen Leseförderung

Jürgen Belgrad/Ralf Schünemann
(unter Mitarbeit von Iris Hentschel
und Barbara Schupp)

«Wenn man mit einem Buch allein ist, dann spricht das Buch zu einem, wenn man Glück hat. Wenn ein Mensch zu dir spricht, dann ist das wie in der Oper. Dann kommt eine Inszenierung dazu, da sind Klänge. Und die erreichen unser Herz und unser Gemüt mehr als das geschriebene Wort.» (Elke Heidenreich)[1]

1. Vorlesen: eine Inszenierung zwischen Schriftlichkeit und Mündlichkeit

Literatur lässt sich als eine schriftliche Kommunikationsform begreifen und weist die Struktur von sogenannter konzeptioneller Schriftlichkeit auf (vgl. Koch & Oesterreicher, 1985/1994). Dabei besitzt Literatur eine besondere Qualität, die durch die ästhetische Form der Gestaltung erzeugt wird. Das laute Vorlesen bzw. Vortragen von Literatur[2] lässt sich als eine mündliche Kommunikationsform begreifen. Diese hat nicht nur Informationsvermittlung zum Ziel, sondern ist zugleich ästhetisch ge-

---

1   Interview abgedruckt in der Zeitschrift BRIGITTE 26/2004.
2   Zum Begriff «Vorlesen» vgl. u. a.: Ockel, 2000.

staltet. Die Gestaltung kann die Funktion der Informationsvermittlung unterstützen und sogar den Genuss des eigenen Vorlesens ganz in den Vordergrund rücken. Vorlesen bewegt sich damit *zwischen konzeptioneller und medialer Mündlichkeit* und verknüpft somit schriftliche Präsentationsformen von Literatur mit mündlichen. Die besondere gestalterische Herausforderung ist, zugleich das Ästhetische der Literatur und das Ästhetische des Vortragens im Vorlesen zu verbinden. Vorlesen präsentiert Schriftlichkeit im Medium der Mündlichkeit. Hebt man den Aspekt der Präsentation hervor, insbesondere das bewusst gestaltete Vorlesen, lässt sich Vorlesen zusätzlich als *Inszenierung* von Schriftlichkeit im Medium der Mündlichkeit begreifen. Vorlesen bewegt sich damit zwischen Lesen und theatralen Formen. Es wird zu einer semi-theatralen Kommunikationsform.

2. Warum Vorlesen?

In der didaktischen Fachliteratur wird vielfach auf den positiven Effekt des Vorlesens auf die Lesekompetenz verwiesen (vgl. z. B. Hurrelmann et al. 1993, Wieler 1997, Bahnstudien der Stiftung Lesen 2007/2008, Garbe 2010). Die positiven Erwartungen an das Vorlesen beruhen auf vermuteten Auswirkungen auf Lesemotivation und -kompetenz. Die umfassende deutsche Schüler-und Schülerinnenleistungsstudie DESI («Deutsch-Englisch-Schülerleistungen-International») zeigte die positiven Wirkungen der Lesemotivation auf die Lesekompetenz sehr deutlich (vgl. DESI-Konsortium 2008). Zusätzlich berichten Lehrkräfte der Primar- und Sekundarstufe immer wieder von der positiven Wirkung des Vorlesens auf die Lesemotivation und die Lesebereitschaft der Schülerinnen und Schüler. Dennoch wird in der Sekundarstufe immer seltener vorgelesen. Vermutlich gehen die Lehrkräfte davon aus, dass der Leselernprozess bereits abgeschlossen ist. Darüber hinaus beunruhigt die Tatsache, dass 42 % der Eltern ihren Kindern nicht mehr regelmäßig vorlesen (Kinder unter 10 Jahre; vgl. Bahnstudie 2007/2008[3]). Trotz dieses Vorleseentzugs gibt es bislang jedoch keine Studie, die die Bedeutung des Vorlesens durch Lehrkräfte *in* der Schule[4] untersucht. Das Vorlesen in den Fokus einer Studie zu stellen, hat unter-

---

3 www.stiftunglesen.de/materialarchiv/pdf/1 [10.01.2011].
4 Eine Studie aus dem Jahr 1998 im Großraum Stuttgart mit ca. 600 Grundschülerinnen und -schülern der 3. Klassen zeigte sehr positive Wirkungen auf die Lesebereitschaft (Belgrad 2000).

schiedliche Gründe, die sich anhand einiger vermuteter Funktionen des Vorlesens zusammenfassen lassen:[5]

- **Die kulturelle Funktion**
  Zunächst geht es um die Weitergabe einer kulturellen und literarischen Tradition, die vielfach nicht mehr gewährleistet ist (vgl. z. B. Bahnstudien der Stiftung Lesen 2007/2008). Während das Vorlesen in den Lehrplänen vorgeschrieben und in Grundschulen bereits zum Ritual geworden ist, praktizieren Lehrkräfte das Vorlesen in der Sekundarstufe sehr viel weniger.

- **Die literarisch-ästhetische Funktion**
  Lehrkräfte können Lesevorbilder und damit Lesemodelle für Lernende sein, an denen diese sich orientieren können (vgl. Garbe et al. 2011, S. 7). Die Lehrkräfte üben dabei eine Brückenkopffunktion aus: Die Lernenden können – auch mit geringer Lesefähigkeit – am literarischen Leben teilnehmen – ohne *selbst* zu lesen. Das betrifft zum einen die «Noch-nicht-Lesenden» (Kleinkinder, Erstklässler), zum anderen die «lesefernen» Schülerinnen und Schüler, die besonders in Hauptschulen zu finden sind. Ziel ist es, Interesse und Neugier für Literatur zu wecken, die aufgrund der eigenen, von Misserfolgen geprägten Leseerfahrungen meist negativ bewertet wird (vgl. Garbe et al. 2009 und Gailberger 2011).

- **Die kognitive Funktion**
  Geweckt wird dieses neue Interesse, indem ausschließlich zugehört und nicht gelesen werden muss. Beim Vorlesen entfällt das eigene, mühsame Dekodieren des Textes (hierarchieniedriger Prozess). Durch diese Entlastung vom Dekodieren wird Verarbeitungskapazität für die Verstehensleistungen frei. Die Lesekompetenz besteht über die Dekodierprozesse hinaus u. a. darin, innere Vorstellungsbilder zu erzeugen. Wann immer wir Situationen bewältigen müssen, spielen wir deren Realisierung zuvor gedanklich durch. Wir planen dabei im Kopf die möglichen Szenen und Handlungsabfolgen. Wahrscheinlich trainieren wir beim Vorlesen diese grundlegende Fertigkeit der alltäglichen Lebensbewältigung *und* die inneren Vorstellungsbilder. Wenn dieses Training immer wieder erfolgt, ist die Vermutung erlaubt, dass es uns wahrscheinlich leichter

---

5   Hier ist nicht der Ort, diese möglichen Funktionen herleitend zu erörtern. Dies soll in den nachfolgenden Publikationen geschehen, verbunden mit der Skizzierung einer möglichen Überprüfung dieser Funktionen.

fällt, «mentale Modelle» entwickeln zu können (vgl. zu dem Begriff des «mentalen Modells» Nold/ & Willenberg 2007, S. 23 ff.; Garbe et al. 2009, S. 30). Dieses «En-passant-Training» von Vorstellungsbildern erhöht zugleich die Möglichkeit des Verstehens von Texten – auch wenn sie nicht selbst gelesen werden (Verstärkung hierarchiehöherer Prozesse). Darüber hinaus werden nicht nur das Zuhören, sondern auch die Konzentration und somit das Verstehen geschult.

«Leseferne» Lernende (mit oder ohne Migrationshintergrund) erhalten durch das Vorlesen und über anschlusskommunikative Prozesse (bis hin zu literarischen Gesprächen) Unterstützung für das Textverstehen, wenn sie die Texte später (oder vorher) selbst lesen. (vgl. Klages 2009).

Die emotionale Funktion

Durch das Vorlesen kann bei den Lernenden Neugier und Interesse an Literatur (neu) geschaffen werden. Interesse wird (wieder) aktiviert, weil die Lernenden nicht mit dem mühsamen Prozess des Dekodierens belastet sind, sondern sich entspannt dem Genuss der Literatur widmen können. Womöglich gelingt es, die Lernenden für Literatur (neu) zu begeistern. Damit einher geht die Schaffung einer Leseatmosphäre, die ein emotional positives Leseklima unterstützt. Die Lernenden hören der Lehrerin oder dem Lehrer beim Vorlesen (gespannt) zu und sind ganz auf sie oder ihn konzentriert. Hier bildet und festigt sich auch die emotionale Bindung an die Lehrerin oder den Lehrer und nicht nur die Faszination für das Vorgelesene.

Die kommunikative Funktion

Wenn Lernende über das Vorgelesene ins Gespräch kommen, können sie mit dieser «Anschlusskommunikation» angeregt werden, über den Text nachzudenken (vgl. Garbe et al. 2009, S. 33). Diese Form des Gesprächs, das vor, während oder nach dem Vorlesen erfolgt, ist ein wichtiger motivationaler Faktor, um die Lernenden anzuregen, sich über das Gehörte auszutauschen. Durch literarische Gespräche verbessern die Lernenden ihren mündlichen Ausdruck und können das Empfundene auf die höhere Stufen des verbalen Ausdrucks heben. Das Vorlesen von Literatur und die Gespräche über diese fördern neben dem mündlichen Ausdrucksvermögen den Wortschatz; Wortbedeutungen können damit erschlossen werden. Lernende profitieren vom Bedeutungslernen, weil zusätzlich syntaktische Fähigkeiten flankierend unterstützt werden können. Fortsetzen lässt sich diese Anschlusskommunikation durch Varianten literarischer Gespräche, wie sie z. B. Härle (2004) vorschlägt. Sie erhalten so ein Vorbild für sprachliche Korrektheit im Hinblick auf Aussprache, Intonation und Grammatik.

- **Die reflexive Funktion**
  Die Ergebnisse von PISA 2009 zeigen erneut, dass deutsche Lernende Schwächen im «Reflektieren und Bewerten» aufweisen[6]. Literatur präsentiert in den dargestellten Figuren und Handlungen immer auch Lebensentwürfe, die damit indirekt zur Debatte gestellt werden. Im Nachspüren und Nachdenken über die Erfahrungen der literarischen Figuren spüren und denken sie auch über ihre eigenen Lebenssituationen nach. Erleben die Kinder eine Vielfalt von literarischen Begegnungen, so erleben sie auch eine Vielzahl von Lebensentwürfen, die ihr Potenzial an Lebensgestaltungen erweitern. Kommen noch mündliche und schriftliche Prozesse in der Anschlusskommunikation oder in literarischen Gesprächen hinzu, haben wir hier den Einstieg zum «Reflektieren und Bewerten».

3. Das Forschungsprojekt «Leseförderung durch Vorlesen»

Die Teilnehmenden der Studie waren Lernende der 8. Jahrgangsstufe der Hauptschule, deren Lesemotivation und Lesefertigkeit als wichtige Bestandteile der Lesekompetenz verbessert werden sollten. Die Steigerung der Lesefertigkeit könnte so zustande kommen, dass beim Vorlesen das Dekodieren entfällt und dadurch zusätzliche Verarbeitungskapazität für den Verstehensprozess frei wird (vgl. Gailberger 2011). Die Steigerung des Interesses an Literatur könnte – nach Auskunft der teilnehmenden Lehrkräfte – einmal durch die Vorlesesituation selbst ausgelöst werden, die die Lernenden fasziniert. Wenn sie dann besser lesen und dies bei sich selbst bemerken, könnte sich infolgedessen auch das Leseinteresse verstärken. Wie DESI zudem zeigte, kann sich mit der Lesemotivation auch die Lesekompetenz erhöhen (s. o.). Diese Wirkungen wiederum könnten dann zu einem verstärkten Lesen in der Freizeit führen. Diese drei Faktoren zusammen wollen wir «Lesebereitschaft» nennen.

---

6 Vgl. www.oecd.org/document/8/0,3746,de_34968570_35008930_46582920_1_1_1_1,00.html [12.01.2010].

Zusammengefasst: Ziel des Projekts war es, durch regelmäßiges Vorlesen der Lehrkraft im Unterricht das Verhalten der Lernenden hinsichtlich einer erhöhten «*Lesebereitschaft*» zu verändern. Darunter verstehen wir:

- die Steigerung der basalen Lesefertigkeit,
- den Zuwachs des Interesses an Literatur sowie
- die Zunahme der persönlichen Leseaktivität.

Auf diese Weise lassen sich mutmaßlich auch langfristig die weitergehende Lesekompetenz und -motivation der Lernenden aus schriftfernen Milieus verbessern (vgl. Richter & Plath 2007; Garbe 2010, S. 11 ff.).

Insgesamt wurden ca. 1600 Lernende befragt; die Versuchsgruppe («Lesegruppe») bestand aus ca. 1200, die Kontrollgruppe aus ca. 400 Lernenden (zufällige Bildung aus den gemeldeten Klassen). Gleichzeitig wurde die Leseleistung der Lernenden anhand eines normierten Testverfahrens ermittelt («Salzburger Lesescreening 5–8»).

1. *Ausgangssituation:*

a) Mithilfe eines *standardisierten Fragebogens* (Abb.1) wurden Informationen zum Freizeitverhalten erhoben, die wichtige Hinweise auf den Stellenwert des Lesens im Alltag der Schülerinnen und Schüler gaben (Dauer ca. 15 min).

Ich verbringe meine **Freizeit** mit…	sehr oft	oft	manchmal	gar nicht
Sport	❑	❑	❑	❑
Musik	❑	❑	❑	❑
Computer	❑	❑	❑	❑
Lesen	❑	❑	❑	❑
Usw.	❑	❑	❑	❑

Abb. 1: Auszug aus dem standardisierten Fragebogen

Der Fragebogen enthielt Fragen zum Freizeitinteresse und -verhalten, zur Beschäftigung und Einstellung gegenüber Büchern und anderen Medien (Bewertung des Bücherlesens, Art der Bücher, Lesehäufigkeit, Gründe, Kauf/ Leihen/ Besitz, Einstellung gegenüber dem Vorlesen usw.) sowie zur Bewertung des Deutschunterrichts (Gefallen, Bewertung von Tätigkeiten, spezielle Einstellungen und Einschätzungen der subjektiven Befindlichkeiten usw.)

b) *1. Version des Lesetests SLS* (SALZBURGER LESESCREENING 5–8): Der SLS misst die Leseflüssigkeit: Den Lernenden werden Sätze vorgegeben, bei denen sie ankreuzen müssen, ob die Aussage stimmt oder nicht (Dauer: 5 min). Der SLS misst also die Leseflüssigkeit und die basale Lesefertigkeit.[7]

2. Intervention in der Versuchsgruppe («Lesegruppe»):

An diese Erhebung schloss sich die eigentliche Förderung/ Intervention an. Jede Lehrkraft las den Lernenden im Unterricht drei- bis viermal in der Woche vor. Die Dauer des Lesens wurde, basierend auf den Erfahrungen aus der Vorstudie, auf 10 bis 15 Minuten pro Vorleseeinheit begrenzt. Nur einzelne Lehrkräfte wurden geschult, damit auch diese Variable als Einflussfaktor untersucht werden konnte. Bezüglich der vorgelesenen Texte wurden keine konkreten Vorgaben gemacht. Als Anregung bekamen die Lehrkräfte allerdings eine Auswahl an Kurzgeschichten und Ganzschriften. Weitere Vorgaben wurden den Lehrkräften nicht gemacht, um die Akzeptanz des Designs bei den Lehrkräften so hoch wie möglich zu halten. Sie protokollierten lediglich, wie häufig, wie lang und welche Texte sie vorgelesen hatten.

Die Intervention wurde ca. 13 Wochen durchgeführt (September 2009 bis Februar 2010). Dies entspricht einem halben Schuljahr.

3. Abschlusserhebung:

Im Anschluss an die Interventionseinheit wurden der standardisierte Fragebogen und die 2. Version des Lesetests (SLS) erneut eingesetzt (*quantitative Untersuchung*).

Die *Kontrollgruppe* nahm nur an den Phasen 1 und 3 teil. Ansonsten erlebten diese Schülerinnen und Schüler einen normalen Unterricht. Die Lehrkräfte erhielten keine weiteren Anweisungen.

4. Leitfadeninterviews:

Zusätzlich besuchte das Projektteam 20 Klassen, um sich einen Eindruck von den Vorlesesituationen zu verschaffen sowie halbstandardisierte Leitfadeninterviews

---

7   Vgl. das Handbuch zum SALZBURGER LESESCREENING 5–8; Online: http://bsrlf.lsr-noe.gv.at/le-sescreening/sls-5-8_handbuch.pdf [30.05.2011]).

mit 30 Lehrkräften und 80 Schülerinnen und Schülern durchzuführen (*qualitative Untersuchung*) (vgl. hierzu Kapitel 4).

Quantitative und qualitative Daten wurden zwar getrennt ausgewertet, aber in der Interpretation aufeinander bezogen. Daraus ergibt sich ein Triangulationseffekt, der die Ergebnisse gegenseitig abzustützen vermag.[8]

Mit diesem Forschungsdesign untersuchten wir neben der basalen Lesefähigkeit auch, ob sich die «Lesebereitschaft» durch die im Folgenden, in der Vorlesepraxis häufig diskutierten, Variablen verändert:

▪ **Kommunikative Form: monologisch vs. dialogisch**

Seit Hurrelmanns Studie zur Lesesozialisation (Hurrelmann et al. 1993) wird die Bedeutung der Anschlusskommunikation immer wieder hervorgehoben. Mit dem Begriff der Anschlusskommunikation ist das Reden über den Text vor, während oder nach dem Vorlesen gemeint. Wenn ausschließlich vorgelesen und nicht über den Text gesprochen wird, nennen wir das «monologisches Vorlesen». Beim «dialogischen Vorlesen» geht es also um das Auslösen von Schüleräußerungen (spontan oder durch Impulse gesteuert), die jedoch keine Interpretation darstellen (auch wenn sie einen vorinterpretativen Charakter haben). Diese Äußerungen sind Beiträge zu Vorstufen literarischer Gespräche, wie sie z. B. bei Härle[9] zu finden sind. Wir gehen von der Annahme aus, dass das dialogische Vorlesen dem monologischen im Hinblick auf die anvisierte Leseförderung überlegen ist, weil es eine subjektbezogene Auseinandersetzung mit einem Text darstellt und damit das Textverstehen erleichtert (z. B. werden Leerstellen gefüllt und somit werden schnellere Imaginationsbildungen möglich). Auf diese Weise können die Lernenden von einer passiven Rezeption in eine aktive Auseinandersetzung geführt werden.[10]

Unsere These war, dass sich durch das dialogische Vorlesen die Lesebereitschaft stärker erhöht als durch monologisches Vorlesen.

▪ **Gestaltung: neutral vs. theatral**

«Gutes» Vorlesen ist u. a. durch eine gute, lebendige Betonung charakterisiert

---

8   Die Daten werden noch mit MAXQDA und SPSS rechnerisch gekoppelt, sodass sich der Triangulationseffekt noch verstärken kann.

9   Eine mögliche Stufung wäre: a) Anschlusskommunikation, b) literarisches Gespräch, c) Interpretation. (vgl. Härle 2004).

10 Weitere mögliche Interaktionseffekte zwischen den Variablen werden noch untersucht; mögliche andere intervenierende Variablen wie Vorwissen usw. wurden nicht erfasst.

sowie durch gut verständliches Sprechen (vgl. hierzu a. Kapitel 4.3). Nach über-
einstimmenden Erfahrungen der von uns im Vorfeld befragten Lehrkräfte sind
die Lernenden noch gespannter und konzentrierter, wenn die Lehrperson gut
vorliest *und* wie ein Schauspieler auf der Bühne agiert – also versucht, ihre Zuhörenden in den Bann zu ziehen, indem sie verstärkt nonverbale Mittel einsetzt.
Dieses theatrale Auftreten der Lehrerin oder des Lehrers beim Vorlesen nennen
wir «theatrales Vorlesen» gegenüber einer zwar lebendigen, aber doch eher zu-
rückhaltenden Präsentation des Vorgelesenen («neutrales Vorlesen»).
*Unsere These war, dass sich durch das theatrale Vorlesen die Lesebereitschaft stär-
ker beeinflussen lässt als durch neutrales Vorlesen.*

- **Textsorte: Ganzschrift (Jugendbuch) vs. Kurzgeschichte**
  Viele Lehrkräfte plädieren beim Vorlesen eher für eine Ganzschrift. Sie gehen
  davon aus, dass durch die längere Beschäftigung mit einem Text eine nachhal-
  tige, anregende Wirkung entsteht, mehr als wenn jede Stunde ein anderer Text
  vorgelesen wird (Kurzgeschichten).
  *Unsere These war, dass sich die Lesebereitschaft beim Vorlesen von Ganzschriften
  stärker steigert als beim Vorlesen von Kurzgeschichten.*

- **Kompetenz des Vorlesers: geschult vs. ungeschult**
  Fast schon selbstverständlich kann angenommen werden, dass sich die Qualität des Vorlesens bzw. des Vorlesers in einer erhöhten Aufmerksamkeit bemerk-
  bar macht (vgl. hierzu den folgenden Abschnitt). Einschränkend muss hinzuge-
  fügt werden, dass sog. «Naturtalente», die gleichen oder vielleicht sogar noch
  stärkere Wirkungen erzielen können als geschulte Vorleser.
  *Unsere These war (dennoch), dass geschulte Vorleserinnen und Vorleser größere Ef-
  fekte im Einfluss auf die Lesebereitschaft der Lernenden zeigen als ungeschulte Vorleser.*

- **Aktivitätsform der Lernenden: Zuhören vs. Zuhören und Mitlesen**
  Gailberger belegt in seiner Untersuchung die positive Wirkung von Hörbü-
  chern beim gleichzeitigen Mitlesen des Textes auf die basale Lesefähigkeit der
  Lernenden (vgl. Gailberger 2011[11]).

---

11 Dazu wurden vier Klassen ausgewählt, die den Text zusätzlich zum Vorlesen in einer Ganzschrift
    mitlasen.

Unsere These war, dass sich eine höhere lesefördernde Wirkung ergibt, wenn die Lernenden der Lehrerin oder dem Lehrer beim Vorlesen zuhören und den Text gleichzeitig mitlesen, als wenn sie nur zuhören.

4. Ergebnisse der Leitfadeninterviews

Das Dissertationsvorhaben *Vorlesen von Lehrkräften in der Schule* (Ralf Schünemann) untersucht im Rahmen des oben skizzierten Forschungsprojekts u. a. die Qualität des Vorlesens von Lehrkräften und versucht, Rückschlüsse auf eine Didaktik und Methodik von Vorlesen in der Aus- und Fortbildung von Lehrkräften zu ziehen. Neben der Analyse von Audioaufnahmen wurden Lernende und Lehrkräfte interviewt. Beide Gruppen äußerten sich zur Auswirkung und zur grundsätzlichen Akzeptanz des regelmäßigen Vorlesens, zu den allgemeinen Rahmenbedingungen sowie zur Vorlesetechnik. Anhand dieser Aussagen werden im Folgenden drei Fragestellungen bearbeitet und hieraus didaktisch-methodische Empfehlungen abgeleitet:

- Ist Vorlesen eine *gute Methode* im Deutschunterricht einer 8. Klasse der Hauptschule?
- Welchen Stellenwert hat die *Rahmenbedingung «Anschlusskommunikation»* beim Vorlesen?
- Worauf sollte die vorlesende Lehrkraft hinsichtlich *technischer Aspekte des Vorlesens* achten?

4.1 Ist das Vorlesen eine gute Methode im Deutschunterricht einer 8. Klasse der Hauptschule?

Das Vorlesen von Literatur erfreut sich großer Aufmerksamkeit. Die positive Auswirkung von Vorlesen auf jüngere Kinder und deren literale Entwicklung im Kontext der Familien ist beschrieben und empirisch belegt (vgl. u. a. Wieler 1997; McElvany 2008). Weitere Studien dokumentieren darüber hinaus, wie bedeutsam das Vorlesen für den Alltag von Kindern außerhalb familiärer Strukturen ist (vgl. u. a. Bahnstudien der Stiftung Lesen 2007/2008). Fokussiert man nun Vorlesen in einem schulischen Kontext, insbesondere im Deutschunterricht, so steht diese Methode als ein

Mittel zur Leseförderung im Mittelpunkt der Forschung. Bei Rosebrock/Nix wird das «Vorlesen von interessanten Büchern» (2008, S. 105f.) in einer Auflistung von Möglichkeiten zur Lesemotivation benannt. Ähnliche Appelle finden sich bei Spinner (2001, S. 168ff.) und Trelease (2006, S. 73f.).

Darauf, dass Vorlesen auch in höheren Klassen der Sekundarstufe eine gute Methode sein kann, verweisen die Interviewergebnisse. Als wesentliches Kriterium für die Relevanz wurden positive Rückmeldungen der Lernenden sowie der Lehrkräfte festgelegt. Die Aussagen der Befragten hierzu stimmen in vielen Punkten überein. Beide Gruppen beschreiben viele positive Veränderungen, die vermutlich auch auf das regelmäßige Vorlesen zurückzuführen sind. So erklären 67 % der interviewten Lehrkräfte, dass sich neben einem zunehmenden Interesse am Vorlesen auch das Klassenklima und die allgemeine Arbeitsatmosphäre deutlich verbessert hätten.[12]

Fragt man die Lernenden nach ihrem Eindruck, ob ihnen das Vorlesen gefallen habe, bekommt man ein ähnlich eindeutiges Ergebnis (Abb.2). Auch die weiteren persönlichen Rückmeldungen («Wie hat es Dir gefallen, dass Deine Lehrerin/ Dein Lehrer Euch vorgelesen hat?» sowie «Deine Lehrerin/ Dein Lehrer liest Euch auch weiter regelmäßig vor. Wie findest Du das?») sind ähnlich positiv. Interessant sind die Begründungen für diese Einschätzungen. Den Lernenden gefällt das Vorlesen, da sie diese Momente nicht als Unterricht wahrnehmen. Sie genießen sowohl die Zeit für Entspannung als auch die allgemeine Ruhe und die dadurch entstehende Zunahme von Konzentration in der Klasse. Sie wünschen sich ausdrücklich, dass ihnen weiterhin regelmäßig vorgelesen wird.

---

12 Die vorliegenden qualitativen Daten dienen lediglich dazu, in einem Mixed-Method-Verfahren die quantitativen Daten zu stützen. Eine vergleichende Aussage zwischen Lese- und Kontrollgruppe findet nicht statt.

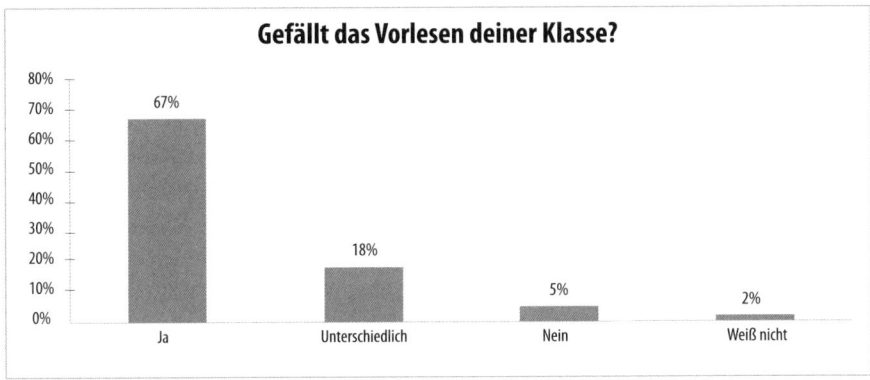

Abb. 2: «Hattest Du den Eindruck, dass das Vorlesen Deiner Klasse gefallen hat? Warum?»
(Schülerperspektive, N=80)

4.2 Welchen Stellenwert hat die Rahmenbedingung «Anschlusskommunikation» beim Vorlesen?

In der Literatur lassen sich vielfältige Hinweise darauf finden, dass die Kommunikation über den Lesetext vor, während und nach dem Vorlesen (sog. Anschlusskommunikation) ein unverzichtbarer Bestandteil des Vorlesens ist (vgl. u. a. Baurmann & Menzel 2006, S. 10f.; Garbe et al. 2009, S. 31f.). Hinsichtlich einer Subthese des Forschungsprojekts (Unterscheidung der Kommunikationsform nach dialogischem und monologischem Vorlesen, s. o.) wurde dieser Aspekt auch im Rahmen der durchgeführten Interviews erfragt.

Die Fragestellung an die Lehrpersonen der «Lesegruppe monologisch» lautete: «Haben Sie über den Text, den Sie vorgelesen haben, mit der Klasse gesprochen?» Alle 14 interviewten Lehrkräfte (14 von 30 zählten zu der monologischen Lesegruppe, d. h. sie hatten die Anweisung, keine Anschlusskommunikation stattfinden zu lassen) beschrieben übereinstimmend ihre Schwierigkeiten, diese gestellte Vorgabe einzuhalten. Hinsichtlich des Forschungsdesigns waren sie bemüht, keinerlei Kommunikation über den Lesetext stattfinden zu lassen. Hiervon ausgenommen war die Beantwortung von Verständnisfragen der Lernenden, die nicht unberücksichtigt bleiben konnten.

Ähnlich eindeutig waren die Rückmeldungen aus der Schülerperspektive. Nahezu in allen Interviews (N=40) wurde die Frage: «Deine Lehrerin/ Dein Lehrer hat mit Euch nicht über den Text gesprochen. War das o. k.?» verneint. Es scheint aus der Schülerperspektive an dieser Stelle jedoch nicht nur um Rückfragen zu nicht verstandenen Inhalten, also grundsätzlich um Verständnissicherung zu gehen. Häufig beschrieben die Lernenden auch den Wunsch, sich über die Klärung von Fragen hinaus über die vorgelesenen Texte innerhalb der Klasse und des Unterrichts auszutauschen. Bemerkenswert auch die Beschreibung einer Lernenden, dass die ausbleibende Verständigung über den Text im Anschluss an den Unterricht in der Pause stattgefunden hatte. Ein deutlicher Hinweis darauf, dass Anschlusskommunikation nach Möglichkeit ein Bestandteil von Vorlesen im Deutschunterricht sein sollte.

4.3 Worauf sollte die vorlesende Lehrkraft hinsichtlich technischer Aspekte achten?

Bei den Antworten zur Lesetechnik (offene Fragestellung) ergibt sich ein Vergleich von Ist- und Soll-Zustand – das Bewusstsein der vorlesenden Lehrkraft vs. die Erwartungen der Schüler. Erfreulich ist, dass sich beide Perspektiven im Wesentlichen decken und dass auf beiden Seiten ein hohes Bewusstsein für technische Aspekte beim Vorlesen vorhanden ist (Abb. 3).

Lehrerperspektive (n=30) «Worauf achten Sie beim Vorlesen?»	Schülerperspektive (n=80) «Wovon hängt es ab, ob Du beim Vorlesen gerne zuhörst?»
47 % Betonung	45 % Textauswahl
37 % Deutlichkeit der Aussprache	38 % Betonung
33 % Sprechgeschwindigkeit	34 % laut + deutlich + flüssig
30 % Blickkontakt	25 % «mit der Stimme spielen»
27 % Markierung von Personen	15 % spannend Vorlesen
26 % Persönliches Befinden	13 % Mimik, Gestik
23 % Verständlichkeit, Sinn	9 % Sprechgeschwindigkeit
20 % Mimik, Gestik	14 % Sonstiges
20 % Lautstärke	
17 % Melodie	
13 % Stimme allgemein	
10 % Atmosphäre in der Klasse	
7 % Pausen	
3 % Textauswahl	
17 % Sonstiges	

Abb. 3: Gegenüberstellung der Aussagen zur Vorlesetechnik

Inwieweit die verwendeten Begrifflichkeiten sowohl aus Lehrer- als auch aus Schülerperspektive konkrete Einzelmerkmale des Sprechausdrucks oder Komplexwahrnehmungen meinen, lässt sich anhand der gewonnenen Daten nicht feststellen.

Bezüglich der Schülerantwort, dass das Vorlesen spannend sein soll, wurden nach der Intervention noch einmal 57 Lernenden aus 3 Klassen gebeten, die Frage «Was ist für Dich spannendes Vorlesen?» schriftlich zu beantworten. Exemplarisch werden nachstehend drei Antworten angeführt [Orthographie sic. Hervorhebungen d. Verf.]:

«Spannendes Vorlesen ist für mich jemand der mir ein Buch vorließt und dabei *mit seiner Stimme arbeitet*».

«Spannendes Vorlesen ist für mich, wenn derjenige sich instinktiv in die Rolle versetzt und selber in der Geschichte mitfiebern kann, also wenn er die Geschichte *genauso mit-anhören/-erleben kann wie die Zuhörer*».

157

«Wenn man Spannung aufbauen möchte, sollte man die Stimmlage verändern genau wie die Lautstärke und Geschwindigkeit! (…) Wenn man *diese Tätigkeiten passend zum Text anwendet,* kann das richtig spannend werden».

Anhand der schriftlichen Rückmeldungen lässt sich eine deutliche Sensibilität der Lernenden bezüglich der allgemein gängigen Merkmale des Sprechausdrucks erkennen. Bemerkenswert ist, dass technische Einzelmerkmale nicht in einem Verständnis von richtigem und falschem Vorlesen genannt wurden. Immer wieder finden sich Aussagen, die ein deutliches Bewusstsein für Einzelmerkmale und deren Modifikation in Bezug auf den Text bzw. Zuhörerinnen/Zuhörer und Situation vermuten lassen. Aus den schriftlichen Antworten ließen sich insgesamt 187 Einzelkriterien herausfiltern (Abb.4).

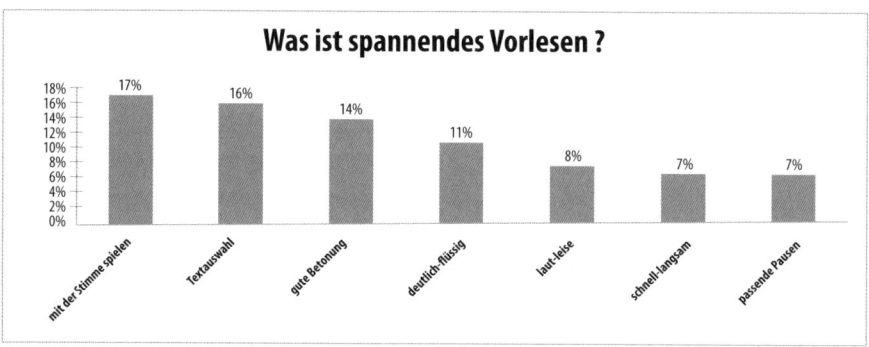

Abb. 4: «Was ist für Dich spannendes Vorlesen?»
(Schülerperspektive, N=57, schriftliche Antworten, nur Angaben > 5 %)

5. Ergebnisse der Hauptstudie

Das Setting der Studie bestand – wie oben bereits ausgeführt – aus folgendem Verlauf (Versuchs-/Lesegruppen, N=1200 und Kontrollgruppen N=400):

1. *Ausgangssituation:*
   Multiple-Choice-Fragebogen 1 und SALZBURGER-LESESCREENING-Test 1 mit Lese- *und* Kontrollgruppe (quantitative Datenerhebung)
2. *Intervention:*
   Innerhalb der Lesegruppe: 13 Wochen, 3- bis 4-mal pro Woche Vorlesen durch die Lehrkraft (Kontrollgruppe: ‚normaler' Unterricht ohne Vorgaben)
3. *Abschlusserhebung:*
   Multiple-Choice-Fragebogen 2 und SALZBURGER-LESESCREENING-Test 2 (Lese- *und* Kontrollgruppe)
4. *Leitfadeninterviews:*
   Mit Schülern (N=80) sowie Lehrkräften (N=30) der Lesegruppe (qualitative Datenerhebung)

Die wichtigsten Ergebnisse sollen im Folgenden vorgestellt, kommentiert und mit vorläufigen Hypothesen versehen werden.

Grundsätzlich sind die Ergebnisse aller Untergruppen deutlich besser als die Ergebnisse in der Kontrollgruppe, sodass darauf verzichtet wird, die einzelnen Untergruppen mit der Kontrollgruppe zu vergleichen. Um sicherzugehen, dass die Verbesserung auf das Vorlesen zurückzuführen ist, ist die Kontrollgruppe so gewählt worden, dass diese bezüglich anderer möglicher intervenierender Variablen eine ähnliche Struktur aufweist wie die Lesegruppe.

5.1 Verbesserung der basalen Lesefertigkeit

Ergebnisse des Lesetests: Bei welcher Gruppe nimmt die Leseleistung zu?
Die vorliegenden Ergebnisse des eingesetzten Lesetests geben Hinweise darauf, dass Lernende der Hauptschule durch das Vorlesen der Lehrkraft ihre basale Lesefähigkeit verbessern. Insgesamt ergibt sich eine Gesamtverbesserung im Lesequotienten (LQ[13]) sowohl der Kontrollgruppe als auch der Lesegruppe.

---

13 Der Lesequotient (LQ) normiert die Leseleistung vergleichbar mit dem Intelligenzquotient (IQ) auf 100 und be-schreibt dazu die davon geringeren oder höheren Leseleistungen (vgl. Handbuch zum SALZBURGER LESES-CREENING 5–8; Online: http://bsrlf.lsr-noe.gv.at/lesescreening/sls-5-8_handbuch.pdf [30.05.2011]).

159

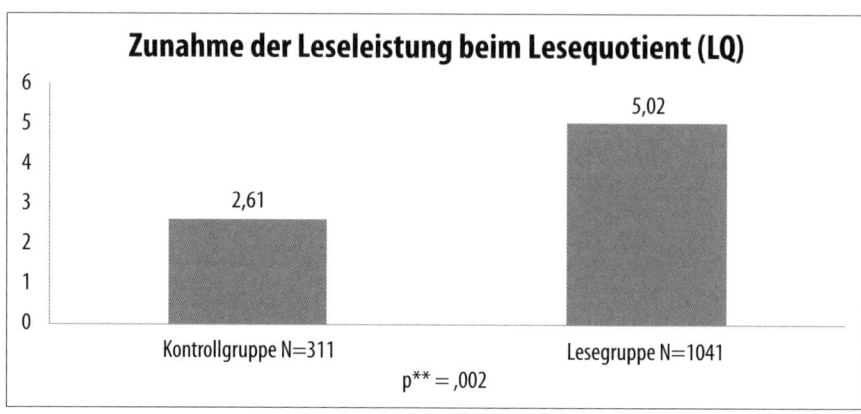

Abb. 5: Zuwachs beim Lesequotient

Die Teilnehmenden der Kontrollgruppe verbesserten sich durchschnittlich um 2,61 Punkte im LQ und die Teilnehmenden der Lesegruppe um 5,02 LQ-Punkte, also ca. um das Doppelte (p**=.002; hochsignifikant).[14]

Wie lässt sich erklären, dass Lernende ihre basale Lesefähigkeit durch Zuhören beim Vorlesen verbessern, *ohne* selbst zu lesen? Die folgenden Überlegungen sind Arbeitshypothesen, deren konzeptionelle und empirische Überprüfung noch aussteht. Sie sollen in einem zweiten Projekt geklärt werden, in dem das Vorlesen noch um die unterstützenden Tätigkeiten *Leseflüssigkeitstraining* (zur Verbesserung der basalen, hierarchieniedrigen Lesefertigkeiten) und durch *szenisches Spiel* (Unterstützung der Imaginationsprozesse beim Textverstehen) ergänzt wird.

5.1.1 Verbesserung der Lesevoraussetzungen

Beim Vorlesen lernen die Lernenden typische Redewendungen literarischer Texte kennen. Sie erfahren durch die präsentierte Schriftlichkeit deren komplexe Satzstrukturen (z. B. durch die häufigeren Verbklammern), die ihnen dadurch vertrauter werden. Zusätzlich erhöhen die Lernenden in diesem Prozess ihren (passiven) Wortschatz. Dabei müssen sie nicht selbst dekodieren. Durch diese Entlastung haben sie zusätzliche Verarbeitungskapazität frei für das Erlernen dieser Beschleunigungs-

---

14 Die ETA-Werte für die Effektstärke liegen durchschnittlich bei 0,30; dies liegt vermutlich daran, dass die Ursachen für die Streuung innerhalb der Stichprobe auf Faktoren zurückzuführen sind, die in der Auswertung bisher noch keine Berücksichtigung finden konnten.

faktoren beim tatsächlichen Lesen. Insgesamt vermuten wir eine Verbesserung der Mustererkennung von Schriftlichkeit. Dadurch wird auch der Dekodierprozess entlastet und das fördert die Voraussetzungen, den Leseakt schneller zu bewältigen. Wenn die Lernenden dann lesen, erkennen sie diese Formen, Strukturen und Wendungen schneller. Vorlesen kann so indirekt das Erlernen des Lesens (und die dazu notwendigen mentalen und kognitiven Voraussetzungen) beschleunigen.

5.1.2 Verbesserung des Leseakts

Der Leseakt ist nur bei Leseanfängerinnen und -anfängern (oder Leserinnen und Lesern mit Leseschwierigkeiten) ein Buchstabe-für-Buchstabe-Lesen oder ein Wort-für-Wort-Lesen; im fortgeschrittenen und günstigsten Fall ein über die Wörter und Sätze hinweggleitendes, frühes Wahrnehmen des Textes in Sakkaden, Fixationen und Regressionen (vgl. Schmid-Barkow 2003, S. 50ff.). Nur bei empfundenen Unstimmigkeiten lesen wir wörtlicher und genauer. Dieses Darübergleiten wird durch den oben beschriebenen Prozess beschleunigt und dadurch verläuft der Dekodierprozess schneller. Als Folge davon kann die Leseleistung zunehmen. Vielleicht bahnen die Lernenden festere Synapsen-Strukturen beim Lesen an, die wiederum zu einer Geschwindigkeitszunahme des Leseakts führen. Wenn den Lernenden das Lesen dann leichter fällt, erleben sie ein positiveres Selbstgefühl, das vermutlich die Leselust und vielleicht die Lesemotivation steigert.

Schlussfolgerung aus den Hypothesen: In der Schule sollte Vorlesen nicht nur zur Aktivierung literarischer Prozesse und einer verbesserten Leseatmosphäre eingesetzt werden, sondern auch zur Erhöhung der basalen Lesefähigkeit.

5.2 Kommunikative Form des Vorlesens: monologisch vs. dialogisch

Ergebnisse des Lesetests: Bei welcher Vorleseform nimmt die Leseleistung zu?
Die Lernenden in der dialogischen Vorlesegruppe verbessern sich durchschnittlich um 6,79 LQ-Punkte, d. h. um mehr als das Doppelte. Und: Die Lernenden, denen dialogisch vorgelesen wird, profitieren stärker als die Gruppe der Lernenden, deren Leseform monologisch, also ohne Anschlusskommunikation stattfindet (p**=,000; hochsignifikant).
Hier werden nochmals die Ergebnisse von Hurrelmann bestätigt (Vgl. z. B. Groeben & Hurrelmann 2002a/b, 2004). Genauer: Dialogisches Vorlesen erzeugt eine Si-

tuation, in der sich die basale Leseleistung verbessert. Ob dies ausschließlich durch das dialogische Vorlesen bedingt ist, oder nicht auch, weil die Lehrkraft mit den zuhörenden und am Gespräch teilnehmenden Lernenden in eine intensive Kommunikation eintritt, ist zwar stark zu vermuten, kann hier aber nicht zweifelsfrei festgestellt werden.

Schlussfolgerung: Beim Vorlesen sollte unbedingt die erste Stufe literarischer Begegnung erfolgen, nämlich die Anschlusskommunikation über die vorgelesenen Texte.

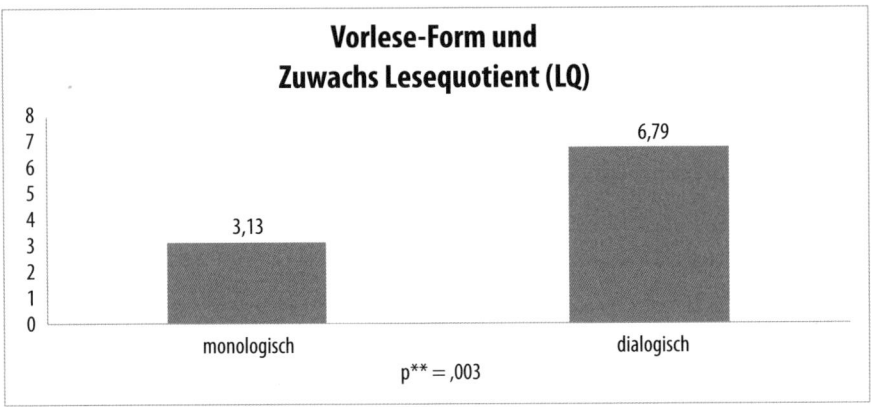

Abb. 6: Vorleseform vs. Zuwachs LQ

5.3 Gestaltung des Vorlesens: neutral vs. theatral

Ergebnisse des Lesetests: Bei welcher Vorlesegestaltung nimmt die Leseleistung zu?

Die Untersuchung zeigt eine schwache Überlegenheit des theatralen Vorlesens (p=.206; nicht signifikant). Ob es für die Förderung der basalen Lesefähigkeit eine Rolle spielt, ob neutral oder theatral vorgelesen wird, ist somit nicht eindeutig geklärt bzw. es spielt evtl. keine Rolle. Es könnte auch sein, dass die Beschreibung dieser auch stark extraverbalen und nonverbalen Vorgänge an die Grenzen der bloß verbalen Vermittlung stößt, da es sich um teilweise theatrale Vorgänge handelt.

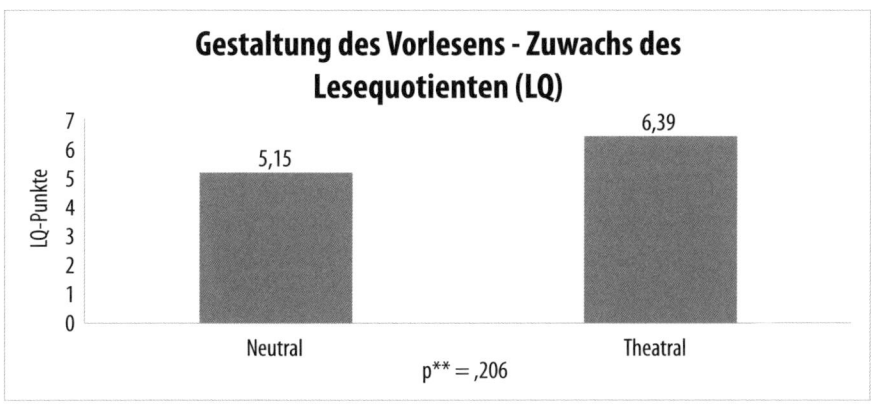

Abb. 7: Gestaltung vs. Zuwachs LQ

5.4 Textsorte: Jugendbuch vs. Kurzgeschichte

Ergebnisse des Lesetests: Bei welcher Textsorte nimmt die Leseleistung zu?

Das Vorlesen von Ganzschriften weist positivere Effekte auf den Lesequotienten auf, aber dieser Wert ist statistisch nicht interpretierbar (p=.518; nichtsignifi-
kant). Wahrscheinlich ist es auch hier wichtiger, *dass* vorgelesen wird, und weniger,
um welche Textsorte es sich dabei handelt.

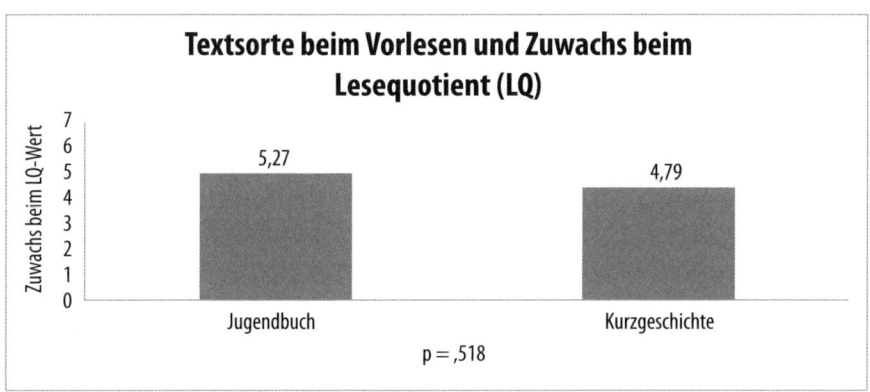

Abb. 8: Textsorte vs. Zuwachs LQ

163

5.5 Kompetenz der Vorleserin/des Vorlesers: geschult vs. ungeschult

Ergebnisse des Lesetests: Bei welcher Qualifikation nimmt die Leseleistung zu?

Wenn geschulte Lehrkräfte vorlesen, verbessert sich die Lesefertigkeit deutlich stärker: Der LQ steigert sich um 6,18 Punkte, bei ungeschulten Lehrkräften immerhin noch um 4,25 Punkte (p^{**}=.007; hochsignifikant). Dieser starke Effekt überrascht kaum: Bei den geschulten Lehrkräften haben wir bei den Lernenden eine höhere Steigerung der basalen Lesefähigkeit gemessen als bei den Lernenden, denen von den ungeschulten Lehrkräften vorgelesen wurde. Dabei ist es erstaunlich, dass diese nur *einen* Tag von von einer Sprechwissenschaftlerin oder einem Sprechwissenschaftler geschult wurden (Vorlesetraining mit Video-Feedback im Gruppentraining). Dieser positive Effekt könnte damit zusammenhängen, dass die geschulten Lehrkräfte den Text interessanter gestaltet haben, dadurch eine höhere Aufmerksamkeit zustande kam und die Lernenden den Text so besser verstanden haben.

Folglich ist zu empfehlen, dass eine solche Schulung zum Vorlesen in der Aus- und Fortbildung von Lehrerinnen und Lehrern nachhaltig etabliert wird.

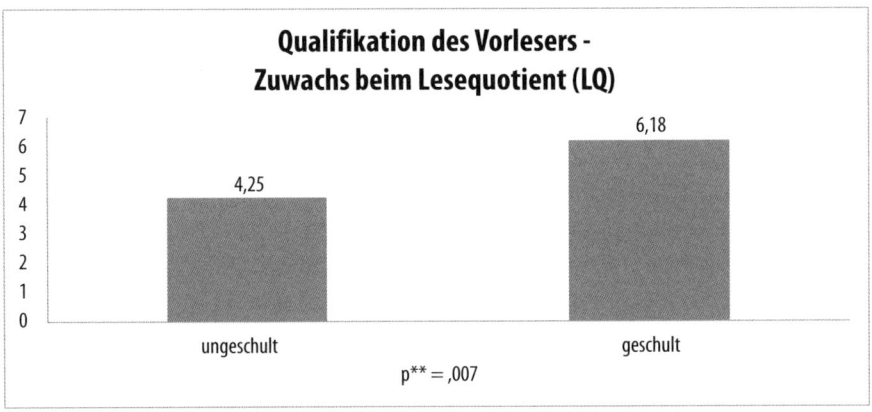

Abb. 9: Qualifikation der Vorleserin/des Vorlesers vs. Zuwachs LQ

5.6 Aktivitätsform der Lernenden: Zuhören vs. Zuhören und Mitlesen

Ergebnisse des Lesetests: Bei welcher Aktivitätsform der Lernenden nimmt die Leseleistung zu?

Wenn die Lernenden *nur* zuhören und nicht mitlesen, steigert sich die basale Lesefertigkeit deutlicher, als wenn mitgelesen *und* zugehört wird (p**=.022; hochsignifikant). Während Gailberger eine positive Steigerung der basalen Lesefertigkeit in der Kombination von Hörbuch und mitgelesenem Text durch die Lernenden fand (vgl. Gailberger 2011), liegen unsere Ergebnisse dazu konträr. Ob dies am Hörbuch oder am höheren Mehrwert der Lehrerin oder des Lehrers als leibhaftig lesende Person liegt, kann an dieser Stelle nicht geklärt werden. Für den festgestellten Trend spricht, dass leseschwache Lernende beim Vorlesen Mühe haben könnten, dem vorgelesenen Text auch beim *Mitlesen* zu folgen, weil ihre Zuhörleistung vermutlich besser ist als ihre Dekodierleistung. Es könnte sein, dass die auditive Wahrnehmung (Zuhören) und die visuelle Wahrnehmung (Mitlesen) bei diesen schwachen Leserinnen und Lesern so stark auseinanderdriften, dass dies zu einer Diskrepanz von Wahrnehmungs-, und/oder Verarbeitungsverlusten führt.

Die Schlussfolgerung für diese Studie lautet daher: Beim Vorlesen sollten die Lernenden sich ausschließlich auf das Zuhören konzentrieren, um ihre Leseleistung zu steigern.

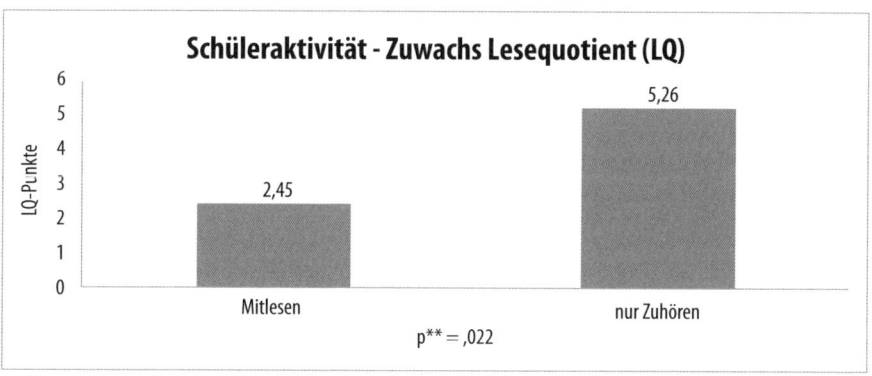

Abb. 10: Vorleseform vs. Zuwachs LQ

5.7 Weitere differenzierte Ergebnisse

- **Geschlechtsspezifische Ergebnisse**
  Hinsichtlich des Geschlechts zeigt sich, dass Mädchen und Jungen fast gleich-
  stark von der Leseförderung profitieren (Mädchen plus 5,1 LQ-Punkte; Jungen
  plus 4,78 LQ-Punkte gegenüber der ermittelten Leseleistung *vor* der Intervention) – ein eher beruhigendes Ergebnis einer Lesestudie, da Mädchen meistens
  stärker von Fördermaßnahmen profitieren als Jungen (vgl. z. B. Hurrelmann et
  al. 1993).

- **Ergebnisse bezüglich des Migrationshintergrunds**
  Wenn zu Hause Deutsch gesprochen wird, verbessern sich die Lernenden
  durchschnittlich um 5,43 Punkte im LQ. Lernende mit Migrationshintergrund
  schneiden beim ersten Test deutlich schlechter ab, sie verbessern sich aber in
  der Vorlesezeit immerhin um 4,11 LQ-Punkte. Auch wenn die Jugendlichen mit
  deutschem Sprachhintergrund mehr vom Vorlesen profitieren, scheint es vor-
  teilhaft, diese Fördermaßnahme bei Migrantenkindern einzusetzen.

- **Rückmeldungen der Lehrkräfte**
  97 % der beteiligten Lehrkräfte bewerteten das Vorlesen als ein erfolgreiches
  Ritual für den Deutschunterricht. 76 % halten das zwei- bis dreimalige Vorlesen
  pro Woche für den optimalen Rhythmus und 94 % finden, dass 15–20 Minuten
  die optimale Vorlesedauer sei.

- **Ergebnisse des Schülerfragebogens zum Freizeitverhalten**
  Insgesamt wächst die Bereitschaft, sich *in der Schule* mit Büchern zu beschäftigen. Die deutlichste und hochsignifikante Zunahme gab es bei der Bewertung «Im Deutschunterricht Texte lesen und besprechen» ($p^{**}=.002$), «Bücher
  gemeinsam lesen» ($p^{**}=.002$) und «Vorlesen überhaupt» ($p^{**}=.000$). Kein Effekt
  ergab sich bezüglich der Beschäftigung mit der Literatur *in der Freizeit*.
  Zurzeit werden noch weitere Faktorenanalysen durchgeführt und Daten von
  Klassen/Lehrkräften sowie Lernenden genauer untersucht, bei denen sich die
  Lesefertigkeit besonders stark steigerte. Hierzu sollen zusätzliche Variablen ermittelt bzw. kombiniert werden, die einen starken Anstieg der basalen Lesefertigkeit erklären könnten (z. B. Dauer und Häufigkeit des Vorlesens, gekoppelt
  mit positiven Bewertungen des Deutschunterrichts, aktivem Freizeitverhalten,
  Formen des Medienkonsums [Bücher, DVDs, Computer] usw.). Beispielsweise
  hatten wir Freizeit-Effekte bei den Klassen, in denen Examensarbeiten durchgeführt wurden. Hier könnte es sein, dass diese Lehrkräfte besonders motiviert
  waren.

Zusätzlich sollen diese Daten noch hinsichtlich der Variablen «gute» – «mittlere» «schlechtere» Leserinnen und Leser spezifiziert werden (z. B. Drittelung der Lernenden anhand der Daten aus dem SLS 1 (vor der Intervention).

Diese konkreten Nachforschungen sollen zu weiteren intervenierenden Variablen führen, wie z. B. zu bevorzugten Genres und stark nachgefragten Bücher der Lehrkräfte (z. B. BOOT CAMP von Morton Rhue) usw.

6. Fazit

Die ersten drei Schlussfolgerungen sind empirisch gut abgesichert (hoch signifikant); die darauf folgenden sind zwar ebenfalls gesichert, jedoch weniger stark anhand zusätzlicher qualitativer Daten untermauert.

1) **Regelmäßiges Vorlesen erhöht die Lesebereitschaft in der Schule**. Die Ergebnisse der Studie geben Hinweise darauf, dass sich durch regelmäßiges Vorlesen bereits nach einem Schulhalbjahr Fortschritte in der basalen Lesefähigkeit erreichen lassen. Das Vorlesen durch die Lehrkraft ist eine relevante und effektive Methode im Deutschunterricht der Hauptschule.

2) Sowohl die Lehrkräfte als auch die Schüler bewerten das Vorlesen als sehr positiv. Besonders hervorgehoben wird die **Verbesserung der Arbeitsatmosphäre und der Konzentration**.

3) Die **Anschlusskommunikation vor, während und/oder nach dem Vorlesen ist unverzichtbar** und dient nicht nur der Verständnissicherung. Seitens der Lernenden gibt es ein im Verlauf der Intervention anwachsendes Bedürfnis, sich über den Lesetext auszutauschen.

4) Hinsichtlich der Gestaltung lassen sich die Rückmeldungen wie folgt verallgemeinern: Die Lehrkraft sollte versuchen, die **Atmosphäre im Text sowie agierende Personen im Lesetext sprecherisch deutlich hervorzuheben**.

5) **Reines Zuhören bringt** – nach den Ergebnissen unserer Untersuchung – **größere Effekte** bezüglich der Steigerung der Lesefähigkeit, als wenn die Lernenden zuhören und mitlesen.

6) **Jugendbuch und theatrales Vorlesen** scheinen etwas besser abzuschneiden als Kurzgeschichte und neutrales Vorlesen.

7. Ausblick

Derzeit wird das Projekt weiterentwickelt. Hierzu werden Grundschulklassen sowie (weitere) Haupt-, Real-, Gymnasial- und Berufsschulklassen an einem ähnlichen Projekt teilnehmen. Auf diese Weise können die oben genannten Schlussfolgerungen empirisch weiter abgesichert werden. Folgende Zusammenhänge sollen dabei untersucht werden:

Vorlesen und Leseflüssigkeit: Vielleicht war es der zentrale Fehler nach PISA 2000, dass sich die Leseförderung auf die hierarchiehöheren Prozesse (z. B. Lesestrategien) konzentrierte und die hierarchieniedrigeren fast völlig vernachlässigte (z. B. Dekodieren und Leseflüssigkeit). Spätestens seit den Arbeiten von Rosebrock/Nix (2008 bzw. Rosebrock et al. (2011) und von Gailberger (2011) rückt die Förderung von Leseflüssigkeit in den Vordergrund. Ein Training der Leseflüssigkeit könnte die Effekte des Vorlesens noch verstärken, weil die Leseprozesse selbst eine direkte Förderung erfahren.

Vorlesen und szenisches Spiel: Vor allem leseschwache Lernende, die mit dem Dekodieren kognitiv ausgelastet sind und kaum Kapazitäten für Verstehensprozesse zur Verfügung haben, könnten nach dem Zuhören durch das In-Szene-Setzen von Textinhalten an Textverständnis hinzugewinnen. Durch die konkrete Umsetzung in Bilder und Handlungen wird vermutlich zusätzlich die Imaginationskraft unterstützt.

Vorlesen und literarische Gespräche: Wenn Vorlesen mit Anschlusskommunikation gekoppelt wird, lassen sich positive Effekte nachweisen. Werden diese Gespräche weitergeführt, könnte sich der Effekt des Vorlesens noch zusätzlich verstärken. Ob die Gespräche komplexere literarische Produkte wie textgeleitetes szenisches Spiel, Präsentationen von literarischen Projekten, Portfolios usw. unterstützen, müsste untersucht werden. Wichtig dabei wären die Förderung und Erhaltung der sehr positiven Atmosphäre und Konzentration in der Klasse, indem die positive Stimmung nicht durch wenig motivierende Interpretationsarbeit zerstört würde.

Vorlesen und Rechtschreiben: Weitere Aktivitäten erstrecken sich auf das Zusammenspiel zwischen Leseförderung und dem Rechtschreibkönnen von Lernenden. Welche Faktoren für die Entwicklung von Rechtschreibkompetenz von besonderer Bedeutung sind, wird derzeit innerhalb einer Dissertationsstudie an der PH Weingarten untersucht. Ob und inwiefern auch das Rechtschreiblernen durch das Vorlesen und Mitlesen von Texten unterstützt werden könnte, kann aus diesen Ergebnissen abgeleitet werden.

Literatur

Baurmann, Jürgen & Menzel, Wolfgang (2006): Vorlesen – Vortragen. Basisartikel. In: Praxis Deutsch. Nr. 199, S. 6–13.

Belgrad, Jürgen (2000): Leseförderung durch Vorlesen. Pädagogische Hochschule Ludwigsburg, unveröffentl. MS.

DESI-Konsortium (Hrsg.) (2008): Unterricht und Kompetenzerwerb in Deutsch und Englisch. DESI-Ergebnisse Band 2. Weinheim: Beltz.

Gailberger, Steffen (2011): Lesen durch Hören: Leseförderung in der Sek. I mit Hörbüchern und neuen Lesestrategien. Weinheim: Beltz.

Garbe, Christine/Holle, Karl & Jesch, Tatjana (2009): Texte lesen. Textverstehen, Lesedidaktik, Lesesozialisation. Paderborn: Schöningh UTB.

Garbe, Christine (2010): Wie werden Kinder zu engagierten und kompetenten Lesern? In: Schulz, Gudrun (Hrsg.): Lesen lernen in der Grundschule. Berlin: Cornelsen Scriptor, S. 9–23.

Garbe, Christine/Holle, Karl & Weinhold, Swantje (2011): Wie Lesekompetenzen von Jugendlichen wirksam verbessert werden können. In: Newsletter SDD. Nr. 31, S. 5–7.

Groeben, Norbert & Hurrelmann, Bettina (2002a): Lesekompetenz. Bedingungen, Dimensionen, Funktionen. Weinheim: Juventa.

Groeben, Norbert & Hurrelmann, Bettina (2002b): Medienkompetenz. Voraussetzungen, Dimensionen, Funktionen. Weinheim: Juventa.

Groeben, Norbert & Hurrelmann, Bettina (Hrsg.) (2004): Lesesozialisation in der Mediengesellschaft: Ein Forschungsüberblick. Weinheim: Juventa.

Härle, Gerhard (2004): Literarische Gespräche im Unterricht. Versuch einer Positionsbestimmung. Baltmannsweiler: Schneider.

Hurrelmann, Bettina/Hammer, Michael & Nieß, Ferdinand (1993): Leseklima in der Familie. Lesesozialisation Band I. Gütersloh: Bertelsmann Stiftung.

Klages, Hanna (2009): Textverstehen im frühen Zweitspracherwerb. In: Ahrenholz, Bernt: Empirische Befunde zu DAZ-Erwerb und Sprachförderung. Freiburg im Breisgau: Fillibach.

Koch, Peter & Oesterreicher, Wulf (1985): Sprache der Nähe – Sprache der Distanz. Mündlichkeit und Schriftlichkeit im Spannungsfeld von Sprachtheorie und Sprachgebrauch. In: Deutschmann, O. (Hrsg.): Romanistisches Jahrbuch. Nr. 36, S. 15–43.

Koch, Peter & Oesterreicher, Wulf (1994): Schriftlichkeit und Sprache. In: Günther, Hartmut & Ludwig, Otto (Hrsg.): Schrift und Schriftlichkeit. Writing and Its Use. Ein interdisziplinäres Handbuch internationaler Forschung. 1. Halbband. Berlin, New York: de Gruyter.

McElvany, Nele (2008): Förderung von Lesekompetenz im Kontext der Familie. Pädagogische Psychologie und Entwicklungspsychologie. Band 64. Münster, New York, München, Berlin: Waxmann.

Nold, Günter & Willenberg, Heiner (2007): Lesefähigkeit. In: Beck, Bärbel & Klieme, Eckhard (Hrsg.): Sprachliche Kompetenzen, Konzepte und Messung, DESI-Studie. Weinheim, Basel: Beltz, S. 23–41.

Ockel, Eberhard (2000): Vorlesen als Aufgabe und Gegenstand des Deutschunterrichts. Deutschdidaktik aktuell. Band 7. Hohengehren: Schneider.

Richter, Karin & Plath, Monika (2007): Lesemotivation in der Grundschule. Empirische Befunde und Modelle für den Unterricht. Weinheim, München: Juventa.

Rosebrock, Cornelia & Nix, Daniel (2008): Grundlagen der Lesedidaktik und der systematischen schulischen Leseförderung. Hohengehren: Schneider.

Rosebrock, Cornelia/Gold, Andreas/Nix, Daniel & Rieckmann, Carola (2011): Leseflüssigkeit fördern. Lautleseverfahren für die Primar- und Sekundarstufe. Seelze: Friedrich.

Schmid-Barkow, Ingrid (2003): Prozesse des Textverstehens. In: Sache, Wort, Zahl. Heft 31. München: Aulis, S. 50–54.

Spinner, Kaspar (2001): Kreativer Deutschunterricht: Identität-Imagination-Kognition. Seelze: Kallmeyer.

Stiftung Lesen u. a. (2007): Bahn-Studie 2007. Vorlesen in Deutschland. Eine Forschungsinitiative der Deutschen Bahn AG, der ZEIT und der Stiftung Lesen. Online; www.stiftunglesen.de/materialarchiv/pdf1 [10.01.2001].

Stiftung Lesen u. a. (2008): Bahn-Studie 2008. Vorlesen im Kinderalltag. Repräsentative Befragung von Kindern im Vor- und Grundschulalter (und bis 11 Jahre). Eine Studie der Deutschen Bahn, der ZEIT und der Stiftung Lesen. Online: www.stiftunglesen.de/materialarchiv/pdf2 [10.01.2011].

Trelease, Jim (2006): The Read-Aloud Handbook. New York, London: Penguin.

Wieler, Petra (1997): Vorlesen in der Familie: Fallstudien zur literarisch-kulturellen Sozialisation von Vierjährigen. Weinheim, München: Juventa.

Autorinnen, Autoren und Herausgeberinnen

Ulrike Behrens, Dr. phil., wissenschaftliche Mitarbeiterin im Bereich Sprachdidaktik, Studium der Pädagogik, Promotion im Jahre 2002 mit einer Arbeit zum Thema «Lernen und subjektive Lerntheorien», Mitwirkung in Projekten zur Normierung der KMK-Bildungsstandards sowie zur Aufgabenentwicklung für nationale Vergleichsarbeiten (Primar- und Sekundarstufe). Arbeitsgebiete: Sprachdidaktik Deutsch; Sprachkompetenzmessung; Aufgabenentwicklung; Kompetenzbereiche Schreiben; Sprechen und Zuhören.
Universität Duisburg-Essen, Fakultät Germanistik, Universitätsstraße 12, D-45141 Essen; ulrike.behrens@uni-due.de

Jürgen Belgrad, Dr. phil., Professor für Literaturwissenschaft und Literaturdidaktik an der Pädagogischen Hochschule Weingarten mit den Schwerpunkten Literaturinterpretation («Tiefenhermeneutik»), Leseförderung («Vorlesen» und szenisches Spiel («Szenische Verfahren im Deutschunterricht»)). Hierzu zahlreiche Publikationen. Projektleiter in Forschungsprojekten zu Sachtexten und Leseförderung durch Vorlesen. Nach dem Studium für Grund- und Hauptschulen an der Pädagogischen Hochschule Ludwigsburg 13 Jahre als Lehrer an einer kooperativen Gesamtschule tätig, Zweitstudium Literatursoziologie mit Promotion (Schwerpunkte Literaturinterpretation und szenisches Spiel) an der Goethe-Universität Frankfurt/M.
Pädagogische Hochschule Weingarten, Kirchplatz 2, D-88250 Weingarten; belgrad@ph-weingarten.de

Brigit Eriksson, Prof. Dr. phil., Rektorin der PHZ Zug und Co-Leiterin Zentrum Mündlichkeit an der PHZ Zug. Nach der Lehrerinnenausbildung und dem Unterricht an einer Primarschule Studium der Germanistik, Politologie und Publizistik in Zürich. Seit 1984 in der Deutschschweizer Lehrerinnen- und Lehrerbildung in verschiedenen Funktionen tätig. Mitarbeit in nationalen Forschungs- und Entwicklungsprojekten, u. a. Nationalfondsprojekt «Bilingualer Sachunterricht auf der Oberstufe», EDK-Harmos-Projekt «Bildungsstandards», Nationalfondsprojekt «Kollokationenwörterbuch». Co-Leitung Arbeitsgruppe Mündlichkeit des Symposions Deutschdidaktik. Arbeitsgebiete: Fachdidaktik Deutsch, Mündlichkeit, sprachliche Standards, Sprachdiagnostik und Sprachförderung.
Pädagogische Hochschule Zentralschweiz, PHZ Zug, Zugerbergstrasse 3, CH-6300 Zug; brigit.eriksson@phz.ch, www.zentrum-muendlichkeit.phz.ch

Katarina Farkas, lic.phil., Primarlehrerin, Unterricht auf verschiedenen Schulstufen. Anschließend Studium der Germanistik, Kirchengeschichte und Staatsrecht, Zusatzstudium der pädagogischen Psychologie und allgemeinen Didaktik, Höheres Lehramt Mittelschulen für die Fächer Deutsch und Pädagogik. Zurzeit Dozentin für Fachdidaktik Deutsch und Erziehungswissenschaften an der PH Zentralschweiz, Teilschulen Zug und Luzern, Tätigkeiten in der Aus- und Weiterbildung von Lehrpersonen u. a. im MA Schulische Heilpädagogik (SHP) und im CAS Integrierte Begabungs- und Begabtenförderung (IBBF). Arbeitsgebiete: Fachdidaktik Deutsch, Sprachförderung in allen Fächern, Hochbegabung, Berufseinstiegsphase von Lehrpersonen.
PHZ Zug, Zugerbergstrasse 3, CH-6300 Zug;
katarina.farkas@phz.ch

Nora Knechtel, Diplom Kulturwirtin, Höheres Lehramt; z.Z. wissenschaftliche Mitarbeiterin am Zentrum Lesen der Pädagogischen Hochschule der Fachhochschule Nordwestschweiz; Mitarbeit in Forschungsprojekten des Schweizerischen Nationalfonds, Tätigkeit in der Lehrpersonenaus- und -weiterbildung, Mitwirkung bei der Entwicklung von Lehr-/ Lernmaterialien. Arbeitsschwerpunkte: Rezeptive Sprachkompetenzen und deren Entwicklung, Unterrichtsforschung, qualitative Inhaltsanalyse, Kompetenzmessung.
Fachhochschule Nordwestschweiz, Pädagogische Hochschule, Kasernenstrasse 20, CH-5000 Aarau;
nora.knechtel@fhnw.ch

Anna Komor, Dr. phil., Linguistin, Studium des Deutschen als Fremdsprache, 2010 Promotion zum Thema «Erwerb kommunikativer Fähigkeiten bei Kindern», z. Z. wissenschaftliche Mitarbeiterin am Institut für Germanistik I der Universität Hamburg, Mitwirkung in mehreren vom Bundesministerium für Bildung und Forschung geförderten Forschungsprojekten. Arbeitsgebiete: Spracherwerb, linguistische Diskursanalyse, Bildungssprachliche Kompetenzen und ihre Erfassung.
Universität Hamburg, Institut für Germanistik I, Von-Melle-Park 6, D-20146 Hamburg; anna.komor@uni-Hamburg.de

Michael Krelle, Staatsexamen für das Lehramt (Oberstufe, Allg. Schulen) mit den Fächern Deutsch und Sozialwissenschaften/Politik, promoviert über Aspekte argumentativer Kompetenz von Schülerinnen und Schülern in Unterrichtsdiskussionen, z.Z. wissenschaftlicher Mitarbeiter am Lehrstuhl für Sprachdidaktik (Germanistik/

Linguistik), Universität Duisburg-Essen. Mitwirkung an mehreren Projekten des Instituts zur Qualitätsentwicklung im Bildungswesen der Bundesrepublik Deutschland (IQB) und des Deutschen Instituts für Internationale Pädagogische Forschung (DIPF): Evaluation der Bildungsstandards in der Sekundarstufe I und der Primarstufe (seit 2006), Vergleichsarbeiten für die dritte und die achte Klasse (seit 2009), Ländervergleich (2010), PISA (2009), DESI (2006). Arbeitsgebiete: Erforschung und Modellierung sprachlicher Kompetenzen, Gesprächslinguistik und -didaktik, Aspekte von Leistungsbeurteilungen.

Universität Duisburg-Essen, Fakultät für Geisteswissenschaften, Germanistik/Linguistik, Universitätsstraße 2, D-45141 Essen;

michael.krelle@uni-due.de, m.krelle@gmx.de

Carmen Spiegel, Prof. Dr. phil. habil.; Professorin für deutsche Sprache und ihre Didaktik an der PH Karlsruhe. Studium der Germanistik, Philosophie und Italianistik, Promotion 1992 über «Streit», Habilitation 2003 über «Interaktion im Unterricht»; wiss. Mitarbeiterin am Institut für deutsche Sprache, Mannheim, und an der PH Heidelberg. Arbeitsgebiete: Qualitative Unterrichtsforschung, Gesprächslinguistik und -didaktik (u. a. Argumentieren), Textlinguistik und -didaktik (u. a. Schreiben im Netz), Mediendidaktik.

Pädagogische Hochschule Karlsruhe, Bismarckstr. 10, D-76133 Karlsruhe;

spiegel@ph-karlsruhe.de

Ralf Schünemann, Diplomsprechwissenschaftler (Martin-Luther-Universität Halle-Wittenberg); Akademischer Mitarbeiter im Fach Deutsch mit Sprecherziehung an der Pädagogischen Hochschule Weingarten/ Sprecherzieher, Mitarbeiter im Forschungsprojekt «Leseförderung durch Vorlesen», Promotionsvorhaben «Vorlesen von Lehrkräften in der Schule». Eine sprechwissenschaftliche Studie zur Auswirkung des Vorlesens an Hauptschüler/innen.'

Pädagogische Hochschule Weingarten, Kirchplatz 2, D-88250 Weingarten;

schuenemann@ph-weingarten.de

Stella Uesseler, M.A., Studium der Deutschen Sprache und Literatur, 2009 Magisterarbeit zu Verhörmethoden der Staatssicherheit – linguistische Analyse, z.Z. wissenschaftliche Mitarbeiterin am Institut für Germanistik I der Universität Hamburg in dem vom Bundesministerium für Bildung und Forschung geförderten Projekt «Bildungssprachliche Kompetenzen». Arbeitsgebiete: funktional-pragmatische Diskursanalyse, Bildungssprache.

Universität Hamburg, Institut für Germanistik I, Von-Melle-Park 6, D-20146 Hamburg; stella.uesseler@uni-hamburg.de